U0907643

学校文化变革丛书

丛书主编 杨四耕

遇见更强大的自己

路光远◎著

从“硬实力”到“软实力”

华东师范大学出版社

一所优质学校应有的文化迹象

建设优质学校是基础教育改革的一个重要追求，而这一追求的实现在很大程度上取决于学校能否发起一场变革，以及在变革中能否生成特定的学校文化。

今天，“文化的力量”正日益凸显其重要功能。一所学校特有的文化，营造了一种特有的相对稳定的组织氛围和言行标准，赋予了这所学校师生有别于其他学校的一种特有的“身份认同”，使他们在认知、态度和行为等方面主动“调适”自身的身份要求和特有倾向。不管我们承认与否，每一所学校都会有一定的文化存在，也有其相应的文化特点。一所学校的文化究竟如何，直接影响着教师和学生的发展，影响着学校的发展乃至学校变革的顺利推进。一所学校能够持续其特色发展离不开学校文化的润育，学校的办学特色集中表现为学校文化的特色，学校文化的发展水平决定着学校的发展水平。学校要想有足够的“磁性”，就必须提升学校的核心竞争力；学校要想具备足够的核心竞争力，就必须拥有持续不断的、强大的变革能力；而强大的变革能力基于特色鲜明、不断适应时代发展的学校文化。学校文化是学校核心竞争力的关键所在，是学校特色发展的根基所在。

文化在本质上是一种价值观，学校文化的核心精神体现在学校教育哲学里。学校文化虽然可以通过学校的建筑与仪式、环境与布局表现出来，但实际上，真正催人奋进、真实感人的文化力量，还是要通过日常教育教学，通过教师鲜明的个性与为人来“呈示”。

一所学校有没有自己的文化，最关键的不是看“大楼”，而是看“人”，看教师们有没有真实的个性，有没有感人的故事，有没有被学生记住，有没有真正影响学生的人生与成长；教师在工作中能否做到劳逸结合，能否给自己更多的积极心理暗示，团队成员和师生之间能否相互激励；教育过程能否充满谅解和同情，教师能否帮助学生缓解焦虑和压力；在学校全部生活中是否充满了对人的细节关怀……我这样说并非要否认和排斥学校的硬件建设。有钱当然要投入，但在投入过程中不妨更注重“软文化”建设，在开掘和利用传统文化资源的同时经营学校文化品质，让未来的呈现真正经得起时间的涤荡，形成鲜明深刻、一以贯之的学校教育哲学。因此，我们要积极整合学校文化变革架构，使学校“硬文化”与“软文化”成为不可分割的整体，让学校真正散发出恒久的、迷人的文化芳香。

瑞士洛桑国际管理学院丹尼尔·丹尼森教授在对1500多家样本公司研究后，指出：适应性（adaptability）、使命（mission）、参与性（involvement）与一致性（consistency），是理想组织的四大文化特征，这四大文化特征对一个组织的发展具有重大影响。按照丹尼森教授的观点，判断一所学校是否具有真正的文化，可以从以下三个方面考量：一是全体教师有没有都觉得“这件事”很重要？二是全体教师是不是每天都会想“这件事”？三是学校中的每一个人能不能每天都用“这个方法”去做事或者每天都能表现出来？如果肯定地回答第一个问题，表明学校存在着价值观；肯定地回答第二个问题，表明这种价值观已融入了大家的思想；肯定地回答第三个问题，则表明这种价值观已融入了大家的行为，学校文化得到了落实。因此，文化作为一种价值观，是一种表现，是一种感觉，尤其是一种别人在你身上感受到的感觉，它最终必然要融入到你的思想与行为之中。这就是为什么我们走进不同的学校会有不同的感受，为什么我们对不同学校中的教师和学生也会有不同的感受的原因所在。

我以为，一所优质学校要有自己的文化信仰，要有适应外部环境变化的能力，要有不断提升变革能量的内驱力，要有永远秉持“学生第一”的教育立场。今天，我们不论培养孩子成为什么样的人，是不是都希望孩子一定幸福？如何能够获得幸福？今天，人们都在追求幸福，但往往追到了别的，忘却了幸福使命本身。一个自己都不幸福的人，能够教别人幸福吗？学校应当成为一个真实的、合宜的、儿童能处处发现自己的幸福世界。须知，儿童才是学校文化变革的核心价值，我们应努力彰显学校文化的“人学”内涵，让我们的孩子有爱、善良、高贵、干净、宽容、尊重；让他们有学习的愿望、热情与能力；让他们头脑自由，能有尊严地面对世界；让他们心灵丰富，服膺真理与崇尚智慧。这样，教育改变的就不仅仅是那些作为弱势群体的人们的命运，改变的是整个国家的命运、民族的命运，改变的是我们所有人的生活。

在我的概念中，一所学校如果有以下特征，肯定不能算作真正的优质学校：没有主张变革的学校领导；教师没有专业自主权，不能参与学校决策，自我效能感缺失；有相当一部分学生受到不公平的待遇；缺少学习的气氛，没有浓郁的学习氛围；学生成功的路径单一，学校评价教师的维度单一，忽视学校的道德责任等。这些学校往往把外在的或上级的要求作为关注点，重视短期利益和可见的成果，注重外部表现多于内涵发展，在乎的是学校的“结果性表征”，引以为豪的是好的生源、好的教师、好的成绩等。

其实，优质学校是一个永无止境的追求卓越的过程，是与时俱进地获得变革理念，提升变革能量的过程，是不断通过“增能”与“进步”实现对自身超越的过程。我坚信，不论学校现有的起点如何，只要充分认识自己，发现自己，采取适当的措施，持续变革，每一所学校都有可能成为真正意义上的优质学校。从本质上说，优质学校是一种理想与实践的文化。如果从文化变革的视角描绘，优质学校大概是这样的：有鼓励不断学习和可持续发展的机制，存在追求卓越的文化机制；有共享的价值观和愿景，学校发展凝聚着历史、现实和未来的智慧；有博大的胸怀，学校汇聚着不同性格、不同才情、不同背景的教师，在这里教师可以充分享受到专业尊严和自由创造的欢乐；把学生的发展作为一种责任，把促进每一个学生健康快乐成长作为使命，而不是把学生分成不同等级；追求卓越，不断创新，不因为是“好学校”而停止探索的脚步。

教育是最应该富有正义感和良知的事业，学校是最应该充满对美好人生憧憬的场所。假如教育失却理想，我们还能有什么？假如学校没有憧憬，我们还能有未来吗？

学校文化变革从其品质来说，是充满生命气息的，是能够让生命活力涌流的，是能够让智慧之花尽情绽放的。近些年来，因为工作关系，我参与了不少学校的文化变革实践与研究，积累了一些认识，有了和一线学校一起“整理”学校文化变革经验的冲动。这便是“学校文化变革丛书”的背景和缘由。华东师范大学出版社的领导和编辑，给予了我们莫大的鼓励，让我们有勇气拿出我们关于学校文化变革的“意见”。我们希望，通过这套丛书，给广大中小学文化变革实践提供些许参考。

杨四耕

2013 年 5 月 12 日于上海市教育科学研究院

目 录

序　自觉文化自觉，创造学校创造

写下这个标题，绝非一种文字游戏，而是对学校文化发展的一种赞扬、一种审视、一种期许！

文化自觉——借用中国著名社会学家费孝通先生的观点，是指生活在一定文化历史中的人对其文化有自知之明，并对其发展历程、特色和未来有充分的认识，从而增强自身文化转型的能力，并获得在新的时代条件下进行文化选择的能力和地位。换言之，文化自觉是文化的自我觉醒，自我反省，自我创建。

学校的文化自觉就是要将对世界教育发展趋势的把握，对上海教育综合改革进入“深水区”的判断，对教育规律与本原的回归，对学校发展历史方位的准确分析等，与学校的办学理念、目标、核心价值观、文化表达、制度构建、教师成长等紧密结合，促进师生的健康发展，促进学校的转型与变革。其中，校长及其管理团队的“文化自觉”尤为重要，将集中体现校长的变革意识、文化引领和责任担当。

学校创造就是基层创造。党的十八大报告提出：既要搞好顶层设计，又要尊重群众和基层的首创精神，鼓励先行先试、探索创新、重点突破。基层学校的变革是教育变革的主阵地，是教改实践的第一线，学校创造的鲜活案例和探索突破都会给顶层设计带来丰富的价值和思辨。多年来，我在管理和服务学校的过程中，一直鼓励和推动学校依法自主办学。依法是底线，规范的办学行为是学校和师生发展的坚实保障；自主是有品质的选择，是实现学校适合师生发展的价值追求。从区域行政管理的角度来看，学校任何一方面的真实变化，都会促使学校的改变。校长要做的，是选择正确的方向和目标，确定正确的方案，在正确的时机，调动正确的人力和资源，实现正确的变化。没有哪一个“领导”可以代替学校的校长进行思考、判断、选择和决策。学校创造一定产生在基层学校！

路光远校长带领“提升学校软实力的教师文化研究”课题组成员积极开展研究实践，撰写出这本《遇见更强大的自己——从“硬实力”到“软实力”》。当他把这本书稿的电子文本发给我的时候，从章节的标题到近二十万字的内容与案例，都着实让我兴奋和感动！我想这种自信和精神，正是校长的文化自觉和鲜活的学校创造！

发展从来都不会是一帆风顺、轻而易举的，挑战出现的时候，都可能遇见更强大的自己。这几年中光高中的学校文化实践和办学质量亮点频现，追寻其发展的轨迹，这种现象决不是偶然的。阅读此书，你可以看到中光人对学校文化的理解、思考和实践，并强烈地感受到中光人的文化自信和对教育理想与品质的执著追求。

2005 年，学校六十年校庆，娄塘中学重新恢复老校名——中光中学，“中兴之光”的爱国深意和“朴实精进、致知力行”的精神再次得以传承与弘扬。中光人认为：恢复的不仅仅是校名，而是更深层意义上的寻根，让学校文化的历史与现代教育发展能够互相融汇，互相滋润。2006 年，中光高中从娄塘老镇迁入嘉定城区，成为一所普通高中。中光人一直坚持的一个优良传统，就是始终以虔诚的心态面对历史，收藏学校过往的点点滴滴。他们充分发挥校园楼宇环境的育人功能，以博物馆式校园文化来营造育人氛围：有包括“中国文化与人文历史”、“民族文化与人文艺术”、“汽车文化与汽车革命”、“建筑文化与现代文明”、“文化共融与和谐人文”等五个专题的环境主题文化；有以“石碑、石础、石狮、石臼、石槽、石磙、石牌坊、石门楼、门当户对”，以及“太湖石、灵璧石、泰山石和千层石、云石、岩石”等组成的“石文化”；有以“石雕、砖雕、木雕、竹雕”为代表的中国民间“四雕”艺术文化。教学大楼走道墙壁上悬挂的书法、篆刻拓图、剪纸、皮影、京剧脸谱、服饰变迁图等民族传统文化，校园中的天圆地方、秦砖汉瓦、青铜陶瓷等中国文化元素，无时不在传递着文明的信息，感染熏陶着师生，悄然渗透到每一位师生的心灵深处。2013 年，中光高中“博物馆式”校园文化被评为“上海市普教系统十大校园文化新景观”。

在办学理念的追问、探寻、梳理和完善中，中光人用文化的方式和意识来对学校进行架构、管理，用文化成就学生，用文化厚实学生的生命。中光人确立了“自能发展、文化立校”的办学哲学，因为他们坚信：每一个学生都是独一无二的生命；每一个学生都应得到尊重与关爱；每一个学生都能在教育的启迪下智慧成长；每一个学生都有梦想、憧憬与精彩的花季；每一个学生都会在文化的熏陶下朴实明理，乐学上进；每一个学生在教化下都能得到人生的奠基与发展。

从建构独特的学校文化，提振师生的自信心到开发丰富的校本教材，设计面向学生个体的 VIP 课程，为学生提供选择的机会，一所普通高中的一个普通的教师团队创造了以团队的合作精神与价值帮助每一个孩子获得成功的奇迹。中光高中以自身“学校创造”的思考与实践，印证了“文化自觉”的重要价值与实现可能！

今天，我们正处于一个转型与变革的时代。学校教育对“人即目的”本原的回归以及“让每一个孩子健康快乐成长”的目标追求，让办学目的不再仅仅为了“分数”。单纯的知识获得已不能替代学生全面、多元、可持续的发展，持续学习力和创新型人才的培养越来越迫切。课程和教学开始围绕满足学生深度学习的需要转变，教师的专业成长和工作激情变得至关重要，信息技术和资源获取方式的革命也正在撼动学习的结构。所有这些新的机遇与挑战都需要勇敢面对“深水区”的探索与实践，需要校长及其管理团队的文化自觉与责任担当。中光人以他们创造性的实践和智慧理性的思考给了我们许多有益的启迪。我多么希望能够有更多的校长能够从中获得些许文化的领悟，获得些许担当的勇气，获得些许设计的灵感，为基础教育的时代变革提供更多的案例。

自觉文化自觉，创造基层创造，这是本书给我最大的启示，也是对校长领导力的深切期许！

張德海

上海市嘉定区教育局副局长

2014 年 8 月

前言　教师文化是学校软实力的核心

美国人种学家兼社会学家克拉克洪(C. Kluckhohn)在《文化:概念与定义的批评考察》中认为,"文化就是通过符号取得和传达的外显的和内涵的行为方式,构成人类集团各不相同的成就;文化的基本核心是传统(即来源于历史并经过历史选择的)观念,特别是依附于这些观念的价值标准;一方面可将文化系统看作是行动的产物,另一方面可将其视为采取进一步行动的条件因素"①。格尔兹(Geertz)把文化定义为一定组织内群体所共同认同的"意义之网"②。鲍尔(Bower)说文化就是"我们这里的人的做事方式"③;斯肯(Schein)认为文化是"凝聚一个团体的共享的信仰、价值观以及一套基本的假定",这些价值"成为一个群体观察、感知和思考有关问题的正确方式"④。

我们认为,组织文化可以界定为以下四种取向:一是组织共享的规范、信念及价值;二是有关组织的故事、语言及传说;三是组织的典礼、仪式;四是组织中成员的交互作用系统。学校文化作为组织文化的一种,这些取向为我们理解学校文化的内涵提供了有益的参照。斯肯、迪尔和彼德森(Deal & Peterson)认为,学校文化是由教师、学生、家长和行政管理人员长期以来工作和生活所共同建构的组织传统与规则,并且内化为人们思考、活动和感知

---

① 【法】路易·多洛:《个体文化与大众文化》,黄建华译,上海人民出版社 1987 版。

② 【美】克利福德·格尔兹:《文化的解释》,韩莉译,译林出版社 1999 年版,第 89 页。

③ Schein, E. H, Organizational culture& leadership, san francisco: jossey-boss, 1992, p. 12.

④ 谢翌、张释元:《教师文化论》,中国社会科学出版社 2012 年版,第 29 页。

问题的方式。[①] 由此，学校文化分为三个纵深层次：第一个层次主要包括学校文化中的仪式、典礼、故事、传说、共享的语言和互动系统等外显性的成分。第二个层次包括学校组织成员共享的规范、信念、价值。这些价值和规范不一定有书面文字，但存在于组织成员的脑海中，约束着成员的个体行为。第三个层次是师生行为的出发点和一系列假设，这些假设往往促进或阻碍师生行为的发生，它是学校文化的内核。其实，每一项学校文化形式中都蕴含着一定的价值观和基本假设。

毫无疑问，教师文化关涉学校的发展前途，决定了学校内部活力和教师内在生命活力的焕发。学校的所有变革都没有办法逾越它。教师是学校文化实施的关键人物，他们既可能是学校变革的积极促进者，也可能成为学校变革的阻碍者。因而，关注教师的信念、态度、价值观、情感和假设这样一些文化要素十分重要。教师的人格、教师的人生自我实现需要、教师的教育专业自主权、教师的精神生活需要是学校教育重要力量和最有价值的教育资源，也是学校教师文化建设的基本内核。

教师文化主要涵盖“内”“外”两个方面，也就是潜隐于内的价值观和表现在外的行为。

潜隐于内的是教师的价值观。价值观是对行为提供普遍指导和作为指定决策，或者是对信念、行动进行评价的参照点，是实施人据此而采取行动的一些原则、基本信念、理想、标准或生活态度。[②] 价值是组织性表征，也是组织成员进行决策和善恶判断的标准。如一所学校教师群体以“捧着一颗心来，不带半根草去”为最高价值追求，那么教师在学校的所有行为规范都会围绕“做一个勤奋敬业、富有爱心的老师”这一价值追求来实施。教师的价值观从实质而言，主要表现为教师心目中所向往的或认为“应该怎样”的集中反映，主要包括教学哲学观、教师信念、教师课程观、教师学生观等的判定标准。

表现在外的是教师的创造物。具体指由教师创造或拥有的外显性行为或成果，是教师文化的外在表征，潜藏着教师文化的内隐层次，充分展现了教师的意义世界。主要包括教师的衣着、表情、语言、方法、行为、习惯、教育成果、人文活动的创造、待人接物的态度和方

---

① Deal & Peterson, K. D. (1990). The principal's role in shaping school culture. Washington, DC: U. S. Department of Education.

② 谢翌、张释元：《教师文化论》，中国社会科学出版社 2012 年版，第 147—148 页。

式等。

毫无疑问，教师文化集中体现了学校教育观念和教育行为的先进程度。教师文化也是学校软实力的核心方面。什么是软实力？据美国哈佛大学肯尼迪政治学院约瑟夫奈的观点，学校软实力包括校风、办学理念、发展战略、各类机构和人员权力的分配、日常工作的计划与管理，以及学校师生员工的形象或精神等。如果说，硬实力是一所学校增强竞争力的“筋”和“骨”，那么软实力则是一所学校提升竞争力的“神”和“气”。因此，学校在锻造“筋”和“骨”的同时，也必须注重提升“神”和“气”。换言之，学校软实力是学校在一定时期内所拥有的各种非物质力量的有机总和，属于一种精神性力量。学校软实力源于它运行过程产生的综合实力，包括教育哲学、发展战略、教育原则、人力资源、课程设置、教育管理、运行机制、教师职业理想，学校校风、教风、学风、考风和师生的士气、精神状态，教育的传统、文化氛围，以及教育的形象、声誉与品牌等等。教育软实力对内表现为一种文化的力量和凝聚力，对外则表现为一种吸引力和影响力，反映出一所学校的办学质量、发展水平、社会地位等内涵，最终反映在学校对社会的影响力以及对学习者的吸引力等方面。

提升学校软实力是一个漫长积累的过程，也是一个需要智慧思考的过程，是虚功实做的过程。我们认为，在这个过程中最重要的工作就是教师文化的形成与建构。原因如下：

首先，教师文化是学校软实力的重要组成部分。学校软实力是学校的价值理念和内在品质，是学校的整体精神风貌，是学校综合实力和核心竞争力的重要组成部分。学校软实力充分展示着学校的生命力、创造力和感召力。文化对道德形成起着潜移默化的作用，道德需要文化的滋养，教育需要文化的烘托。教师文化作为文化体系乃至学校文化的一个子体系，如果能有效熔铸在学校的生命力、创造力和感召力之中，则可以形成一个学校独特的文化性格，最终会构成这个学校无法替代的软实力。

其次，教师文化的形成有助于学校文化的重建。作为学校的主要亚文化，教师文化构成了学校文化的重要基础，组成了学校文化“意义结构”的重要内容。教师是学校文化的重要缔造者，借由“相对独立封闭”的课堂阵地及其角色地位的传递并塑造着学校文化。教师是学校人际网络的中间环节，连接着行政、学生、家长，他们的文化直接成为学校的形象，并从意义到行为直接影响着与学校相关的每一位成员。潜隐于内的教师文化，诸如教师的假设、信念和价值取向一方面受学校文化的影响，另一方面又反哺和衍生学校文化，成为学生文化、班级文化、教学文化、行政文化、人际交往文化等的重要根源。

最后，教师文化的形成有助于化解学校变革的阻力。教师假设作为教师文化中隐藏最深的部分，影响着教师的信念、价值取向和做事方式。每一所学校的每一次改革都是一场阵痛，是教师走出"最佳舒服区"的过程，也是一个不断突破旧假设创生新假设的过程。这就势必要不断区分积极的和消极的教师假设。学校领导通过发现和引导，强化肯定积极的教师假设；通过连"根"拔出或者从根部配置的方式，寻找到阻碍学校改革发展的消极的假设。否则，真正意义上的改变只能是空谈。观念主要是价值层面的，而价值观是可以培养和转变的，而想当然认为正确的假设是不容置疑的，不容易转变，故而在化解学校变革的阻力过程中，寻找教师假设尤为重要和关键，而教师假设中最为重要的则包括教师的课程观、学生观、教育观等。蒋士会在《试析教师对课程改革的阻抗》一文中分析了课程改革中教师阻抗课程改革的原因，主要包括以下五个方面：一是习惯惰性；二是知识的缺失；三是利益的担忧；四是体制的滞后；五是人际关系的失调。根据我们研究和实践的经验来看，要消除阻抗、建立教师参与课程改革的机制，需要做好以下几个方面的工作：一是树立教师为本的课程改革观；二是营造改革的浓烈氛围；三是构建课程决策者、课程专家、教师、家长、社会集团代表等多边互动的决策机制；四是确立课程改革激励机制；五是改变偏重技能的师资培训模式。① 在学校工作的推进中，我们应该考虑到教师的参与度、职业成长以及幸福度和归宿感。

衡量组织文化最有效、最实用的模型之一是由瑞士洛桑国际管理学院(IMD)的著名教授丹尼尔·丹尼森(Daniel Denison)创建的"丹尼森组织文化模型"。丹尼森认为理想企业文化的四大特征是外部适应性、内部整合性、灵活性、稳定性。丹尼森的组织文化模型是在对大量的公司研究后，总结出的组织文化四个特征，即适应性、使命、参与性和一致性。②

---

① 蒋士会：《试析教师对课程改革的阻抗》，《基础教育课程改革的反思与评价——第四次全国课程学术研讨会论文集(下)》，2004年，第584—589页。

② 杨四耕：《一所优质学校应有的文化迹象》，"学校文化变革丛书"前言，华东师范大学出版社2013年版。

根据丹尼尔的组织文化模型，建立教师的共同愿景，重建教师的精神形象，关注教师的道德层面，丰富教师的课程意识，提升课堂教学品质，是提升学校软实力的"关键事件"。更重要的是，每一位教师在其中都有重要的地位，这就要求每一位教师用心用情来完成这一切，学校的软实力也会因此获得全面提升。至此，我们或许可以说，学校软实力是我们"看得见的文化"和"看不见的文化"共同作用的结果。换言之，学校软实力可以用以下公式来表达：学校软实力 =（梦想 + 形象 + 师德 + 课堂 + 课程）× 每一个教师用心用情的程度

第一章 随梦想前行

教育是什么？教育应该做什么？教育可以做什么？哲学家、教育家有很多论述。我以为，教育是唤醒自我，激发学生潜能，点燃梦想，成就人生的过程。教育是追梦的过程，也是超越自我的过程。说白了，教育就是教育，教育是对人的教育，人本自由，故而教育应该为保障人的自由、存在和发展；自由即创造，关注学生和教师的自由，自由是生命的实体，关爱学生、关爱生命，为学生自由、自主、自能发展奠基。基于这样的理解，我期待“中光”的教育就是让每一个孩子在文化的滋养下获得自由、自主的发展。

第一节　唤醒每一个人的自我意识

教育是什么？教育为人所创立，教育为人而存在，教育为人而发展，教育的一切均以人的发展为前提，而“人的类特性恰恰就是自由”。（马克思语）①故此，教育的一切合理性均以发展人的自由为前提。教育的对象是人，教育的目的是引导人意识到自我潜能，以天赋欲望为引擎，通过自反心理作用，按照美学追求并依照美的规律，并不可避免地在一定中介的作用和影响下，不断发展和构造自己。任何一项教育活动的开展都要遵循以下五个方面的命题或者公理：一是人有潜在的才能和智慧；二是人又有把这种潜在表现出来，开发出来的欲望；三是人可以用自己的意识和意志作用于自己，这也是人开发自己潜能的基本途径；四是人在通过反身性作用于自己的时候，按照美的规律来构造自己；五是人天赋的群生性。基于以上的认识和理解，我们确信学生是具有积极主动地发展、成长以及不断向上的潜在能力，他们能积极主动地热爱生活、认识美、发展美。因此，在促进、激发、培养、关爱、关注的整个过程中要让学生能够自由、自主地感受和体验。②

一、历史，我们前行的基石

娄塘，是嘉定北部一个古老而闻名的集镇，素有“金南翔，银罗店，教化嘉定，食娄塘”的

① 马克思：《马克思恩格斯选集》（第1卷），人民出版社1995版，第47页。
② 参阅张楚廷：《教育哲学》，教育科学出版社2006年版。

美誉，已有600多年的建镇历史。私立中光中学创办于民国34年(1945年)2月，取名“中光”，寄寓着“光复中华”、“中兴之光”的爱国深意。中光中学是嘉定北部建校最早、规模最大的高中，历史悠久，底蕴深厚。学校更名为娄塘中学后，虽然条件艰苦、规模不大，但教育质量上乘，社会声誉颇佳，江苏昆山、太仓等地的学子纷纷慕名前来。20世纪60年代，学校的高考本科率就达80%以上，一批又一批的学子考入清华、北大、复旦、上海交大等著名学府。六十多年来，学校为社会培养了各级各类人才2万余名，其中正教授100余人，享受国务院津贴者20余人，因此中光一直享有良好的口碑，得到社会各界的广泛认可。但中光的发展之路也经历着坎坷与不平。由于地处偏僻、交通不便、地方经济相对落后，学校的发展曾一度处于停滞状态。经费拮据、生源下降、师资流失严重，办学水平和教育教学质量急剧下降，学校跌入发展的最低谷。

挑战即是机遇。幸运的是，中光拥有一笔最大的财富，即宝贵的人力资源与和谐的校园文化。沉寂数年后，“朴实精进、致知力行”之精神再次得以传承与弘扬。教师淳朴敬业、勇于奉献，师生融洽、人际和谐，加之教育经费的逐年增加，学校近年来不断进步发展，教育教学质量逐年提升。

2005年，学校六十年校庆之际，娄塘中学重新恢复老校名中光中学。这是学校发展的历史转捩点，恢复的不仅仅是校名，而是更深层意义上的寻根，让学校文化的历史与现代教育发展能够互相融汇，互相滋润。中光人一直坚持的一个优良传统，就是始终以虔诚的心态面对历史，收藏着学校昨天的点点滴滴，比如从第一届至今的历届毕业生照片都被完好无损地保存着。校园里，收藏着这样一块残缺的石碑，文字依稀可辨，记载的是清顺治年间娄塘官府治理与平定地方恶霸的史实。这块石碑不仅让学生知道娄塘之根，更让学生感受到嘉定这个“清嘉安定”之地的教化和法治的优良传统，教育学生要为安定、和谐的社会作贡献，要成为一名合格的公民。这块石碑现已作为文物资料，收藏在《上海市碑文录》中。中光人用行动把学校完整的演变脉络小心地留存，正如笔者一直认为，学校要有特色，就必须进入文化层面，追觅文化之根源，进行学校文化精神的思考。

二、变革,时代需求的回应

2006年,中光中学高中部由娄塘镇整体搬迁至嘉定中心城区,取名中光高级中学,成为嘉定城区一所普通高级中学。在传承的基础上,该如何进深发展,为嘉定百姓提供优质的教育服务,成为中光办学思考的关键。因此,中光在原有的基础上进一步思考和完善了自己的教育哲学,进行了大胆改革,抓住了发展的关键期。

2006—2011中光高中的足迹如下:

一是博物馆式校园文化——用环境来营造育人氛围。"染于苍则苍,染于黄则黄","蓬生麻中,不扶而直;白沙在涅,与之俱黑",环境对人成长的影响,古语早有论述。好人生需要好教育,好教育离不开好环境。环境文化既是一门隐形课程,也是一种文化场。

二是优良的人文传统——以虔诚的心态面对历史。中光高中的每一位师生都有一个优良传统,那就是始终以虔诚的心态面对历史,面对文化。走进中光,来访者都会被这里的"博物馆"特质深深吸引。有包括中国文化与人文历史、民族文化与人文艺术、汽车文化与汽车革命、建筑文化与现代文明、文化共融与和谐人文等五个专题的环境主题文化;有以石碑、石础、石狮、石臼、石槽、石磙、石牌坊、石门楼、门当户对以及太湖石、灵璧石、泰山石和千层石、云石、岩石等组成的"石文化";有以"石雕、砖雕、木雕、竹雕"为代表的中国民间"四雕"艺术文化。教学大楼走道墙壁上悬挂的书法、篆刻拓图、剪纸、皮影、京剧脸谱、服饰变迁图等民族传统文化以及校园中的天圆地方、秦砖汉瓦、青铜陶瓷等中国文化元素无时不在传递着文明的信息,感染熏陶着每一位师生,悄然渗透到他们的心灵深处。

三是学校充分发挥各幢楼宇的育人功能。以历史文化、科技文化、体育艺术文化、地域乡土文化、饮食文化等相关文化内容,从各个不同的侧面对广大师生进行科技、人文、励志教育。师生自觉地将代表自己立身行事的准则、警示格言、座右铭等做成席卡放至桌前;学生把自行创意的班徽、班训、班歌歌词等张贴在教室门上……一种宽松和谐、开放进取的风尚在校园中蔚然成风,无声地影响着师生的思与行。

教育当无痕,不动声色的教育才更具有振聋发聩的力量。中光高级中学通过对极具传统文化神韵和时代精神的学校环境文化的营建,潜移默化中对学生进行了无声的教育,为师生的成长和学校各项工作的开展创设了良好的氛围。

三、追问,逼近教育的原点

中光高级中学在先贤思想积淀的基础上和历任师生的努力下,已经形成了良好的校园文化氛围和发展势头,但它毕竟只是一所普通高中。面对中光这样一所普通高中,"学校以何立身于嘉定","学校以何取信于民","学校以何成就师生梦想"等一系列的问题,都是笔者长期思考的问题。带着这些问题,我们班子团队率领全体教职员工进行研究,全面分析学校资源、实际情况以及所面对的机遇,深入洞悉教育规律和要求,不断追问教育本源,逐步确立科学化、规律化的办学理念。

人是什么?人是一种自己问自己的生命,是一种常常,有时还急切地问自己是什么的一种特殊动物。[①] 马克思也曾论述:人"是使自己的生命活动本身变成自己意志的和自己意识的对象"的生命,人是"有意识的存在物"。即以自己为对象实乃人的根本特征。[②]

人具有这样一些特质或本质。一是反身性。马克思说"人的活动本身"具有对象性,把"自己的生命活动本身变成自己的生命意志的和自己意识的对象"。这就是说"人的根本"即人的根本特性之一就是"反身性",[③]人自己可以翻身回头来看自己。而这一特性正是教育立足之地,是教育的基石,也是教育的至真本源。二是自增性。人的意识不是固有的,意识尤其是自我意识,都是后天发展起来的,并且会根据后天的变化而不断变化。也就是说人是有意识地自由自觉地去做事情的一种生物。但是人怎样才能自由自觉地活动?那就必须得做一番设计,还必须训练自己。"动物只是按照它所属的那个种的尺度和需要来建造,而人却懂得按照任何一个种的尺度来进行生产"。[④] 人显然并不是与生俱来就懂得任何

---

① 张楚廷:《教育哲学》,教育科学出版社 2006 年版,第 25 页。
② 马克思:《马克思恩格斯选集》(第 1 卷),人民出版社 1995 版,第 9 页。
③ 张楚廷:《教育哲学》,教育科学出版社 2006 年版,第 27—28 页。
④ 马克思:《马克思恩格斯选集》(第 1 卷),人民出版社 1995 版,第 47 页。

一个种的尺度，也必须去学习、去获得。这一特性就是自增性。人通过自由的有意识的活动进行生产，生产产品的同时通过这种活动发现自己、生产自己、发展自己。而这一特性就决定了教育的存在，也决定了教育的特性，即人通过教育和训练获得的种种尺度。三是人的自语性。人是以生成、发展、丰富语言的方式存在着的生命。四是按照美的规律来构造自己。人能够按照美的规律来打量自己，按照美的规律来获得新的生命，按照美的规律创造、运用、发展和丰富自己的语言，按照美的规律构造自己的物质世界和精神世界。人因美而幸福地生活，又因美的消逝而消失。

基于人的特性和人的本质，我们的教育又能做些什么？又应该做些什么？对于教育是什么，教育应该做什么，教育可以做什么，哲学家、教育家都有很多的论述。笔者认为，教育是点燃，引发燃烧、帮助燃烧；教育能产生神奇，但是怎样的教育方式和途径才能带来神奇是我们要思考的问题。教育能带来惊喜，是乘着梦想的翅膀飞翔、超越的过程，更是人追梦和超越自我的过程。说白了，教育是对人的教育，人本自由，故而教育应该为保障人的自由而存在和发展；自由即创造，是生命的实体，因此，教育应当关爱学生、关爱生命，为学生自由、自主、自能地发展奠基。

（一）教育哲学：自能发展

记得有位教育家说过，真正的教育是自我的教育。正是源于这样一种思想和信念，笔者在办学之路上，不断追问、探寻，不断梳理和完善学校的办学理念，最终确立了“自能发展、文化立校”的办学哲学。办学哲学的确立首先从教育本原上奠定了学校顶层设计的高品质，其次从教育实践层面上勾勒了学校特色发展的美好蓝图，最后从育人目标上回应了教育的内核问题——学生自能发展。

所谓自能发展，初步理解为对象主体在文化背景和生存状态的作用下为完善自我，依据本体属性对自我自主、自觉、自会的动态性建构。“自能发展”的概念是基于“人是什么”的追问提出的。人是什么？从康德的回答可以看出，“人是目的”，“人以及一切理性动物都是作为目的本身而存在的，而不只是作为某个意志任意使用的手段”。[1] 恩斯特·卡西尔

① 【德】恩斯特·卡西尔著：《人论》，甘阳译，上海译文出版社 2004 年版，第 9 页。

说："人被宣称为应当是不断探索他自身的存在物——一个在他生存的每时每刻都必须追问和审视他的生存状况的存在物。"[①]康德的论断说明人不是奴仆，不是工具，不是物，而是一个应当受到尊重的生命主体。从恩斯特·卡西尔的观点中可以看出生命主体是以发展自我作为真正价值而存在的。既然如此，人怎样才能使自己得到充分发展而真正享受到人性之美、生存自由和尊重价值？那就是让人——我们的工作对象，即学生，能够在一种自主、自觉、自由、自会的环境中得到激发、促进、培养、发展和完善。

（二）自能：蕴含美妙的育人目标

什么是教育目的？教育目的表现了教育的一种自我意识，是教育思考自己想做什么，能做什么，做成什么的一种意识。教育是人的教育，教育是对人的教育，是人对人的教育，也是人的自我教育。故而教育目的其实就是人的目的。

中光高级中学把"自能发展"作为自身办学哲学，源于自能发展是一个十分有意义的教育目的。"自能发展"这个目的既认可了人的反身性，又认可了"人是自己的目的、成为自己"的基本原理[②]，同时，"自能发展"亦主张让学生在发展路途中辅佐自我、照亮自我、滋润自我、勉励自我、助推自我、点燃自我。这种目的蕴涵着让学生成为自己灵魂工程师的深情厚谊和无限期待。

中光高级中学把"自能发展"作为教育哲学，源于自能发展的广阔领域。除了认知领域，学生们能同时在情感、态度、信念、意志等领域中进行自能发展，而且这些领域的重要性绝不亚于认知领域。只有当每一位教师将学生视为其自身灵魂的工程师的时候，才能更恰当地关注学生的心灵，并且在这种关注的基础上，引发学生更加意识到其关注自己心灵的意义。

这种"自能发展"不仅是让学生自己对未来提供指导意义的路径，当学生的心灵受伤时，还能让学生进行自我治疗，或在未受伤之前自觉、自主地进行自我预防。

中光高级中学"自能发展"的办学哲学源于美妙的育人本源。无论是听起来还是想起

---

① 【德】恩斯特·卡西尔著：《人论》，甘阳译，上海译文出版社 2004 年版，第 11 页。
② 参阅张楚廷：《教育哲学》，教育科学出版社 2006 年版。

来,“自能发展”都很美,但是这样一个十分美妙的教育目的,却是不容易实现的,故而更加值得努力去实践。说它美妙,是因为其核心内涵在于它是基于对人的特性的正确理解,基于对教育本质的准确把握的,亦在于它是最贴近受教育者,最易于被受教育者接受的教育目的。说它难实现,是因为当今社会风气太过功利,教育亦不可避免存在太多的功利思想,人们需要立竿见影,缺少了让学生自能发展的耐心。

自能发展充满了对学生的尊重、关爱和期待,注入了教育者的无限深情,并在此过程中提炼了受教育者自身,所以是那样的神奇和美妙。

(三)中光:“四自主义”

当学校的教育目的中既包含教育者目的又包含了受教育者目的时,换句话说就是当教育目的更好地体现教育者与受教育者的合理关系时,这种教育目的才更完整和美妙。而中光高级中学“自能发展”的教育哲学和育人目标就是这样一个包含了教育者与受教育者共同目的的教育哲学。

所谓“四自主义”,即自主、自信、自悟、自由。

自主就是遇事有主见,能对自己的行为负责。要独立生活,就要做到自己的事情自己负责,而自己的事情自己负责的前提就是自主。自主不仅是一种权利,更是一种能力。在学校中,学生的自主主要表现为自主学习和自主成长。自主学习是以学生作为学习的主体,通过其独立的分析、探索、实践、质疑、创造等方法来实现学习目标。“自主学习”这一范畴本身就昭示着学习主体自己的事情,体现着“主体”所具有的“能动”品质:学习是“自主”的学习,“自主”是学习的本质,“自主性”是学习的本质属性。学习的“自主性”具体表现为“自立”“自为”“自律”三个特性,这三个特性构成了“自主学习”的三大支柱及所显示的基本特征。

自信是指人对自己的个性心理与社会角色的一种积极评价的结果。它是一种有能力或采用某种有效手段完成某项任务、解决某个问题的信念。它是心理健康的重要标志之一,也是一个人取得成功必须具备的一项心理特质。一个人的自信心,会影响他的一生,会在许多方面影响着我们,比如说工作、学习、生活、感情等都会受到自信心的影响。自信心强的人可以减少忧虑,不断找到奋斗的乐趣;自信心弱的人则会徒生很多烦恼,让自我的人生黯淡无光。

自悟，本属佛学禅宗的要义之一，它的主体包括开悟、顿悟和渐悟三种不同的完成过程。《首楞严经》有云："理虽顿悟。承悟并消。事在渐修。依次第尽。如大海猛风顿息。波浪渐停。犹孩子诸根顿生。力量渐备。似曦光之顿出。霜露渐消。若即文之顿成。读有前后。或顿悟顿修。"什么意思呢？找到问题的答案了，更需要用心去理解得到答案的始末；明确自己努力的目标了，更需要用心去实践。这就是所谓的"修"。学生的学习成长就是不断开悟、顿悟、渐悟的三种阶段。

自由，指由自己作主，不受限制和拘束。《玉台新咏·古诗》："吾意久怀忿，汝岂得自由。"哲学上的自由为：人认识了事物发展的规律并有计划地把它运用到实践中去，是指对自然的认识和对客观世界的改造。

因此，我们认为，学生的一切发展中，潜能都应得到激发并且个性得到张扬。自主发展，是指学校具有自主发展的意识。在管理层面上，形成系统有序、科学规范、注重服务的管理体系；在教师层面上，形成专业意识强、竞争有序、各显其能、鼓励冒尖的学术氛围；在学生层面上，在教师指导与培养下，逐步形成一定的自主学习、自主探究、自主应用、自主发展的能力。

（四）"四自"的美妙关系

首先，自由是基础。只有给予学生一种自由的氛围、自由的观念、自由的空间，学生才有可能进行自主探索和自悟发展的可能。

其次，自信是目标。以自由为基础，让学生在自主、自悟的方式和状态下进行发展，最终期待学生能对自我和未来人生充满自信。

再次，自悟是方式、手段和目的。学生要有自我反思的意识，注重用自我感悟的方式完善自我、发展自我、预防自我，最终形成善反思、常反思的思维习惯和行为准则。

最后，自主是方式与途径。自主是指在自由的前提下，让学生独立判断、独立选择、独立思考、承担责任，是对学生发展的一种美好期许。

在"四自"的协同发展下，期许学生能够达到"自能"的状态。自能是一种积极、主动、能动的发展，对于学校的发展而言价值更大。它是一种积极能动的学习，是自主、自觉、自动、自探、自悟的学习过程，从而达到“自立、自信、自为”的状态。这个过程呈现出一种学生学习的自觉性。

涵盖了“四自”为核心的自能发展是一种归属于本体属性的发展，是一种外部因素激励下的发展，是一种心理对价值追求的发展，是一种“未特定性”的发展，更是一种追求类本质价值的发展。

第二节　一种文化引领一种可能

赵汀阳教授曾经在《论可能生活》中作出了这样的论述：生存的存在前景是必然的前景，而一种特定的刺激必定引起特定的反应，正如生命由成熟到衰老以至死亡；而生活的存在前景则是可能的前景，生活是一种作品，作品就有各种可能，生活前景是“可能生活”，生活的意义是在创造中产生的。故而规范是为了生存，自由则是为了生活。①

作为一种作品的生活是一种自身具有目的性的存在方式，这种目的性就是生活本身的意义，所以说生活具有自成目的性(autotelicity)，如果一个行动本身具有自足的价值，它就具有“自成目的性”。对生活的理解只能是一种目的论的理解，这就是伦理学的基础部分。②

学校作为学生生活学习、成长的主要场所，不应只是学生疲于应付作业的冷漠世界，而应该是充满乐趣，成为学生自由成长、实现生命追求的乐园。为此，中光高中提出了“文化立校”的办学理念，期望达到“以文立身、以文益智、以文孕美”的目标。

所谓文化立校就是用文化的方式和文化的意识来对学校进行架构、管理，用文化成就学生、用文化厚实学生的生命，促进学生的自主发展，培养学生自主管理自己的能力，让学生自己主宰自己的方向。文化立校，是用先进的文化熏陶、培育学生，用优秀文化来教育学生学会立身、做人；用科学文化益智，教会学生学会学习，提升学力；用人类文明文化孕育美，教会学生热爱美，热爱生活，学会鉴赏美。

---

① 赵汀阳：《论可能生活》，中国人民大学出版社 2010 年版，第 14 页。
② 赵汀阳：《论可能生活》，中国人民大学出版社 2010 年版，第 14 页。

一、铿锵前行:凝练我们的精神

一种精神引领一种未来。笔者一直认为:学校要有特色,就必须进入文化层面,追觅文化之根源,进行学校文化精神的思考。

学校精神是学校文化的核心,也是学校价值观的集中体现。中光高级中学是嘉定北部建校最早、规模最大的高中,历史悠久,底蕴深厚。学校通过组织师生了解、学习校史沿革、发展变迁以及历任教职员工、校友的成就事迹等,通过全校性的师生论坛、主题班会和教师的专题研讨,不断提炼学校精神,促使大家形成对学校文化的共识,提升师生的文化自觉力,以此凝聚人心,培育向心力,使师生自觉传承办学长河中所积淀的学校文化精神。尤其是在学校精神的思考和凝练上,笔者深入基层、全面架构,建构出学校一整套精神文化体系:学校精神、中光信条、教师誓词、校长形象、教师形象、学生形象、家长形象等。在提炼学校精神的过程中,采用了全校师生大讨论、中光文化大讲坛、中光文化周周讲、大家都来谈形象等方式,历时近三年,最终构筑了以"尊重、关爱、宽容、责任"为核心的学校精神体系。在学校核心精神的引领下,逐步梳理了校长、教师、学生、家长形象,并形成了学校誓词。在中光,一年一度的教师节,既是教师欢度自己节日的日子,更是教师承诺育人天职的特殊日子。围绕学校精神,学校形成了《中光教师誓词》,"我们懂得我们肩上承担着生命的重担,我们要用智慧点燃智慧,用生命熏陶生命"这种质朴且真实的话语,是教师对自我的要求,是教师对职业的理解,更是教师对育人的承诺。

二、文化体认:教师的"时空之旅"

一种精神只有真正内化成人的需要和追求,才能对人的发展产生极大的助推力。所以学校采取了开展活动、搭建平台、组建组织等一系列措施把学校精神内化成教师内在需要。

(一) 人文素养培育工程

大力实施"人文素养培育工程",学校陆续开展了以下工作和活动:一是制定《教师人文素养培养规划》。组织开展丰富多彩的人文素养培育活动，激发师生建立和谐统一的人文体系，明晰学校“共同愿景”，并逐渐内化为自身的精神价值追求与生活品质。二是专题讲座。开设了人文课程、人文讲座、人文专题报告会，并开展了“远离职业倦怠，提升生命质量”、“教师的学科教育气质”、“学校文化认同”、“两纲融入课堂”等专题讨论。三是走进经典，欣赏经典。创造机会让教师走进经典，走进高雅艺术，如欣赏《猫来了》、《时空之旅》等。四是亲近自然，感怀山河。学校组织教师走访东西南北，感怀祖国的大好河山。五是组建社团。学校还建立了文学艺术、文化人生、体育技能、科学技术、民族风情等十几个教工文化社团，培育教师的人文情趣，提升教师的文化素养。

（二）开展精神层面的系列活动

通过思想道德建设，让教师深刻领悟学校精神。学校深入实践师德师风建设，注重针对教师的职业特性，做好精神层面的培训，如人生价值、职业生命、职业情感等。一方面，强化教师的师德理论学习，开设讲座、报告，组织教师收看师德专题片，强化教师的职业意识、责任意识、道德意识、服务意识、协作意识和教育民主意识，使其确立先进的价值观、教育观、成才观、质量观。另一方面，定期评选表彰教书育人先进典型和师德先进个人，如开展“优秀园丁”、“我心目中的好教师”、“中光德育金星”等评选活动，正面激发和引导教师向师德航标前行；同时进一步强化年度考核和岗位聘任中教师职业道德的政策导向。通过这些举措，使教师真正明白所肩负的历史使命和民族重任，从而树立“德高为师，身正为范”的职业道德风范。总之，将师德师风建设与教师专业培训有机结合，使“淳朴、亲和、务实、善教”的教师形象成为中光高中的一大教育品牌。

在整个精神内化的过程中，学校用活动来增强体验，用培训来转变观念，用规划来构建共同愿景，用实践来内化需要，最终让学校教师对“尊重、关爱、宽容、责任”的学校精神有了更为透彻的认识和理解，树立了共同的发展愿景，形成了良好的校风、教风和学风，和谐教育的阳光照耀着校园的角角落落，温暖着每一个中光人的心。

三、执著追求：变“理念”为“信仰”

我们的期待是：在文化的滋养下，每一个孩子都能得到自由、自主的发展。

学校教育哲学只有内化成教师的教育信念，才能让办学哲学得以切实地实践和体现。在办学前行的路上，需要做些什么，怎么做，我们且行且思考，且行且探索。

什么是教师教育信念？国外有关教师信念的研究往往将其视为教师的“内因理论”，属于教师的“个人化实践知识”，也有人称之为教师的“个人哲学”。这些“内因理论”和个人化实践知识一般显示在教师的教育行为中，但也可以在对话和深度访谈中呈现和敞开①。教师的教育信念一般呈现多种状态，包括“教学科目性质”的信念、“教师角色”的信念、“关于学习及教学过程性质”的信念、“关于学生”的信念等等。

笔者认为，教师的教育信念归根结底就是教师如何看待自己的职业，如何看待自己的学生，究竟相信何种教育理论。

任何一个教师都有自己的教育信念，只是有些是成熟的，有些是粗浅的，有些是正确的，有些是不正确的。教师信念如何形成，又会受哪些因素的影响？教师教育信念的形成有多种因素，主要有以下三个方面：一是学校文化及其传统；二是教师的学习习惯；三是教师的自我反思意识。所以，学校在培育和引导教师信念的形成过程中，一定要关注这些因素，及时解决问题，让教师信念的形成过程更加顺利有效。为此，学校开展了以下几项行动：

（一）凝心聚力，让信念更加显性化

为了进一步显性化、具象化中光的办学哲学，让学校教师从教育信念、教育行为上体现和践行学校的办学哲学，我们开展了一系列凝心聚力的活动。一是征集活动。在历时半年的征集活动中，主要开展了学校层面的教育信条、教师个人教育信条和学校誓词的征集，共收集到基于学校办学哲学的学校教育信条50份，教师个人教育信条56份，基本做到一人一份。教师们从不同视角、不同层面、不同方面提出了自己对学校教育信条的期许以及对个人教育信条的理解。二是锤炼讨论。针对上交的所有教育信条和誓词，学校组织教师们进行多次讨论、民主投票、反复修改、提升锤炼，最终确定了中光的教育信条和誓词。三是学习内化。只有确实转化成教师们的日常行为信念和教育行为习惯，教育信条才能真正发挥

① 辛涛、申继亮：《论教师的教育观念》，《北京师范大学学报》（社会科学版）1999年第1期。

指引和激励作用。所以，在整个内化学习的过程中，既有大会形式的心得体会交流，也有教研组为单位的个性化信条研讨，还有课堂教学中的实践活动。全程、全员、全层面参与学习内化活动，切实做到让信念从内部发掘到外部显性化，再到认同内化，最终落实到实践行动上。

【案例 1-2-1】

中光高级中学的教育信条

我们坚信：每一个学生都是独一无二的生命。

我们坚信：每一个学生都有着梦想、憧憬与精彩花季。

我们坚信：每一个学生都能得到我们的尊重与关爱。

我们坚信：每一个学生都能在教育的启迪下不断成长。

我们坚信：每一个学生在文化的熏陶下朴实明理，乐学上进。

我们坚信：每一个学生在我们的教化下都能得到人生的奠基与发展。

在整个信条征集和内化过程中，我们的教师全员、全程参与其中，不少教师对于教育信条的征集活动和内化活动颇有感受。下面列举两个案例：

【案例 1-2-2】

我所理解的教育信条

什么是教育？教育哲人杜威在《我的教育信条》一书中如是说："一切教育都是通过个人参与人类的社会意识而进行的。"学校组织教师进行"中光教育信条"的讨论、锤炼活动，让我深有感触。作为语文教师的我们更强烈地意识到教育要

“从生命的高度用动态生成的观点看课堂教学”、“让课堂焕发出生命的活力”，不断发展学生个人的能力，熏染他的意识，形成他的习惯，锻炼他的思想，并激发他的感情和情绪。在语文课堂上我们致力于“归真、求美、移情”的探索。

1. 归真。对审美沟通的传统研究认为，鉴赏主体在沟通阶段，主要诉诸情感，而不动用理性。由此可见，在我们的课堂教学中，尽管教师的讲解有时候是很理性的，但学生总会自觉不自觉地挣脱理性的捆扎，把主观情感移入或灌输到课文中去，并同课文产生共鸣。我们通过让学生编演课本剧、吟诵古诗文、点评时事新闻等活动，多作自由讨论，多写读后感，以此来求得教师—学生，学生—学生，学生—课文，课文—教师之间的多边共鸣。学生对课文的理解，应当允许保留分歧，因为“一千个读者心中有一千个哈姆雷特”。总之，语文课堂教学必须归真，“真”是语文课堂教学的“根”。

2. 求美。吕叔湘先生说：“语文教学一半是科学，一半是艺术。”既然一半是艺术，那么，语文教学就离不开一个“美”字。语文既是人类交际的工具，又是人类文化的载体，它负载着丰富的情感、深邃的思想和绵绵不绝的人类文明。语文学科的人文属性不是凭借简单直白的道德说教文字承载的，而是借助于一篇篇熔自然美、生活美、情感美、艺术美、语言美等于一炉的有血有肉的文学作品表现出来的。美的表现也是多方面的，如杜甫的《春望》、陶渊明的《饮酒》有“有我之境”与“无我之境”的境界美；朱自清的《绿》、茅盾的《风景谈》有“美在典型”的典型美；曹禺的《雷雨》、鲁迅的《祝福》，有“忧愤深广”的悲剧美；巴金的《灯》、杨朔的《荔枝蜜》有“寓情于景”的融合美；吴均的《与朱元思书》、柳永的《雨霖铃》有“千古传诵”的语言美……把这些美开掘出来，本身就是一种美。

3. 移情。苏霍姆林斯基指出：“情感如同肥沃的土壤，知识的种子就播种在这个土壤上。”语文课堂教学是一个师生情感流动的过程。这个过程，始终以情感为动力，因此它是流动的、变化的、起伏的、曲折的，也是美的生成图。语文教学经历的三种境界:一、教师讲学生听效果不佳;二、师生共同研究共同探讨,略有成绩;三、学生自学自得教师引导点拨,效果最佳。运用“移情”手法进行情感熏陶,关键是要在正确理解和把握课文内容,对客观事物某一特征有深刻感受和确切认识的基础上,找到最佳的激发点。语文教师备课要备“三情”,即“教情”、“学情”、“文情”三情的统一,并在课堂教学中自然而然地储情于胸,并用激情导入,进而引导学生入境体验,最后融情入理。

激活语文课堂教学是深化中学语文教学改革的关键,归真、求美、移情乃其根本,也是其旺盛的生命力所在。由于学校这种不知不觉的教育,学生便渐渐分享人类积累下来的智慧和道德的财富,成为一个固有文化资本的继承者。我们坚信:每一个学生在我们的教化下都能得到人生的奠基与发展。

(中光高级中学教师　陈妍玮)

【案例 1-2-3】

内化中光教育信条
——课堂实践教育信条的感悟

从中光的教育信条中可以看出,我们注重的是对学生的人文精神和艺术素养的培养,其中有一条是“我们坚信:每个学生在文化的熏陶下朴实明理,乐学上进”。作为一名英语教师,我相信通过英语教学也能够使我们的学生受到文化和艺术的熏陶,学会欣赏生活、热爱生命,提高道德素质,从而变得朴实明理、乐学上进。因为,作为一门语言学科,英语除了教学生学会使用语言外,人文教育、文化教育更是它的重要内容。高中的英语教材内容新颖,具有时代性,其中也有不少关于名家伟人、文明礼仪、慈善助人等内容，在平时的英语教学中，我会利用语言材料，通过一些活动来增强学生对传统文化的热爱，学习做人的道理。

记得本学期，我们有篇课文“An Interview with a Pop Pianist”，文章通过记者对一名钢琴家James的采访，介绍了他怎样突破传统的表演方式，形成了自己独特的风格，受到观众的欢迎。文章介绍James小时候学习非常认真刻苦(hardworking)，功课全优(straight As)，长大之后又积极进取(aggressive)，以事业为中心(career-oriented)，最终获得了成功。学了本文后，我希望学生能明白，任何成功的背后都有努力付出，只有像James一样，乐学上进、打好基础，才能有所突破、获得成功。所以讲完课文后，我又特意提出了一个问题让学生讨论What do you think contributes to James Newman's success as a pianist?（是什么导致了James Newman的成功?）既作为对课文的小结，也可以引发学生对自己学习现状及将来的思考。学生的回答是令人惊喜的，他们不但提到了James努力刻苦、积极进取，也提到了在机会出现的时候要做好充分的准备，敢于打破常规，有创新思维等文中并不是非常明显的因素，在对文本有更深挖掘的同时，思想认识也提升到了更高的层次。

所以我想，对学生的教育不仅仅是班主任的任务，任课老师也完全可以利用我们的课堂培养学生健康的人格和优秀的品格。

（中光高级中学教师　陆艳艳）

(二) 宣誓，让我们的誓言成为行为的引导

无论是信念还是信条，都需要学习，更需要内省、反思。目的、信仰实际上也是人的心理指向，与认识有关，甚至密切相关，但它们并非纯粹认识的产物。在现实中，人们认识了的内容不一定能体验到、感受到，但体验或者实践了的内容却一定会有所感悟、有所认识。信念或信条的形成必须经过相当复杂且漫长的过程，只有成为主体感同身受的体验，才能真正形成本应该是自身而又确实属于自身的目标，才能成为行动的习惯和内驱力。换言之，只有当信念、信条转化成行动时，才能形成明晰的目标、坚定的目标、矢志不移的目标。基于这样的理解和思考，我们在内化教育信条、教育哲学、办学哲学和学校誓词的过程中，尤其注重引发教师内省，增强其感同身受的体验，并培养教师塑造“对学生的教育，也要注重引发内省，增加感同身受的体验”的信念和情怀。

为此，我们在基于学校办学哲学和办学理念的基础上，开展了教师誓言征集活动。教师们全程参与其中，学校在整合了全体教师教育信条的基础上，形成了中光高级中学的教师誓词（见案例【1－2－4】），并在每年的教师节上进行新一学年的宣誓和重温。

【案例 1－2－4】

中光高级中学教师誓词

我宣誓——

教师是我神圣的选择！

我懂得——

我们肩负许多生命的重托！

我承诺——

教育是我用爱心，开启梦想的终身事业！我们会尊重每一个学生，宽容他们的稚嫩，

我承诺——

用我们的智慧启迪生命，培育人格，传承文化，奠基人生，这是我们义不容辞的责任。

终身学习，抵御诱惑，为人师表，奉献自我是我们文化自觉的准则，

即使艰难委屈,我们仍将恪守职业道德,忠诚教育事业,实现我们庄严的宣言!

【案例 1-2-5】

新教师宣誓感言

温总理曾经说过,教师是太阳底下最光辉的职业。

作为刚入职的年轻教师,深感庆幸能够加入教师这个神圣的行业。"教书育人,为人师表"已经像八字箴言一样深深刻在我的脑海里,又念起大学里"学为人师,行为世范"的校训,顿感肩上责任之重大。

作为一名新教师,我们要不断进取,树立起终身学习的理念。教师是一个专业性很强的职业,需要不断地学习来提升自己和完善自己,而这种学习不仅是为了提升自己的专业知识修养,更会无形中提升自己的人格修养和个人魅力。我会努力用自己的行动去影响学生,用自身的不断完善奠基学生的人生,培育学生的人格。

作为一名新教师,就像誓词里说的,我将以最大的热情对待我的工作,以最大的努力将自己的知识和爱心呈现给每个不同而又充满个性的学生。尊重学生的差异就是尊重自己、尊重自己的行业,可能在这个过程中有艰难有委屈,可是我坚信,当你付出的是爱,得到的也终是爱。

作为一名新教师,要始终站在学生的立场上,了解学生,理解学生,关注学生的自我成长。学生作为一个普通而又特殊的群体,又是一个个独一无二的个体。我们不仅应该关注群体的建设,更要因材施教,针对不同的学生,给予不同的教育策略。我坚信，每个学生的成长都是老师精心培育的结果，每个学生都有自己绽放的舞台。

最后，我相信我能做到“爱国守法，爱岗敬业，关注学生，为人师表，教书育人，终身学习”的教师职业基本要求，恪守自己的职业道德，忠诚自己的教育事业，实现自己对学校、对学生和对自己的承诺。

（中光高级中学教师　万鹏鹏）

【案例 1－2－6】

青年教师宣誓感言

作为一名新教师，参加这样的宣誓仪式，让我感觉无比神圣和震撼，尤其当响亮的宣誓声在耳旁响起的时刻，我深深地感受到每位教师的责任感与坚定的态度。

宣誓仪式让我第一次真正感受到自己是一名神圣的教师。教师这份职业既平凡又普通，如此地平易近人，就和今天站在这里的我一样。但是教师们所做的一切，说起来又是那么地不平凡。我深刻地体会到选择做一名教师所承载的重量，承载着万千家庭的希望和梦想，承载着每位孩子的未来。也许未来的工作充满艰辛，但我坚信只要不断完善自我，提升自我，我们的工作就是有价值的。

誓词虽然很短，但却字字充满力量，句句让人激情澎湃、热血沸腾。当铮铮誓词字字落地的时刻，我相信每位老师心中都油然而生一种强烈的荣誉感、自豪感、责任感和使命感。在未来，我将把感受到的这份神圣与震撼铭刻心中，把誓词作为自己的工作准则时刻恪守。

（中光高级中学教师　王莹）

【案例 1－2－7】

老教师宣誓感言

回顾“中光教师誓词”宣誓的过程，激动人心的场景仍在眼前浮现。作为一名从教近三十年的老教师，在经历这样一个活动时，也充满了震撼和感动。我的体会概括起来就是：敬业奉献，克勤克俭是实现教师自我价值的重要基础；热爱学生，是教师职业道德的核心。

在今后的工作中，我要加强政治理论学习，不断完善和提高自己，虚心向其他同志学习，接受大家的批评和帮助，脚踏实地地开展工作，牢固树立全心全意为学生服务的宗旨意识。

日后，我要继续做好下面两件事：一个是深刻认识学科性质，另一个是进一步了解教育规律。我尝试着阅读了不少教育理论书籍，虽然还不是很懂，但我仍会继续下去，因为在大事面前我感觉自己很渺小，要学的东西还太多。只有不断阅读文学类、教育类、生活类、经济类等各类书籍，才能使自己从一个相对比较宏观的角度去把握教育教学，完善自己的职业人生。

（中光高级中学教师　史宝轩）

从经验中可以看出，教学信念比较稳定并且不断进步的教师，常常是那些善于向他人学习和反思自我教学实践的教师。在形成、凝练和内化学校教育信念的过程中，我们开展了中光教师教育信条、誓词的征集和论坛活动。在提炼和提升教育信条时，应注意以下几个方面：一是紧紧围绕学校文化，让学校优秀的文化成为教师信念的有效支持。二要关注教师的学习，让良好的学习习惯成为教师文化中一个重要组成部分。三是引导教师进行适当有效的反思。美国学者舍恩将那些善于自我反思的教师称为“反思性实践者”。在舍恩看来，优秀的实践者并不因为他们拥有更多的专业知识，而在于他们更加富有智慧、才能、直觉或艺术技巧。

第三节 每一位教师都能成为优秀教师

教育是教师生命的存在方式;教育是以教师的生命影响学生的生命,以教师的生命去点燃学生生命的实践;教育是教师实现自我生命的意义和价值的过程。教师发展理论研究表明,只有以教师的生命发展为最终目的的教师专业发展才能真正实现教师生命的成长,实现教师自由、自主、自信的发展。

我们信任每一位教师,也信仰每一位教师都能成为优秀的教师。这种信任和信仰一方面是教师对自我要认可,信仰自己会成为优秀的教师,另一方面教师也要努力让自己成为优秀的教师。信仰自己能成为优秀的教师,可以激发教师自我成长的内驱力;信仰自己能够通过努力成为优秀的教师,亦可以引导教师欣赏每一个学生,让每一个孩子都能成为优秀者。有理论研究发现,受教育者常常低估了自己的潜在。教育者一定要深信这种潜在,并不遗余力地为这一潜在努力。教育者因深信这种潜在并在逐渐唤醒受教育者充分意识到这种潜在的过程中,不断改变自己的教育观念和教学行为,也就是说,教育者因为这种深信和唤醒才能使自己成为真正优秀的教育工作者。

一、我们的愿景:让学校成为教师成长的乐园

教育的核心是生命。“在一定意义上,教育是直面人的生命、通过人的生命、为了人的生命质量的提高而进行的社会活动,是以人为本的社会中最体现生命关怀的一种事

业。”[①]只有关注生命成长的教师专业发展才能促进教师自我、自主、创造性发展。而现实社会中，人们对于教师专业发展和教师生命存在以下几个方面问题：

（一）当前教师发展中存在的困境与问题

1. 重奉献，轻尊重

长期以来，我们一直鼓励教师要拥有一种默默奉献的价值观。人们把教师比为蜡烛和园丁，似乎只有这样才能配得上“太阳底下最光辉的职业”和“人类灵魂的工程师”的称号。学校生活对教师来说，似乎苦行僧一般，只能奉献，不求回报。“教师只是教学事业的奉献者，是学生发展的手段和工具。”综上所有的观点，人们关注的都只是教师职业的外在价值，忽视了这份职业对于教师个人生命的意义，缺乏必要的尊重。其实，之所以普遍存在这种观念和问题根源在于社会上和教育界都忽视了教师首先得作为一个社会“人”的存在，然后才能作为一个“教师”职业人的存在。如果一味地强调教师的个人付出，对其正当的要求和回报予以否定，势必让教师这样一个群体的生命走向异化。在现实中，我们更应该倡导，教师是春风，吹拂了他人也舒展了自己，在实现自己生命价值的过程中也实现了育人的伟大事业。

2. 重操作技能，轻价值追求

教师是学校发展的生命线，这或许是所有校长们认同和重视的观点，几乎没有一个校长或者学校不重视教师的培养和发展。但是在现实中，校长和学校往往更多地把教师的发展界定为：通过培训能够掌握程序化的操作模式，学习具体的教学方法、教学模式，或者通过观摩某些名师的课堂教学，便可以模仿或者运用的教学经验。而这种界定恰恰反映了校长思想的深入理念是将教师或教育者假定为“技术员”或“教学的机器”，只偏重于目标、班级管理及有效的教学技巧等技术化层面。正如叶澜教授所说的，“教师发展在过去容易一搞就认知化，再后面就是技术化，所以总是一开始就想操作化。”[②]因此，教师习惯了接受一

---

① 引自教育研究记者：《为“生命·实践教育学派”的创建而努力——叶澜教授访谈录》，《教育研究》2004年。

② 叶澜：《“新基础教育”发展性研究报告集》，中国轻工业出版社2004年版。

个操作模式或模仿别人，而很少关注自己的探究能力和创造能力。教师们更加关注专家怎么说，问题怎么解决，教学质量怎么有效提高，培训者也往往更加关注教育中普适性的科学教育规律或能具体化运用于课堂教学中的一种有效的程序化教学方法和技巧，最终将其灌输给教师，却基本不关注问题背后的实质和成因，更不关注教师思想深处的想法和观点的引导。这种"重操作化，轻价值追求"的做法，短期来看是能促进教师发展的，但会出现"要我发展"而非"我要发展"的被动发展局面，最终导致教师消极、被动的发展心理，以至于产生职业倦怠感。

3. 重功利回报，轻职业意义

改革开放以来，我国社会进入全面的快速转型期。在理想与现实、奉献与索取、主见与盲从之间，不断有冲突出现，人们的思想观念和价值取向也在经历着蜕化和嬗变。作为社会转型的代表，青年人中拥有譬如"以自我为中心"、"不愿吃苦"、"经不起挫折"、"追求物质享受"等价值取向的人群所占比例并不小。我校教师中35周岁以下的占了50.24%，他们的成长很大程度上受到社会环境、思想观念、行为方式等方面的影响，特别是出生于20世纪80年代及以后的教师群体，家庭生活条件普遍较为优越，或多或少地带有独生子女的通病。因此，教师自身的就业就存在一种功利主义——为自己找一个谋生的手段，而非真正理解或者认同教师职业的崇高理想和责任。另一方面，教师和教育本身也会受到市场化观念的影响和侵袭，如"金钱至上"、"实惠思想"等价值取向时刻影响着教师群体。社会对于教育的要求和评价也更多地体现在"有多少学生进入名校"、"教师所带班级的考试成绩如何"等等，继而转化成对教师的考核与评价。可见，无论是教师个人还是教师群体、教育界、社会各界，全都从功利的角度来考量、考核、评价教师和教育体系，忽视教育本身潜在的育人功能和意义。

以上种种情况，正体现了教师作为生命个体的人的缺失。在现实生活中，人们常常强调作为教师的职业的人，而往往忽视了作为"人"的教师，也就是人们更愿意用教师的职业特殊性替代教师为人的本质属性，使教师职业失去了与教师生命的内在关联性，其结果就是直接导致职业与生命的成长发生断裂，教师生命异化和奴役，造成教师生命意义的遮蔽，阻碍了教师的正常成长和发展。

（二）立足呵护现实生命的角度理解教师专业发展

康德在《德性就是力量》中写道：人是永远的目的，而不是手段。人自身作为自己的谜底而存在，作为自在的目的，一位哲人在任何时候都是自律和自主、自我发展的。[①] 人的生命究竟有几种存在的形态？不同的人有不同的看法。高海清教授认为，人的生命有两种最基本的存在形态——生存和生命。[②] 张光教授认为人有三种生命：一是自然生理性的肉体生命，二是关联而又超越自然生理性的精神生命，三是关联人的肉体和精神而又具有某种客观普遍性的社会生命。[③] 而笔者认为，生命分为四个层面：自然生命、价值生命、智慧生命、精神生命。

1. 自然生命

自然生命是人的生命存在的物质载体和本能的存在方式，是最基本的生命尺度。人是自然界长期发展的产物，又是自然界一个特殊的产物。作为自然生命，人是由肉体、本能冲动，以及自我存在的和发展的意识及对其作出的自主选择构成。人的肉体生命所关注的是人的生理、物质欲望的满足，是暂时性的肉体享受。自然生命的存在是人一切存在的基础。

2. 精神生命

精神生命是人在主观形态中的目的和活动，是人所独有的。精神生命对人的肉体生命有指导和提升的作用，且具有自由、开放和升华的本质。精神生命具有超越性，与自然生命合为一体构成了生命的完整性。

3. 智慧生命

所谓智慧生命是指人对于其行为、思想以及预期存在的相关环境、事物、现象进行反思、探究，从而使人类的认识更加明晰、正确、深刻，使人类的精神更加健康、完满、崇高的一种生命存在状态。智慧生命是各种生命形式中的最高形式，是支配着生命的生命。它的最大价值就是具有超越性。

---

① 金生汯：《德性与教化——从苏格拉底到尼采：西方道德教育哲学思想研究》，湖南大学出版社 2003 年版。
② 高海清：《“人”的双重生命观：种生命和类生命》，《江海学刊》，2001 年第 1 期。
③ 张曙光：《生命哲学——走向本真的存在》，云南人民出版社 2001 年版，第 197 页。

4. 价值生命

价值生命是指人的价值的存在。“人是不会满足于生命支配的本能生活的，总要利用自然生命去创造生活的价值和意义。人之为‘人’的本质，应该说是一种意义性存在、价值性实体”①。人在自然生命、本能生命的基础上还追求具有超越和升华意义的价值生命。价值生命本质的实现，就是主体在知、情、意方面全面的发展，是人的生命自由的充分实现。

生命具有有限性，人的生命存在的时间是有限的，人的生命是无常的，人还需要来自他人的理解和关怀，需要亲情。此外，生命还具有创造性，能够根据已有和现有的基础进行更加深入的开创、创造。

基于以上理论和因素，我们在帮助和推进教师生命发展的过程中，不但要基于生命的四个层面，基于生命的特征，最重要的是要基于教师职业的特殊性。

(三) 我们的信念：每一个教师都能成为优秀的教师

我们相信，每一个教师都能成为优秀的教师。故而，学校要为每一个教师创造幸福的职业之路，让教师在被信任、受鼓励、有宽容的机制下，自由、自主地发展和完善。为此，我们引导教师思考和撰写自己的教育信条，让他们把学校的信念“每一个教师都能成为优秀的教师”熔铸于个人的教育信条中，用实际行动帮助他们成为优秀的教师。

【案例 1-3-1】

我的教育信条

我坚信，教育是舍得的艺术。

我坚信，教育是等待的艺术，我要用慢的艺术让孩子慢慢成长。

我坚信，教育是慢的艺术，我要用浇花的心境来培育孩子的成长。

① 高海清：《人就是“人”》，辽宁人民出版社 2001 年版，第 213 页。

我坚信，教育能点燃每一个孩子的智慧。

我坚信，教育能启迪每一个孩子未来的智慧生活。

教育是慢的艺术，孩子的成长不是一朝一夕，需要时势来造就。

等待的心境，让孩子多了一份悠然，让教师多了一份淡然。

等待的心境，让教师少了一份功利，多了一份教育本源的回归。

慢的艺术，让孩子拥有更多的时间和机会来滋养天性。

慢的艺术，让孩子有更多的平台可以沿途欣赏受教育旅途中周边的风景。

教育是面对未来的公民，用今天的教育启迪未来的人生，所以教育不止是教知识，更是不断让学生获取知识以外的更重要的智慧。拥有智慧的孩子，无论在今后的生活中、学习中遭遇怎样的境遇，都能平稳处理，恰当办理。

学校组织教师思考自己的教育信条，借着这个机会，我不断追问自己：我的教育信条是什么，我到底要建立怎样的教育信念？带着这些问题我不断反思自己的教育教学行为，不断拷问自己的教育教学习惯。最终确定了自己的教育信条，即“点燃智慧，慢的艺术，让学生能够在自由、自在的环境中，拥有更多的时间和机会来滋养天性，让孩子有更多的时间可以思考选择”。在选择慢的教育的同时，也必须处理好舍与得的关系。慢的教育势必要教师舍弃名利，舍弃短期的成功，舍弃快速的成名。同时，教师还得做好专业上的自我发展。只有专业精专，方能选择恰当、有效的内容和方法对学生进行教育。而在教师的舍得方寸之间，又得培养学生学会选择，指导孩子学会分析和放弃。在教师生命之中，还可能需要放弃更多的休息时间、自我时间，才能得到自我价值的实现。在教师职业之路上，要放弃更多的物质追求，选择职业的幸福感和成就感。我坚信，我一定能够做得到。

（中光高级中学教师　艾冬娥）

二、我们的行动:让每一位教师生命得到成长

人,不是手段,不是工具,而是“自身作为自己的目的而存在”。[①] 关注教师生命成长和生命质量的教师专业发展的最终目的,不是“教书匠”的培养,不是教育教学“利器”的打造,而是帮助教师实现其生命的价值和意义。

(一) 唤醒生命意识——我的存在独一无二

教师作为生命个体的“人”,他的生命是有限的;教师作为教师职业的“人”,他的育人生命又是无限的。对于个人生命的有限性,我们要引导教师认识到生命的宝贵、有限、不可复制,任何人都要珍爱生命、敬畏生命;同时,正是由于个体生命的有限性,我们一定要实现教师职业精神生命的无限性。在唤醒教师自我生命意识的过程中,让我们的教师逐步思考自己作为人的存在的价值,思考他们实现个体生命有限性和精神生命无限性的统一,思考自己和“教师职业”之间的关系,重塑自己,继而找到自己人生和职业的契合点,把职业当成事业,把工作的意义与生命的意义联系起来,把教育过程看作是教师与学生生命共同“润泽”的双赢过程。中光校园采取“引进来、走出去”的形式开展一系列唤醒教师生命意识的活动。引进来,主要是指邀请台湾著名心理学家张德聪、上海心理辅导专家袁胜芳、孙丽娟等进行生命成长辅导。走出去,则是学校组织教师到上海专业心理辅导机构进行了主题为“提升正向情绪动能,描绘幸福人生剧本”、“改变的力量”等多场培训,从内到外唤醒教师生命的意识,提升幸福的可能。

(二) 认识生命价值——在奉献中实践价值

教师的生命价值和意义主要在教育教学活动中实现。学校是教师生命成长的场所,教学是教师生命存在的形式,课堂教学、专业培训、个体反思等构成了教师生命的重要组成部分。教师应该认识到其生命的价值和意义体现在教育教学的实践过程中,因此,我们组织

① 【德】伊曼努尔·康德:《道德形而上学原理》,苗力田译,上海世纪出版集团 2005 年版,第 30 页。

教师参与并开展“认识自我”的行动。以教研组、青年教师教育发展联合会为载体，从读书讨论到专题讲座，从论坛到沙龙，最终让教师树立合理的自我发展意识，从要我发展转变为我要发展，主动寻找发展的目标，提高发展的自觉性。此外，我们还组织了一系列课堂教学实践活动。2011—2013年，我们组织了三次“焕发生命活力课堂”教学活动，引导教师在教育教学过程中充分展现自己的个性和价值观。总之，学校应注重教师的专业自主意识和自主发展能力的形成，把增进人的生命主体意识看作是现代教师专业发展的重要因素，让教师的专业发展过程成为充满生命活力的过程。

（三）提升实现生命价值和意义的能力——在能力提高中获得价值

1. 提高教师的研究和反思能力。反思和研究是教师专业发展的必要条件和关键能力。教师要想在自己的专业之路上有质量、有品质地发展，走得更远，并不能凭空而来，必须拥有一定的研究能力和反思能力。如果仅仅依靠外在的被动发展，让各种培训、管理制度来促进教师的发展，是完全不符合教师生命成长的发展初衷的。故而，教师生命成长的发展，必须取决于教师内在的主动发展，即教师对教学的自我反思和研究。没有反思，就没有问题意识，就不会有所改进，没有改进就不会有真正的发展。所以在提升教师生命价值和能力的过程中，我们要特别重视对教师的自我反思和研究能力的提升。研究是指对反思结果的研究，是为了改进行动、解决问题，寻求更好的发展。没有反思和研究，教师专业就得不到发展。

2. 把创造的权利还给教师，给教师的个性发展留出空间。人在目的论意义上的本质是创造性。因此，有意义的生活也必须是创造性的，否则人的存在目的不可能被实现。所以，一个人的幸福只能来自创造性地生活，这种创造性的幸福不仅是激动人心的，更是一种人生成就，一种贯穿一生的意义。① 我们在重新分析中光高级中学的历史、现状以及教师情况，重新思考和构建学校教师文化的过程中，梳理了全新的教育哲学和办学思想，进而构建了“每一个教师都能成为优秀教师”的信条，让教师在一种宽松、民主、和谐的校园氛围中自主发展。如在时间管理上，我们给予每位教师每月一天自由调配的时间，用于解决和处理

① 赵汀阳：《论可能生活》，中国人民大学出版社2013年版，第150—151页。

生活中的各类事情;在评价方式上,我们倡导“有个性,有特色”的多元评价,不用统一的标准来制约教师;在教师发展定位上,我们先让教师对自己未来的发展目标和方案进行规划,学校进行一对一的约谈后再给出建议,让教师自行选择。我们倡导每个教师都能过一种有主张的教学生活。针对教师们的自我教学主张,我们宽容、宽松、宽泛地帮助他们进行提炼和完善,让教师对自我的发展权完全掌控,自己做主。

3. 丰富文化内涵,提升教师素养。从心理学角度说,当人的心理需求得到满足和认可,就会产生幸福感。教师发展的第三条道路在某种程度上能够满足教师个人的兴趣发展和自我风格形成的需求,同时激发潜能、丰富自我内涵。当代教师要有敏锐的洞察力和判断力,把收集、整合各种社会信息作为个人生活的重要部分,在了解、关注社会的同时,对问题有自己独特的视角和研究。因此,学校在为教师第三条道路发展上努力创建宽松民主的环境:建设个性化办公室,开展时尚沙龙活动,组织观赏高雅艺术,在提升文化品位上予以指导和帮助。为了能够让自己的课堂变成信息的集散地、聚集地,很多教师坚持博览群书,考察民风民俗,夯实文化底蕴,品味生活,形成独特的自我人生哲学。

4. 以课程开发为载体,彰显个体价值。在校本课程建设中,学校为了引导教师凸显个性,所设课程都是在结合社会需求、学生兴趣爱好和教师个性特长、知识结构的基础上开设的。校本课程的申报、验证、开设、实施都以促进教师的多元化发展为目的,以挖掘教师的个人发展潜能,体现对教师的校本教育为价值追求。在校本课程开发的过程中,教师只有不断丰富自己的专业知识,开阔视野,才能彰显自我价值,融入自我生命成长。

(四) 营造实现生命价值和意义的环境——搭建教师支持系统,让教师在职业之路上走得无忧

心理学认为,一个人的心理健康是由三个系统支撑起来的:生理系统、心理系统和社会支持系统。由于缺乏锻炼引发的生理问题,长时间工作及沉重的压力引发的心理问题,社会的过高要求,家庭、朋友、社会缺乏理解和有效沟通导致的个人支持系统的不完善,都是教师这个职业出现心理问题的原因所在。为了缓解教师职业倦怠感,让教师有质量地生活和工作,我们主要从以下几个方面进行努力。

1. 搭建心理支持系统

一是以心理咨询帮助教师进行心理疏导。定期开办心理健康咨询和团体心理辅导活动，营造有利于保持教师心理健康、进行自我调适的内在环境，帮助教师提高自我心理调适的能力。启动"快乐生涯"教师心理健康校园阳光行动，通过定期的讲座、团体心理游戏、沙盘体验、个案分析、户外拓展等形式促进教师心理健康，提高教师的心理应用能力和沟通能力。近三年来，我们一共举办了近十次心理辅导和培训，收到了良好的效果。

二是搭建区域内、校级层面等不同类别的教师互动平台，为教师提供说话的渠道。无论是学校层面还是年级组、青年教师组织层面，利用现有的中光贴吧、中光校园网、中光博客、中光微信等网络互动平台，让教师们有地方可以倾诉自己的想法；同时，学校还根据教师们的需要举办不同类型的教师沙龙，成立影视社，民俗文化研究社、书画社等不同兴趣爱好的社团组织，让教师拥有彼此交流的机会和渠道。

2. 建立外部支持系统

教师内心的压力以及职业倦怠感，往往都是由于教师外部支持系统的缺失或不足。为此，学校可以从以下几个方面做出努力：

一是呼吁整个社会关心、理解、支持、善待教师，为教师营造良好的工作、生活氛围。以中光为例，学校可以利用嘉定电视台、嘉定报纸、各街镇报纸、家校论坛、家长督学委员会、家校共建理事会等途径，报道和宣传教师职业的特殊性和艰辛，让更多人了解教师，关注教师的工作、生活，从家长中和社会上获取支持。

二是建立多途径的发展平台，让教师获取成就感。教师这一职业具有较强的稳定性，生活相对比较单一。而对教师的评价认可机制也相对比较单一，主要集中在职称评选上，因此，可以创设一些新机会，让教师有更多的发展平台。

三是建立合理有效的活动平台，丰富教师精神生活。组织和鼓励教师参与一系列丰富精神生活的活动，如：走近经典电影、闲暇生活趣评、生活礼仪培训等等。通过这些活动提升教师艺术修养，从而促进教师师德素养的自觉养成。学校在引领教师自我发展的过程中，逐步形成了品位高雅、内涵丰富、进取创新的现代教师文化。一支富有个性风采、教学特色，具有可持续发展力的教师群体正在形成，并以此推动着学校教育工作的纵深发展。

三、提升专业发展品质

幸福是一个宏大、永恒又艰难的命题，虽然无数贤哲前仆后继地对幸福的真义进行了千年的追问，但幸福依然是一个难题。它氤氲在我们内心，单纯而奇妙，却又模糊而混沌。幸福究竟是什么呢？虽然先贤圣哲并没有给出一个确切的、为世人公认的定义，但却给了我们许多启示。幸福是人类个体认识到自己需要得到满足以及理想得到实现时产生的一种情绪状态，是由需要（包括动机、欲望、兴趣）、认知、情感等心理因素与外部诱因的交互作用形成的一种复杂的、多层次的心理状态。

那么，什么才是教师的幸福？如何才能让教师具有幸福、快乐的人生？如何才能让我们的师生幸福地成长？教师是一种社会角色，肩负着一定的社会责任和历史使命，而教师的社会责任和历史使命用朴素的话语概括就是教书育人。因此，尽管教师的幸福指数也与其他因素有关，但主要仍体现在教书育人的过程中。换言之，要提升教师的幸福指数，让教师在校园内获得快乐的成长经历，就必须关注教师的职业成就感和幸福感。

（一）以活动和平台助推教师成长，提升职业成就感

按马斯洛的理论，个体成长发展的内在力量是动机。而动机是由多种不同性质的需要所组成，各种需要之间，有先后顺序与高低层次之分；每一层次的需要与满足，将决定个体人格发展的境界或程度。马斯洛认为，人类的需要是分层次的，由低到高依次是：生理需求、安全需求、社交需求、尊重需求、自我实现需求，自我实现的需要是最高等级的需要。满足这种需要就要求完成与自己能力相称的工作，最充分地发挥自己的潜能，成为自己期望中的人物。这是一种创造的需要。有自我实现需要的人，会竭尽所能，使自己趋于完美。自我实现意味着充分地、活跃地、忘我地、集中全力地、全神贯注地体验生活。基于这样一种认识，笔者认为，要提高教师职业的原动力，可以从以下方面让教师在校园生活中、职业生涯中找到归宿感、幸福感和成就感。

一是实施“学科奠基工程”，以“青莲会”——青年教师教育发展联合会组织建设为起点，推进青年教师快速成长。2006 年，学校成立了青年教师教育发展联合会这样一种松散

的、自主管理的非行政教师组织，借助人才柔性流动机制，聘请市、区教育专家，资深教师带教学科组和青年教师，强化对新教师的培养。通过公开课、论文评选、学术研讨、教育论坛等各类岗位比武活动，为青年教师搭建施展才华和快速成长的平台，切实助推青年教师的成长。

二是建立有利于教师专业发展的机制。通过“教学论坛”、“挂牌教学”、“教学风格展示”等人才培养催化行动，促进教师教学风格的形成，完善对中青年骨干教师的培养，用活动催化成长。加强对骨干教师学术研究、访学考察、论文发表等支持力度，鼓励教师在职硕士学位进修，助推骨干力量成长。

三是加强班主任队伍建设，实施教师育德能力培育。通过“班主任节”、“德育工作室”、“快乐生涯——教师心理健康校园阳光行动”、“校级德育金星评选和事迹宣讲”等活动，不断提高班主任的思想政治素养、业务素质和育德能力；完善班主任评价和奖励制度，树立先进典型，促进班主任快速成长。

四是依据办学目标和特色优化艺体、心理、科技创新教育等创建工作，通过内培外引，建立起适应学校发展需求的师资队伍，让教师们体会到受重视、被尊重的感觉。

五是开展教师指导能力培训。自 2010 年以来，学校全面开展“构建学生发展指导制度的实践与研究”工作，结合全面发展指导制度建设，开展教师指导技能培训，重视教育指导制度的结构与职能、方法与技能的研究，提高全体教师对指导工作的认同感与指导实践的针对性、有效性，从转变教师观念到提升教师能力进行全方位培训，最终实现教师职业的幸福感和成就感。

（二）完善管理制度，让教师的福利得到保障

教师的劳动具有特殊性，所以对教师的管理也应考虑其特殊性。不仅要体现教师管理的人文性，还要尽力关注教师的保障机制，让教师的物质、精神福利都有所保障。

1. ISO9000 质量管理体系让教师增强主人翁感

为了科学管理学校，增强服务意识，保障持续发展，学校在传承中光历史、文化、传统的基础上着力引进 ISO9000 质量管理体系，重新构建学校的质量管理平台，把学校的办学理念、办学目标、办学思路、发展规划纳入这一体系，明确了学校的发展程序与步骤、完成时限

与途径，确保学校工作各环节既体现人性化、民主化，又符合科学化、规范化、程序化的要求。在推行、运行这一体系的过程中，做到凡事有人负责，凡事有章可循，凡事有据可查，凡事有人质监，规范了各部门各环节的管理，构筑起现代学校制度的雏形。广大教职工也明确树立了“教育是服务”、“管理即服务”的理念与职业定位。

2. 深化人事制度改革让教师获得发展驱动力

学校首先实施了中层干部、年级组长竞聘上岗制，青年教师管理岗位见习制，并在此基础上又相继推出了中层干部轮岗制、后备干部挂职锻炼制、教师职员考核流动制及教职员工的全员合同聘任制等。这一系列的人事制度改革为学校人力资源的开发与管理，人事制度的优化与聘任积累了宝贵的经验，也为全面建设现代学校管理制度奠定了基础，使学校人才的流动、转岗步入良性循环的轨道。

3. 深化激励制度改革让教师赢得认可

一方面学校建立了由思想品德、知识素养、能力水平、工作业绩等要素构成的重业绩、重质量、重发展的教师评价体系。另一方面，学校着手改革评价方法，在教师自评、互评的基础上，组织学生、家长及社区代表参与对教师的评价，并把考核评价结果作为职务评聘、岗位聘任、评优表彰、选拔培养的重要依据。同时，分配制度向一线教师、大胆实施科技创新教育的教师、积极开展教科研的教师倾斜。为了发挥高级教师、骨干教师的引领示范作用，学校还制定了中、高级教师聘期管理办法，设立骨干教师教学开放日，充分发挥职称、职务、业绩管理的导向作用。

（三）实施教师培养行动计划

1. 制定规划，建立组织保障机制

学校在认真分析总结现有师资队伍的基础上，研究制定了《中光高级中学教师培养规划》，旨在通过各种形式的学习培训、实践考察、实地体验、教师专业素养和职业实践能力研究等，有计划有步骤地提升教师的职业素养、实践能力，坚定教师的职业信仰，完善教师的知识结构，丰富教师的精神世界，将知识和理念转化为教书育人的能力，进而提高教师的文化品质和生命质量，从而推动学校的前行。

学校将组织成立专门的“师资队伍培育领导小组”，由党政工团齐抓共管，从行政导向、组织机构、制度保障及人力资源等条线全面推进:由校务办和人力资源部负责规划实施与督察,由师训办公室负责日常工作的开展、落实与管理考核。学校各行政职能部门通力协作,共同配合,开展好此项事关学校长远发展大计的重点工作,让每一位教师在进入中光后都能得到相应的发展。

2. 扎实推进,让每一位教师在不同年龄阶段得到应有的发展

一种机制塑造一种人生。教师文化是引领性文化,是学校文化内涵发展的主要推动力量;学生文化是核心文化,是学校文化建设的目的与旨归。二者都是学校文化最重要的组成部分。中光高中紧紧抓住学校文化建设的命脉,关注师生生命质量的提升,努力打造洋溢现代气息的教师文化和体现自主发展的学生文化,使学校成了师生共同成长的精神家园。

针对不同教龄的教师,中光有针对性地采取了以下措施:1—3 年教师,扶一扶,送一程;3—5 年教师,激一激,有效果;5—10 年教师,压一压,成骨干;10 年以上的教师,想一想,成名师。

此外,中光高中还努力挖掘内部潜力,走校本研修之路。以"导学稿"和"习题库"为载体进行校本研修,探索国家基础性课程的校本化处理,逐步提高教研组、备课组的教研实效性。以撰写高考分析报告这一实践培训活动为载体,加强考试研究,让教师从纵横两个维度梳理知识点,明确高考方向、要求,知识点的考核情况,以及题型、类别等,提高教学的有效性。围绕教学"五环节"开设论坛,组织教师就教学各环节的有效管理进行专题研讨和交流。建立假期作业制度,依据培训目标、学校发展需求、教师现状,以完成作业的方式,开展校内集中与假期分散相结合的进修培训工作,始终将推进教师专业发展的工作放在学校发展的首位。

教师的幸福具有精神性。教师作为个体生活在社会上,离不开物质与报酬,但是教师的幸福更加体现在师生之间,体现在课业授受的过程中。这种道德人生上的精神交流和情感融通都是别的职业难以得到的享受。学校只有不断引导教师充分认识这一精神性质,才能帮助他们发现自己的人生诗意。

一方面,随着学校教育的进一步发展,青年教师成长成为推进今后学校发展的重要因素。为了促进青年教师专业、快速地成长,学校特别成立了青年发展联合会,并以此为窗

口，定期开展丰富多彩的研讨学习和实践活动。组织青年教师开设人文课程、人文讲座、人文专题报告会；开展“远离职业倦怠，提升生命质量”、“教师的学科教育气质”、“学校文化认同”、“两纲融入课堂”等专题讨论，立足课堂渗透人文教育。通过重点培训、专家引领、外出考察、交流研讨等形式，使青年教师无论是在理想信念的确立、育德能力的提升、教学水平的提高，还是在人文素养的积淀上都有了显著的进步和发展。

另一方面，学校积极利用外部优势资源为教师成长搭建平台。聘请特级教师、资深专家、知名教师带教青年教师，组织教师出国培训，邀请国外学者来校讲学，参加中外文化交流活动等，为教师的成长发展提供更多的学习机会。此外，学校还开设了教育论坛和教师论坛，汇聚内外资源，促进教师发展。品位高雅、内涵丰富、不断进取、勇于创新的现代教师文化已日渐形成，正不断推动着教师从专业的文化自立向人生的文化自觉前行。

第四节 用文化的方式发展每一个孩子

几乎每时每刻，教育都在每个人身边，是我们大家关注的话题。教育是什么？教育要做什么？教师是什么？教师能做什么，应该做什么？这些都是需要我们深度思考的问题，也是我们在重建教师文化的过程中需要深入研究的核心问题之一。教育的目的有如下三点：其一，提升人的生命价值和创造人的精神生命；其二，是人类精神力量通过教与学的活动在师生之间实现转换和更新的生成过程；其三，是师生自发自觉地投入学校实践和自主发展的内在保证，也是人的生命存在的本真体现。①

记得一位教育人曾经这样说过："教育要注意四个恰当，就是要选择最恰当的时间、最恰当的地点、最恰当的人，做最恰当的事。"这"四恰当"暗合了古语"天时，地利，人和"的协调之法。而恰当即为适合，只有顺应每个孩子的天性，让他们体验到生命成长的喜悦，教育才能最终结出丰硕甜美的果实。中光高级中学在基于学校实际、学生实际、社会要求的基础上，建立"自能发展、文化立校"的办学哲学，用合适学生的一种"文化"的方式让每个孩子自由、自主地成长。

一、用文化夯实学生的人生基石

所谓文化德育，就是基于文化的思想道德教育，把"文化"作为德育的一种方法、途径和

① 参阅张楚廷：《教育哲学》，教育科学出版社 2006 年版。

手段。即充分利用文化中的德育资源,用文化来引领德育,用文化来浸润德育,发挥文化引发、认同、固化、传承的作用,使德育走进人的心灵,走进人的精神,走进人的生命,从而达到"文化润德""文化育人"的根本目的。文化德育模式较之其他德育模式,有"关注生命"、"尊重人本"的共同之处,更有其"文化载德""文化育德"的独特性,能使德育从空洞说教走向文化浸润,从转变式走向建构式,从受教育者外在改变走向内在精神缔造,使学校德育真正走进学生整个心灵,乃至整个精神和生命。

(一)以丰富的社团活动弘扬民族精神,为人生添彩

正如有位学者所说:"我所能想到的最重要、最有价值的事情,莫过于受到良好的教育。因为只有良好的教育才能使我们秉有渊深的学识、清明的才知、通达的性情、宽广的胸怀和高贵的教养。"中光高级中学全体师生在路校长的带领下,经过不懈的努力和大胆的实践,多措并举,以"文化德育"为依托,通过丰富多彩的社团活动为孩子们提供了锻炼自我、展示自我的舞台,强力推进素质教育,以实际行动诠释了良好教育的标准,切实提高了师生的道德修养和自我发展能力,同时也促进了学校的发展,铸就了学校的辉煌。

学校先后成立了民族服饰表演队、舞蹈队、合唱队、影视协会、模拟汽车驾驶俱乐部、茶文化社、阳光部落等各类学生社团,并获得了很好的成绩。在此过程中,老师和学生们体会到了民族精神和生命教育史是他们成长过程中不可或缺的精神食粮。在高三年级毕业典礼上,学校再次回放精彩活动片段时,参加社团的学生们激动地感叹,社团活动为他们的人生画上了精彩的一笔,极大地提高了他们的自信心,意志力和耐挫力得到锻炼,民族自豪感也得到提升。

(二)以"校园文化节"展现民族文化,为成长搭台

学校积极开展"校园文化巡礼"活动,每年定期举办体育节、艺术节、科技节、读书节、感恩节、社会实践节六大节庆活动,尊重每个学生的兴趣和特长,为他们提供张扬生命、展示才华的舞台,帮助其在众多的实践经历中体验生命成长的快乐与意义。

中光历来重视开展传统节庆教育,结合传统节日对学生进行中华民族文化、传统美德和革命教育,提升学生人文素养。如在中秋节、端午节等佳节来临之际,编写节日介绍发给师生，宣传民族文化传统知识；结合重阳节开展敬老日活动，和嘉定敬老院结对定期进行慰问等。

（三）以心灵对话实现人文关怀，为发展助跑

学校成立了“生命关爱中心”，筹建“谈心小屋”、“心语信箱”、“舒心天地”、“释放空间”、“沙盘王国”，开通了心理热线，使“生命关爱中心”成为学生健康成长的心灵驿站。同时，学校通过班主任论坛、教师发展论坛、党员论坛、学生论坛、青年教师发展联合会等交流平台，不断探讨“两纲”教育的意义与方法；实施党员义工制度、家长一日督学制、青年教师义工制度，通过教师入住学生宿舍与他们交朋友，谈心交流，帮助存在困惑的学生及时调整状态，认清前进目标和发展方向。

二、看得见、摸得着的学校文化

环境文化是学校的隐形课程，其建设不仅需要用心尽情，更需要有一定的教育文化意识。我们一直把意蕴教育内涵的环境建设作为学校文化建设的育人策略，整体设计、凸显品位、创新经营，让每一件物品、每一处景致都形成一个子文化，体现文化的理念，发挥环境文化在学校教育中的教化作用，让学生在优秀的文化场中得到耳濡目染的熏陶。

教学楼每一楼层的微型开架书吧，表现中国文化与人文历史、民族文化与人文艺术、汽车文化与汽车革命、建筑文化与现代文明、文化共融与和谐人文等不同主题的文化博览，大厅、过道的民族优秀文化，体现中国传统文化元素的天圆地方、石狮柱础、秦砖汉瓦、青铜陶瓷，都传递着文明的信息，潜移默化地感染着师生，学校教育要与社会发展相吻合，师生的发展要与学校发展相匹配。在设计环境文化时，我们力求在每一种文化的背后都设有一门校本课程，因文化而创设课程，又由课程而支撑文化，让文化渗透中光人的心灵。

学校有意激励师生的主人翁精神，组织师生共同参与环境文化建设的策划。以研究性学习方式设计出以科技为经线，以人文为纬线，以历史发展为线索，用专题模块的形式建设“博物馆式”校园环境文化，并逐步建立起历史文化博览廊、主题文化博物馆、班级文化博物场，嘉定法宝博物点，以及“生化·环境·生活”校园科技馆，使得学校环境文化既重视民族

优秀文化的传承，又注重现代文明的传播。融古典精华与现代文明为一体的学校生态园让学生在格物中创设环境，增长知识，在环境中修身养性，道德自律。我们还有意将环境建设与德育有机整合，组织学生开展班歌、班徽、班级团队文化建设，让学生自主创建温馨教室，身临环境教育中。

在环境视觉文化建设中，我们力求规范学校 VI 识别系统，从校徽、校服、信息公示、宣传资料，到信笺、文案、PPT 模板等，统一标识学校文化用品。校园主色调的选择、绿化植被与小品雕塑设计、校园楼宇的命名等环节中，我们都把学校的教育理念、办学特色、育人目标寓于其中，通过环境文化陶冶性情，培育人格，发挥其润物细无声之作用。

【案例 1－4－1】

像“博物馆”一样的学校

走进中光中学，砖雕木雕、石刻竹刻、石狮柱础，青铜陶瓷、丝绸玉器、秦砖汉瓦、明清家具……这些原本在博物馆才能看到的物件随处可寻，身处其间就像每天在博物馆里，随处都是意蕴深厚的民族文化历史，又与校园学习生活融为一体。

中光中学以“文化立校”，有意识地把“博物馆式”校园建设与学生日常学习生活熔铸在一起。学生们选修了“中国石狮”这门课程，会发现校园里的石狮形态各异，南北有别；有了舞龙舞狮社团的学习经历，便产生了研究中华龙狮文化的浓厚兴趣；读了学校的自编教材《走进徽州》，才看得懂学校墙上的砖雕的深层底蕴……在中光，像这样可供学生自主选择的课程就有 100 余门。

历史文化博览廊是中光“博物馆式”校园的重要组成部分，其主要设计者——朱真、姜芳芳、王莹老师每每叙述时都会说：起初，我们只是想建一所大而全的历史博物馆，后来才逐渐认识到创设博物环境更有意义，学生可以在此环境中修身养性，让文化教育润物无声。

如今，中光还有师生通过研究性学习建立起的 16 个主题各异的班级博物场。每天都有学生在博览廊前徜徉，在博物橱前驻足，在博物馆中学习。

（《嘉定报·生活长廊》）

三、捕捉学校制度的文化蕴涵

有制度未必有文化。文化是自动、自觉的发展趋势。我们在中光中学整个文化建设的过程中，把学校文化融于学校制度，在学校制度建设中呈现学校文化。换句话说，在制度建设中融入学校文化，在制度建设中捕捉文化内涵，这样建立起的制度不仅能够实施，也能更好地为教师所认可和执行。

为适应社会发展需要，办“家长放心、教师舒心、学生开心”的学校，我们首先着手建立学校的管理文化，架构学校全面质量管理体系，吸纳 ISO9000 核心理念，确立“服务至上、持续改进、零缺陷”的学校质量管理观。其次，全面制定学校的制度文化，形成规范办学的质量手册，并连续几年通过社会第三方，对学校的办学制度、教育服务、管理模式与工作程序进行审核，改进教育行为，促进教师增强服务意识，确立质量保障观。作为学校文化的顶层设计，我们始终坚守一个原则，即学校任何制度、政策的出台，必须符合学校的文化理念。我们建立《学校章程》、《文化建设纲要》、《师生人文素养培育规划》、《教育创新计划》、《三类课程改革实践指南》，《教职工手册》等行为准则，从制度上规范教育行为，规划学校改革，保障学校的持续发展。

在管理模式的变革中，我们不断探索民主办学，通过学校组织机构改革、社区家校共建理事会的建立、家长督学制度的推进、家校教育共建论坛的实践、学生全面发展指导制度的有序开展，以及学生自主管理委员会和校长助理团的实施，把教师的服务意识与能力、教学水平与质量视为教师的职业道德，在深入开展现代学校制度建设中，逐步建立起学校的管理文化，形成了凡事有人负责、有章可循、有据可查、有人质检的良好局面。

四、用文化撑起学校发展的“天”

学校文化建设绝不仅仅是学校环境的美化建设，而是基于学校实际的关于广大师生的哲学思想、价值取向、思维方式、行为习惯，乃至为人处世风格的建设。它涉及学校的办学理念、办学模式、管理机制、课程设置、学生的培育方式和评价模式，也涉及教师的学生观、人才观、教学观。文化是学校在长期教育实践中的积淀和创造，并为师生所认识和遵循的价值观念体系、行为规范准则和物化了的环境风貌，直接体现在校风、学风、教风上。这种文化个性就是学校的名片，因此学校文化建设是一项长期的系统工程。

（一）确立文化建设意识，全面规划顶层设计

校长是学校文化建设的总设计者。校长理应带领班子成员进行学校文化的顶层设计，全面系统地架构学校的文化体系，组织师生开展研讨，形成共识，使广大师生不仅知其然，更知其所以然，这样学校文化建设才能真正内化为广大师生的文化自觉。

中光在“文化立校”的办学理念下，不断深化与完善学校的文化建设，始终围绕着“教育现代化必须文化共融化、视野国际化、民族传承化、方法科学化”的办学方式，有计划、有目标地开展学校文化的构建。从现代学校制度建设、办学机制改革、课程文化重组，到课堂教学的变革、教师的专业发展、师生人文素养的培育，始终用文化的方式探索素质教育，办有品质的学校，为每个学生的发展提供优质的教育服务。

（二）着力精神文化建设，促进师生境界提升

学校精神是学校文化的核心。“尊重、关爱、宽容、责任”的学校精神和价值取向在校园中得到认同与弘扬，“以文立身、以文益智、以文孕美”的行动目标和“儒雅之气，刚柔相济”的培育目标稳步渐行，“自主发展，人文见长”的办学特色逐渐凸显。学校不断深入引导师生开展“淳朴、亲和、务实、善教”的教师形象建设，实践“朴实、明理、进取、乐学”的学生形象培育，探索学校精神文化建设，设计实践的载体，挖掘、传承在办学中积淀形成的优良文化，创新精神建设的形式，丰富与时俱进的内涵，改革评价师生的标准，用制度和舆论导向努力

推进学校的精神文化建设。

为化虚为实，将学校的精神物化为实体，中光特意设计、制作了一个体现开放、包容，把学校精神用中英文融为一体的雕塑造型，让这种精神文化在校园中时时激励师生自勉。此外，还在教学楼内设计摆放书柱雕塑，组织教师向学生推荐人生必读书目，隐谕通过读书学习，修炼内功，提升修养，培育学生的自我形象与气质。

五、我们的承诺：实现生命成长的价值

给予学生什么样的教育才是最好的教育？这是历代先哲和师者们在教育实践中努力探究的问题。这个问题的关键是如何看待学生与教育之间的关系。究竟是教育来适合学生的发展，还是教育来选择学生？很显然，将教育的出发点回归到人本身，从个体生命成长的需求出发、促进个体未来的发展为目的教育，更符合现代教育的发展要求。

为此学校构建了“尊重、关爱、宽容、责任”的学校精神德育文化，凸显学生个性化适切发展的“VIP”课程文化，“博物馆”式校园文化，珍爱生命、敬畏生命的学生文化。让学生在每一天的校园生活中，在每一节课和每一次师生交往的过程中享受到成长的快乐与教育的幸福。“关注孩子的成长”、“享受孩子的成长”、“与孩子一起成长”应该贯串于教师职业和业余生活的始终。对于学生来说，进入学校并不是一个对“今天的生活”和“明天的生活”进行数学算计后的取舍，并不是要为了明天的目标而牺牲今天的快乐，而应该即时即刻享受到课堂的生命意义与幸福美满的校园生活。

（一）尊重生命，关注成长

尊重个体生命的存在，促进人的长远发展，是现代教育的价值与目标。为了促进学生的自主发展，中光高中强力推进新课程改革，积极探索促进学生生命成长的教育方式。

1. 探索基于生命成长的课堂教学

课程是学校教育的重要载体，它通过计划、目标、教育管理、质量考核与评价等对学生进行知识技能、情感态度、思想价值观的培养，直接体现了学校对学生思想、人格、智能的塑造。建立基于校情的课程体系，是学校教育价值取向的体现。因此，课程是学校文化建设

的重要内容，也是学校文化建设的根本点。

多年来，中光一直致力于学校课程文化建设，依据文化立校的办学理念和人文见长的办学特色，规划设计学校的课程体系，有意引导教师研发基于学校文化特色的校本课程，有计划地实现国家课程的校本化，着力推进课程教学改革。

首先，探索适合学生发展的教学，使国家课程校本化。

教育要遵循个人发展的自然规律，促使其走向完善，这是诸多先贤在孜孜以求教育发展方向时为我们提供的启示，也是当今社会对教育提出的时代要求。学生与教育的关系是内因与外因的关系。教育的对象及最终目标都是学生，而教育能否成功，起决定作用的也是学生，学生才是内因。但教育也不是无能为力的，当教育适合学生发展时，教育对学生的发展就会起积极的促进作用，甚至决定性作用，反之，则有消极阻碍作用。教育回归人本，适合个体生命成长，则是将学生与教育置于一个良性互动中，从而促进学生的长远发展。

在不断探索课堂教学模式的过程中，我们基于学生个体差异及学习现状，不断构建和探索一种增强学生探究体验的“2020”教学模式。

“2020”从字面上容易理解为“教师讲解 20 分钟、学生活动 20 分钟”，而其实质内涵是指：教师在课堂教学中通过一系列的学生活动（问题设置、探究活动、自主发问、团队合作等），让学生在自主参与课堂学习、探究、体验、思维训练的过程中获取知识。要求教师少讲、学生敢讲，变被动学习为主动学习，变仅为知识学习为知识和能力双要求，变分数学习为思维、个性和谐发展的学习。

在学校层面，我们以点到面，逐步实践，逐步推广。2011 年 9 月，我们在“政、史、地”文科小学科中进行试点，在总结第一阶段的经验后于 2012 年在所有学科中进行推广实践。教师也经历了从疑惑（不理解 2020 实质内涵）、困惑（如何有效实施 2020 课堂教学模式）、初试（边摸索边实践）、融入自身教学（自主实施 2020）几个阶段。

“2020”课堂教学模式的实施是一个循序渐进的过程，必须有一定的载体铺垫和支撑。为此我们开设了“导学讲义”、“校本习题库”、“学科知能解读”等环节，找到真正适合“2020”课堂教学模式的载体。

教师要研究教材、课程标准和考试要求，分解细化教学目标，梳理知识点，构建知识体系和框架，理清各知识点之间的内在关联，并分析和寻找重难点的突破方法。

教师在分析学情的基础上编制导学讲义稿，一方面要继续培养学生的预复习习惯，另一方面要为学生提供自主学习、探究的途径和方法。要以教材、课标、考纲和学生实际为依据针对性地编制校本习题。同时，设计学生活动时，除了强化课堂训练外，还应通过提问、小组讨论等方式加强学生的思维活动，改变学生的思维方式，提高学生对知识的整体认识和解决问题的能力。

最后，教师要写教育反思。教育反思就是教师自觉地对自己的课堂教学实践进行全面而深入地冷静思考和总结，简单说就是研究自己如何教、学生如何学，是有效改进教育教学行为的途径之一。

2. 开发厚实生命的各类课程

教育应尊重生命成长的独特性，生命成长需要教育的介入，这种“成长需求”互动交织在一起，使得教育从学生内心激发了生命的原动力。“成长需要”指的是在人作为生命在个体成长过程中所呈现出的需要，它要求我们在“成长”与“需要”的双重视野下认识人的发展问题。从“需要”的角度看，成长是每一个生命个体不可让渡的权利，也是每一个生命个体不可推卸的责任，更是出自每个人生命本性的一种动力，而不是外界引诱压迫的被动产物。

因此，中光高中在基础型课程中开发了挂牌课：组织各教研组进行基础课程的再度开发，到目前为止，在高一、高二年级进行了数学、英语学科的课程校本化课程，并进行了选课制度；校本必修课则开发了生命质量课程：心理课、职业生涯导航课、音乐与人生、美学与生活等，成为学校为学生生命服务的必修课。

学校延长了活动课程的生命长度，如校园十大文化节、咖啡馆经营、影视编导、数码摄影，以及学生各类社团实践课等，努力孕育着学校文化的教育，让每一个学生得到最适切的发展。广大教师在校本课程研发中也得到文化的陶冶和专业的提升，学校文化建设的内涵在改革实践中日趋丰富与完善。

此外，学校还提出了“VIP”课程体系，涵盖了高效学习课程、品格修炼课程、人文情怀课程、生活技能课程、个性特长课程、人际交往课程、生涯指导课程、科技创新课程、艺术修养课程八大课程模块，分布于学校的基础课、研究课、拓展课三大类课程中，构建了关注生命的课程体系。

3. 搭建促进生命成长的实践平台

每个学生都是独一无二的生命个体，他们的天赋秉性、兴趣爱好，千差万别，姿态各异。即便是同一个学生，在不同成长阶段的认知能力、关注点与兴趣度也是不同的。一旦教育过于注重统一性而忽略差异性、只强调共性而忽视个性的时候，教育就成了“脚镣”，束缚了学生发展的自由和成长的无限可能。为了使每个学生都得到个性化发展，学校需要提供最适合的教育，使他们的个性特长得到充分发展。为此，要改变传统的千篇一律的人才培养方式，采用个性化教育方式，让教育为生命的成长提供动力而非阻力。

那么，如何使教育促进个体生命的成长？笔者认为需从以下三点着手：

首先，关爱学生生命。学校建立学生生命关爱中心，全天候开通心理辅导和帮助热线，组建“校园阳光部落”学生心理社团，全面关注学生生命成长；学校开设“珍爱生命，健康成长”为主题的系列教育活动，让学生在活动中明白生命的可贵和健康的重要。

其次，关注生命个体。学校实施分层教学，让每个学生的生命在课堂中得到应有的尊重，真正做到“以生为本”，关注个体生命的成长；学校开展“艺术节”、狂欢节、科技节、读书节等校园文化节，用学校的节日来丰富学生的生命，为其成长夯实底色。

最后，关心生命品质。学校开设“校园咖吧”，培养学生市场成本观念，提升学生道德自律，养成符合现代社会需要的礼貌礼仪。在中光的校园里，有这么一个环境优雅的场所，每天都有五位学生“服务生”在这里接待着来自学校的“顾客”。无论是“经营者”还是“消费者”，他们都举止优雅，言谈文明，服饰整洁。在这里，“经营者”们把高中经济常识中的市场经济理论运用于社会实践，体验成本核算的理念；“消费者”们则学会了不同场合的礼貌礼仪，懂得了道德自律。

（二）让学生在适合教育、自能发展的状态中体验成长的快乐和幸福

回归生命成长的过程，每一个人都需要认真地体悟自己当前的生存状态，都需要自问“我的生命成长需要什么?”这是无论学生还是教师，年幼者还是年长者都需要追寻的根本问题。作为一个人、一个生命体，只要还有生命，就需要发展，需要成长；而唯有成长、发展，才真正彰显着我们作为生命体而具有的独特性。正是对人之“成长需要”的认识，才为教育实践带来了新的发展空间。

1. 自主管理社团是学生自主成长的空间

学校组织学生社团活动,让学生在学习之余寻找自我发展的快乐天地。20个特色鲜明的校园学生社团,为学生成长提供了更加广阔的活动空间和舞台,让学生拥有了更多的成长体验经历。以下是部分学生社团的介绍:

中光茶艺文化社:中光茶艺文化社成立于2006年9月,以"育人文、养心性、孕品格"为宗旨。在这里,社员们可以领略到博大精深的中国传统文化,感受中国茶道文化的精髓,体验其优雅稳重、宁静淡泊、平等自然。社团开展茶艺、茶道、品茶等多种活动,多次参与接待德国、新西兰、乌克兰等访问团的来访。中光茶艺社是一个传承中国茶艺文化,陶冶学生人文素养的实验地,也逐步成为我校宣传中国传统文化的窗口。

An. d话剧社: To be with drama. 凭着这份热爱与钟情,一群快乐的年轻人相聚在一起,中光An. d话剧社应运而生。在这个充满憧憬与梦想的地方,怀着一份理想与信念,他们义无返顾投身其中:体验多彩的人生,体会真情的传递,感受梦想的力量。在这方小小的舞台上,他们为掌声而自豪,为鼓励而感动,为关注而快乐,为真诚而付出。用一颗颗鲜活跳动的心,营造一方艺术的净土,创建一片时尚的天空。An. d话剧社必将成为中光校园一道靓丽的风景线!

社团将成为学生学习生活中创生快乐、体验快乐的园地,为其自主、自由成长提供空间。

2. 学生自主策划的校园文化活动为学生成长提供平台

现代教育强调"以人为本",把重视人、理解人、尊重人、爱护人、提升和发展人的精神全方位地贯穿于教育教学的全过程。它关注人的现实需要和未来发展,注重开发和挖掘人的禀赋和潜能,更重视人的自身价值及其实现,并致力于培养人的自尊、自信、自爱、自立、自强意识,不断提升精神文化品位和生活质量,从而提高生存和发展能力,促进自身的发展与完善。

学校为满足学生的成长需要,经常开展由其自主策划、自主组织的校园系列活动:如每年举办学礼节、读书节、科技节、感恩节、艺术节、体育节等校园文化节;定期举办文化课堂、演讲辩论赛、我型我秀达人赛、校园形象大使评选等活动;相继成立话剧社、影视社、数码点击社,诗友会、"阳光部落"、青年乐团等几十个社团,让学生在自己组织、自我策划、自主管理的实践中提升素养、丰富内涵、健全人格。

如今,学生逐步形成了自主学习、自主探究、自主应用的能力,情感、智力、个性、人格得到了全面发展,"朴实、明理、进取、乐学"成了中光学子最鲜明的"标签",最生动的写照!

3. 多元评价机制的建立和实施让学生找到自信

对学生的评价不仅要关注他的学业成绩,更要发现和发展其他多方面的潜能,了解学生发展中的需求,帮助他们认识自我,建立自信。在多元的评价标准下,让每个学生都发觉自己的闪光点,让每个学生都找到做好学生的感觉,让每个学生都拥有幸福的感觉和成功的信心。

学校从制度建立到物质、心理的关心,从课程的开发到社团的建立,多方面关心学生的学习生活是否快乐。以牵手献爱心制度,帮助学习、生活困难的学生解决学习、生活上的困难,免除他们的后顾之忧,让他们在中光校园里能够安心而愉快地学习、生活;建立中光教育奖励机制,激励品学兼优的学生,让其在校园中体会成果被认可的快乐。学校每年都会收到来自不同年级的家长、学生写来的感谢信。如一位学生家长是这样写的:"路校长,我女儿在贵校学校期间,得到阳光般的温暖。你们的关心、家访,让我女儿重新树立了自信,重新走进课堂。在我们家最困难的时候得到你们的帮助,我们将一生记住。感谢你们,我已无法用语言来表达我们的感激之情。"

学校开发和开设了100门校本课程,让学生在课程的海洋里寻找自己喜欢和适合哪一科,尽情地享受课程以及课堂为其成长带来的快乐和幸福。

4. 精神涵养让学生找到生命的意义和价值

学校以丰富的校园文化来涵养学生的精神,让他们成为精神的贵族;学校用独特的校园"爱心义卖"系列主题活动,让学生懂得人间大爱,懂得"助人为乐,人自得其乐"的人生哲理;学校开展"青年教师教育研究会、人文讲座、文化课堂等系列活动丰富学生的精神世界;学校组织"学生辩论赛"培养学生褒贬时政、辨明是非、分析社会现象的能力和辨证思维方式;学校以"我型我秀"主题学生T台秀等系列活动培养学生热爱美、追求美、鉴赏美、表现美的生命情操;培养学生热爱生活,热爱生命,热爱民族的精神。一位借读我校的学生在毕业时写来一封感谢信,信中是这样表述的:你们的一视同仁,让我在中光如沐春风,在运动场上挥汗如雨,在艺术节上欢呼喝彩,在课堂中专心听讲等等。现在我虽然已从中光毕业,但是中光的“朴实、精进、致知、力行”的校训将永远铭记在心。千言万语汇成一句:感谢学校!

总的说来,在教育实践中,我们尽可能做到创设和营造个性化的教育环境和氛围,搭筑个性化教育大平台;在教育观念上,提倡平等、宽容精神,鼓励师生互动,承认并尊重学生的个性差异,为每一位学生个性的展示与发展提供平等的机会和条件,鼓励学习者“各显神通”;在教育方法上,注意采取不同的教育措施进行个性化教育,注重因材施教,实现共性化教育模式向个性化教育模式的转变,给个性的健康发展提供宽松的成长空间,树立“以学生为本”的教育理念,真正实践“为了学生发展”的教育。

第二章 我们的形象无比重要

有人这样说过:“播种行为,收获习惯;播种习惯,收获性格;播种性格,收获命运。”教师历来被称为人类灵魂的工程师。顾名思义,教师不仅是传道受业者,更是人类灵魂的缔造者。我们认为,教师的形象不仅体现在教育成绩上,更体现在行为上。如何树立良好的教师形象,是教师们必须认真思考的问题。

第一节　我们为自己做形象设计

“意在笔先者，定则也。趣在法外者，化机也。”郑板桥一语道出绘画艺术极高的创作境界。教师形象的塑造何尝不是如此？“意”在这里指价值认同，社会因传播而存在，价值因传播而认同。如何借助传播系统重塑教师形象、学校形象，实现教师、社会认同建构，是当下中光战略发展的重要任务之一。我们为自己做形象设计，以展现中光“文化立校”理念指导下教师形象的转变，以期教育品质的提升。

一、人人都是学校的形象大使

2006 年至今的 8 个春秋，我们始终将创业者的责任、智慧、勇气和激情投入到学校的教育教学和日常管理中，使学校迅速实现了有序、和谐与稳定，得到了社会各界的一致好评。可以说，我们在最短的时间内做到了适应新环境、改变老习惯、打破旧思维，以新的自我、新的思维、新的行为方式在中光发展史上迈出了坚实的第一步。

过去的稳定仅仅是学校发展的底线，今后的我们将面临着更为艰巨的任务，那就是质量提升和品牌营造。金杯银杯不如老百姓的口碑，为了使嘉定百姓信任我们，社会大众认可我们，使中光真正成为大家心目中的品牌学校，我校定期开展理论学习、文化讲座、考察交流等活动，让每一位教师意识到自己就是学校的形象大使，创造一切机会给学校增加美誉度，进而不断提升学校的影响力。为此，学校开展了“中光人形象大讨论”的活动，通过全员参与，规划、设计中光的校长形象、教师形象、学生形象，明确形象建设目标，在讨论交流中达成共识，为形成风格鲜明的校园文化奠定了思想基础。

（一）每一位教师都要成为学校的形象大使

一滴水，只有融入大海才会永不干涸，当无数滴水汇成汪洋大海，便会成为一股无坚不摧的力量，使每一滴水的作用得到最大的发挥。学校亦如此。每一位教师均代表着学校的素质、水平和形象。教师对待学生、接触家长时的言谈举止，都会在其心中留下印象，且这种印象会留在他们心中一辈子，进而通过学生和家长口口相传，形成社会上对学校的形象。所谓众口铄金，只有良好的个体形象才能传递出良好的学校形象，即一荣俱荣。

教育无小事，处处皆学问。一个好老师固然能够给学校带来好的形象，但一个好老师不恰当的话语和细节带给学校的负面形象却是无法估量的。所以，当每一位教师在教书育人，接触家长、学生和社会人员解决问题的时候，都需要时刻记住我们的社会角色是中光教师，我们每个人都是学校的形象大使，要时刻注意自己的素质，自觉为学校的形象增光添彩。

（二）每一位教师都要积极融入学校的文化

人是学校的主体，文化是学校的精神。制度约束人，文化激励人。要想重视人，就必须重视文化，用文化去教育人、感染人、激励人。当文化徘徊在底层次时，它的作用是教育人，因为教育是彰显的，是被动的；当教育发展到中层次时，它的作用是感染人，因为感染是自觉的，是自发的；当文化上升至高层次时，它的作用是激励人，因为激励是潜伏的，是主动的。

正如老子在《道德经》中所说，教师作为文化的接受者大致可以分成三种："上士闻道，勤而习之；中士闻道，若存若亡；下士闻道，大笑之，不笑不足以为道"。所以当一种新的理论诞生，有一些讥笑、嘲讽不足为奇，关键是我们自己的学习态度，能否坚持做上士，"勤而习之"。当我们仰望大家先贤时，他或许给你一种高山仰止的敬畏感，其实那是因为我们正跪在巨人的脚下。一位科学家曾说过："如果说我看得远，那是因为我站在了巨人的肩膀上。"巨人的形象，不仅是目标，更是基石；巨人的价值，不仅是仰望，更是攀登。回顾大家先贤，我们不应该是低就，而是高攀。"学如逆水行舟，不进则退。"管理学校工作如此，管理课堂教学亦如此。现实启示我们:高度是一种差距,是一种落差,因为落后就会有差距。

如何缩小差距,化差距为追赶的动力,进而在认同中形成合力?中国科学院、清华大学国情研究中心主任胡鞍钢在阐述"中国应以五大战略构建国家新的发展观"的观点中,强调在人力资源开发战略中要"建立学习型社会"。可见,学校"建立学习型组织",重塑教师形象,引导教师积极融入学校文化,是顺应时势的举措,更是推进教育发展的策略。

二、心中有学生,眼中有学校

教师从事的是"教书育人"的工作。教书要做到"经师",即眼中有学校;育人要做到"人师",即眼中有学生。我国现代教育家徐特立老人曾经说过:"教师应是人师和经师二者合一的,每个教科学知识的人,他就是一个模范人物,同时也是一个有学问的人。"[①]因此,教师职责的双重性决定了教师自我形象的塑造。

(一)心中有生,树立可亲、可敬、令人信赖爱戴的形象

普卢塔克说:"儿童不是一个需要填满的罐子,而是一颗需要点燃的火种。"[②]教师是人类灵魂的缔造者。教书育人,要学习陶行知先生的"千教万教教人求真,千学万学学做真人"的教育思想。不牢牢确立人本立场,不充分理解、尊重学生,不对学生的生命充满敬畏,都不可能有真正的教育。教师的形象不仅体现在学业上,更体现在行为上。所以,如何在教学中树立良好的教师形象,是教师在钻研业务提高自身素质的同时,必须认真思考的问题。那么,怎样的形象在学生心目中是可亲、可敬、令人信赖爱戴的呢?

1. 仁爱:教师的人格形象

教师是国家人才的培养者和塑造者,是党的教育路线方针的具体执行者,直接关系着国家的命运和民族的未来,所以,好的教师必须具备较强的人格力量。学生是通过榜样来学习的,而教师本身就是离学生最近、最真实可感的榜样,从某种意义上说,教师的职责就

① 徐特立:《徐特立教育文集》,人民教育出版社1986年版,第273页。

② 陈惇、刘向愚:《比较文学概论》,北京师范大学出版社2010年版,第38页。

是用人格的榜样力量教育学生。教师付出爱去关心每个学生，用耐心与恒心去帮助他们，学生一定会感受、理解老师的这片苦心，将对老师的感激转化为动力。所以教师一定要不断地加强自己的思想修养，锻炼自己的性格，把热爱国家、关爱集体、钟爱本职的高度责任心和富有同情心、助人为乐等各种高尚的道德品质渗入到自己的个性和日常言行中，在“有意”和“无意”中让仁爱的行为给学生以良好的影响和引导。

对于这一点，我校的物理高级教师史宝轩老师认为“师爱是师德之魂”。他说：“失去了对学生的爱，教师也就失去了人生的乐趣。教师的爱是一种强大的力量，它不仅提高眼前的教育质量，也会促进学生的成人和成才，影响学生身心的发展、人格的形成、职业的选择、人生道路的转变，甚至会影响其一生。‘爱’素来是中华民族传统美德的重要内容。教师肩负着培养和造就新一代学生成为各方面人才的神圣职责，应赋予‘爱’以新的时代内容。根据不同学生的特征把握好尺度，讲究方式。针对学生学习上、家庭中、同学间关系等情况，教师应主动关心，帮助其解决困难和矛盾，让学生真正体会到班集体是一个充满善爱的家园。”的确，教师的爱是一种伟大的爱，它能潜移默化地教育学生充满爱心，同时也是培养学生具有高尚的道德情操及良好个性的一个重要因素。

2. 博学：教师的素质形象

人的知识愈广，人的本身也愈臻完善。对于人民教师来说更应具备这一点。只有教师的知识面既有宽度又有深度，其思想才能深邃，才能在教学过程中把握全局，得心应手，游刃有余，唤起学生的兴趣，使教学不再是生硬的知识灌输，而是诉诸学生的理智和心灵。我校化学实验员程颖老师认为：“教书育人是教师的职责之一，身为化学实验员的我给老师学生准备好实验设备，能让他们开展正常的教学活动是我的职能。”身为实验员的她表示必须具备同授课教师同样的专业技能，让授课教师在教学过程中游刃有余，用知识的魅力去打动学生，激励学生以知求是是她的工作追求。她说：“只具备专业知识技能还远远不够，在中光，人人都是德育工作者，我们还要学习教育科学理论，关注教育新动态，吸收教育新观念。二十一世纪的教育需要我们有完备的知识结构，包括各种科学的基础知识、专业知识和教育科学以及心理科学方面的知识。基础知识要广泛深厚，专业知识要扎实系统，教育科学和心理科学两方面的知识要全面准确，否则就算不上素质过硬的教育者，也无从担负起培养德、智、体、美、劳全面发展的一代新人的重任。”

随着大数据时代的到来，学生接触的信息不断增多，知识面不断拓宽，思想观念不断更新，这就给教师的教学工作提出了新的挑战。因此，教师必须具有强烈的求知精神，紧跟时代步伐，不断吸取新的知识，丰富自己的头脑，提高自己的能力。教师要以精湛的教学能力、渊博的知识征服学生，赢得信赖。

3. 大方：教师的情态形象

教学情态主要是指教师在学生面前的表情、态势。这种表情态势体现在教师的面部表情、声音语调、手势动作中，在课堂上起到控制作用。一个好的教师的情态是自然的、和谐的、大方的，体现了教师的爱心，能够帮助学生从心底启迪求学欲望，激起学习的兴趣，使学生在愉悦的气氛中挖掘出自己的潜能，展开丰富的联想和想象，迸发出创造的火花，使学生增加信心，看到自我价值。教师还要懂得尊重学生，这是取得学生信任，赢得学生爱戴，树立教师威信，奠定教师良好形象的重要环节。每个学生都希望获得教师的重视，得到教师的认可，教师的每一个眼神、每一个动作、每一句话语对学生而言都是一种鼓励。

4. 端庄：教师的仪表形象

仪表是一个教师的外在表现，是给学生的一种最直观、最具体、影响最直接的形象。教师的仪表每天都处在学生的评价、监督和效仿之中，仪表形象如何，直接影响到教师在学生中的吸引力和影响力。因此，教师要根据职业特点、习惯和性格特征加强仪表形象的设计与修饰，做到端庄、潇洒，给学生以整洁、利落、舒适、匀称的感觉，体现出一种和谐美、整齐美、庄重美和向上美。我校青年教师章蔼然老师在谈到教师形象时说："教师职业特点决定教师的仪态要清洁整齐、朴素大方、协调得体。教师应该具有淳朴的外在形象，其衣着、言谈、举止等外在表现也应成为学生的楷模，这样才能真正让学生接纳，得到学生的认可。所以，教师的穿戴、发型、服饰都要自然得体、整洁美观，在考虑教师自身的年龄、身材、性格、气质等个性基础上，追求朴素美、自然美。"的确如此，教师端庄的仪表是内在形象的外化，对学生学习、生活都会起到很重要的示范、影响作用。

教师的品德、知识、能力是教师形象的内容，是内在的；教师的仪表、情态是教师形象的形式，是外在的，二者不可分开。教师只有做到形式与内容尽可能完美的统一，才能跟上时代的步伐，才能树立起完美的人民教师形象。

(二) 眼中有校,树立淳朴、亲和、务实、善教的师者形象

师生形象是学校形象的重要组成部分,是学校文化的重要内涵。师生是学校文化建设的主体,是学校文化的传承者、创造者与传播者。我们中光高级中学在特色办学过程中,在"文化立校"的理念践行中,从硬件建设向内涵发展的进程中,通过中光人形象的讨论与认同,力求通过鲜明而有风格的师生形象提高学校的辨识度、知名度、美誉度,以增强师生凝聚力,吸引优秀的生源、师资及教育资源,为学校的持续发展打下良好的基础。那么,怎样打造教师淳朴、亲和、务实、善教的形象,我们做了如下探索:

1. 加强舆论宣传,开展深层讨论,确定典型形象

学校开展了多种形式的活动,如各班围绕学风、班风、行规建设、心目中的教师形象等开展主题班会课;学生自主管理委员会围绕主题,探讨学生领袖、教师应该树立的形象;各教研组围绕主题,讨论本学科教师应该具备的学科气质;召开一次教师座谈会,认真听取教师对师生形象的理解,广泛征集教师对师生形象建设的意见建议;组织一次中心组学习,围绕主题开展专题学习讨论,带动其他教师思考、学习;组织一次报告会,汇总各条线各层面的讨论结果,形成统一认识。

通过精心的策划和周密的组织,为期两个月的集中讨论全面开展,全体师生达成共识,中光教师应树立淳朴、亲和、务实、善教的形象,将中光优良的传统注入新的力量,打上时代的烙印,打造新时期的形象。

2. 精选教师感悟,碰撞智慧火花,展现教师热情

在讨论中,师生们各抒己见,畅所欲言,呈现了争鸣之势。由于篇章有限我们在此精选了部分教师的感悟,有的观点可谓"一石激起千层浪",在中光校园里泛起了涟漪,荡开了智慧的浪花。这背后是老师们对教育事业的热忱,对中光深厚的情感。中光人在激烈的讨论中达成共识,确定了教师应具备"淳朴、亲和、务实、善教"的形象。有了共识,教师们才有了修炼的方向,可谓意在行动之先,方有化机之趣。

淳朴,形容人十分诚实,朴素,老实。杜甫《五盘》诗:"喜见淳朴俗,坦然心神舒。"教师的生活应是气定神闲、舒畅坦然、丰富精彩的,与其他行业相比更像一杯清茶,没有华丽的色泽和醇厚的味道,淡淡清香却让人回味无穷。教师这一职业越能在平凡中感受到精彩,越能在育人中感悟到的真谛,教育要求真、务实、寻美。青年教师王蓉刚踏上工作岗位,在

谈到对中光人印象时说，“中光人是勤奋朴实的。勤奋是一种态度，这种态度从每天清晨全校师生的早锻炼开始。校园里随处可见忙忙碌碌的身影，教室中激情四射或潇洒自如的授课，办公室里耐心细致的讲解辅导……直到学生都离开学校、夕阳斜下，才从满案工作中抬起头来，披星戴月回到家后，继续批阅作业，甚至备课至深夜，这就是中光式的勤奋。朴实是一种性格，中光人几乎与高调夸张绝缘，整个校园充斥着淳朴和谦逊的气息。”中光校训引导学生树立朴实的校园文化观，体现在中光教师身上乃是一种由内而外的气质，是六十年来一代又一代中光人传承下来的珍贵品质。

亲和，“和蔼可亲”多现于学生对老师的评价，是指教师具有亲和力，有亲近感，有影响力，其含义已包含两者间的相互作用力。苏霍姆林斯基说过：“在学习上取得成功是学生精神力量的唯一源泉，它能产生克服困难的动力，激发学习愿望。”①这强大的动力来源于教师发自内心的赏识，懂得平等对待、尊重每一位学生，更懂得时时倾听的艺术，能做到这些自然可以走进学生的心灵。英语教研组长陆艳艳老师在学生眼中是位很有亲和力的老师，她认为“亲其师信其道”，教师在与学生相处的过程中，只有让学生感到和蔼可亲，学生才会信任并听从老师的教诲。她说：“如果我们一直高高在上，或者干脆以一个‘凶’的形象面对学生，在教育教学管理过程中始终采取高压政策，那么学生只能敬而远之，对我们或者害怕十分，或者叛逆十足，我们会听不到学生的真心话，无法了解学生的感受，自然也无法理解学生。长此以往，在沟通过程中会产生许多障碍，师生关系将会变得越来越紧张，这样的教育当然收不到意想中的效果。如果我们能一改凌驾学生的态势，试着用亲切随和的态度去对待他们，多微笑、多聆听，使他们愿意亲近我们，愿意向我们敞开心扉，让我们多了解他们的内心世界及真正的需求，慢慢改善师生关系，先成益友再为良师，最终必将成为学生学习知识、探究知识的共同者。”

务实，苏霍姆林斯基曾说过：“如果学生在掌握知识的道路上，没有迈出哪怕是小小的一步，那对他来说，这是一堂无益的课。无效的劳动是每个教师和学生都面临的最大的潜在危险。”②课堂教学必须务实才能高效，高效课堂应该做到平实、真实、丰实、扎实。对于这

---

① 蔡汀、王义高、祖晶：《苏霍姆林斯基选集》，教育科学出版社 2001 年版，第五卷第 81 页。
② [苏]瓦·阿·苏霍姆林斯基：《给教师的建议》，杜殿坤译，教育科学出版社 1984 年版，第 45 页。

一点，我校办公室副主任刘鹏程老师感慨道："如今想来，那时候的我们，为什么会为一个不过三五分钟的节目多次排练到21点多？可能就是周围教师的认真、务实感染了我们，让我们不敢有丝毫马虎，并且自觉地把这种态度延续到了自己的工作中……要说中光的教师是什么形象，我们只要稍微留心身边的同事，就会有明确的答案。我想，对于自身美好形象的追求将会成为我们共同的目标，成为推动学校发展的动力！"

善教，教师教书育人，讲授的内容"部分是科学，部分是艺术；部分是知识，部分是技能；部分是政治，部分是业务。"①可见教师不再只是简单的知识传授者，而是学生学习的促进者，促进以学习能力为重点的学生个性的和谐、健康发展。我校副校长艾冬娥老师认为："'才高八斗'、'学富五车'是教师典型的文化特征。通晓学科知识，建构合理知识结构，追求学生乐于接受的教学技巧，这些构成了我们教师的文化形象——善教。我认为善教是教师形象的核心内容，善教简单地解释为善于教书、善于育人。"教师要善教，学生才乐学。因此，教师要善于学习，不断提高自身的专业素养和师德修养；要善于煽情，倾注真情唤醒学生的激情；要善于思考，积极发掘课程中的"美"和"趣"，充分激发学生学习的兴趣；要善于创新，不断创新教法提高教学效率。

---

① 朱绍禹：《中学语文教学法》，高等教育出版社1988年版，第329页。

第二节　中光教师的四项修炼

孔子弟子三千，贤者七十二。做一个好教师，不仅应掌握一定的专业知识，懂得教育的规律，具有教学和教育的各种能力，而且必须有较高的职业道德修养。教师素养的提高应该是全面的、持续的、无限的，要热爱教育事业，热爱学生；广采博纳，厚积薄发；勤思善思，虚心求教等。我们将这种自我塑造归纳为如下四项修炼，即思想修炼、语言修炼、技能修炼、情趣修炼。

一、思想修炼：让她深邃灵动

信息时代，知识即时性生成，必然要求教师具有与时俱进、深邃灵动的思想产出，具有可持续的思想创生力。这决定了教师视野是否开阔，气度是否恢宏，观念是否出新，决定了教师能否成为受学生欢迎和为学生作出思想蜕变的时代表率。在教学改革中，教师要努力完善自身的知识结构，树立终身学习的观念；顺应时代要求，转变传统固有的观念；调整角色意识，确立以学生为本的观念。

（一）完善知识结构，树立终生学习的观念

教师的知识结构中除了应具备专业、教育学、心理学知识外，还应具备教学研究、哲学、教育思想史等知识。此外，教师还应学习党和国家新时期的教育路线、方针和政策，了解国外的教育改革成果，明确我国教育改革的要求，以此丰富自己的理论知识，加强教学实践工

作。当然教师不能忘记对专业知识的研究和更新，要树立“活到老，学到老”的观念。

（二）顺应时代要求，转变传统固有的观念

教师不是单纯的书本知识的传递者，而是教材、课程文化的创造者，所以教师的备课不能只是熟悉教材，照本宣科。教师必须不断地吸纳新知识，更新自己的知识结构，提高自身的综合素质，努力使自己成为研究型人才，变关注教材为关注学生，变关注结果为关注过程，变关注知识为关注情感，变整齐划一为因材施教，使不同的学生在学习上获得不同的发展。

（三）调整角色意识，确立以学生为本的观念

作为组织者，教师要帮助学生制定适当的学习目标，对学习合作小组的形式进行调整，养成动手实践、自主探究、合作交流的学习方式，创设丰富的教学情境，根据学生的思维发展，及时调控学习进程，为学生提供各种服务。作为引导者，教师要激发学生自己去学，教师通过提出适当的问题以启发学生的思考，不用自己的精彩演讲代替学生的思考过程，而是把探索的过程还给学生。

【案例 2－2－1】

发展个性应成为现代教育改革推行的模式

——读《现代教师读本(教育卷》有感

老一辈教育家、思想家吕型伟在教育园地耕耘七十余载，他对教育有三句非常精辟、深刻的话：教育是事业，其意义在于奉献；教育是科学，其意义在于求真；教育是艺术，其意义在于创新。吕老以其一生践行着其教育的思想与理念。

吕老的这三句话让我想到了前不久看到的《现代教师读本·教育卷》一书中提及的有关“现代教育理念”的问题。当今社会的教育经过长期的探索，已经趋向于突破“制度化教育”及“学历社会”的局限，通过越来越多样化的选择，为现实社会以及社会的未来造就有社会责任感与创新精神的、身心各方面健全发展的人才。

但是，面对当下的教育现状又令人不由得思考这样一些问题：为什么我们的教育事业取得了极大的发展，教育的普及率也大大提高了，但我们国内没有人能获得诺贝尔奖，没有培养出特别出类拔萃的领先人才？如文学界的鲁迅、巴金，自然科学界的钱学森、杨振宁，教育界的陶行知等老一辈的杰出人物。是我们孩子的智力出了问题？是我们的学校教育出了问题？抑或是我们的教育制度出了问题？反思之后不难发现，现行教育体制的弊病已经引起了社会的广泛关注。如何善于向现行的教育争自由，不去做各门功课皆优的“好学生”，而是要做一个能按照自己兴趣安排学习计划的“自我教育者”成为新的课题。因此，发展学生的个性，促进学校教育形式的多样化应成为现代教育改革推行的模式。

要发展学生的个性教育，必须让教育资源均衡化。当今中国教育的产业化已造成了基础教育的不公平。因为“升学率”、“达标率”而致使各级各类的重点学校、重点班比比皆是，学校、教师挂心的是“尖子生”，而非“一般生”；目前存在的城乡之间严重的资源配置不均、质量优劣不一的现状，使孩子们因身处不同的城乡二元结构中而享受不到应有的质量教育。要保证每个人受教育权利的公平，必须改善目前城乡之间资源分配极其不均衡的状况。教育资源配置的严重失衡造成了城乡经济文化差距大，大量的优质师资、生源的日渐流失，直接使众多的普通家庭、农民家庭的孩子落伍、淘汰。习近平同志在第九次党代会上所作的报告中就明确提到“全面贯彻实施义务教育法，促进义务教育均衡发展，进一步提高基础教育的质量”，还提出了“要加大公共财政对教育的投入，鼓励中心城区的优质教育资源向郊区农村辐射转移”。由此可见，国家对基础教育资源分布不均衡的现象已经十分关注，并开始重视基础教育的发展，加大投入。

要发展学生的个性教育，必须让课程设置多元化。学校教育应该尽力反对把教育形式分成不同等级的“智力一元论”的观点，而要大力发展社会所承认的各种优质的教育形式。现在国外的不少课程设置了几大板块，即必修课、选修课、活动课、微型课等，课程开设非常灵活。因此，我们尽量多设专业，鼓励不同专业之间的转换。其中，必修课可以少一些，程度降低些，是每个人必须达到的，而选修课就充分鼓励学生的兴趣培养，鼓励尖子生，程度就高得多。学校教育形式的多样化将学生从过去只凭唯一模式去造就和评价的现状中解放出来，对学生个性的培养起了很好的导向作用，增加了学生获取成功的机会。

要发展学生的个性教育，还要改革评价的标准。当今我们的教育评价标准主要还是依据学生的好与不好，很多时候总是拿“三好”的标准去套。但是反观现在国外的教育会发现，他们提倡一个学生毕业要有三张证书——第一张证明他的文化水平；第二张证明他的特长；第三张证明他所拥有的心理素质，是否有魄力、是否果断、是否具备组织协调能力等。曾有人在对哈佛大学和麻省理工学院录取学生的过程做过研究后指出：如果一位考生成绩优秀，英文写作也不错，又有奥赛之类的奖牌，即使社会活动方面差点，还是有机会被麻省理工学院录取，但想进哈佛几乎没有可能，因为哈佛特别看重社会活动和领导才能。从国外一流学校评价学生的标准中，我们不难发现，对学生评价标准的多元化，才能真正利于学生个性的全面发展。

要发展学生的个性教育，还必须更新教育观念。新的课程改革就把发展学生个性列为重要培养目标，提倡学生主动发展，即尊重学生的主体地位，尊重学生的人格，承认学生的个体差异。教师要善于发现和开发学生潜在素质的闪光点，培养其特长，因材施教，给学生创造一个自由、自主的发展空间，使全体学生走上不同的成才之路，成为不同层次、不同规格的有用人才。发展学生个性也就是在教育中真正做到以学生为主体，充分发掘他们的潜能，实现“各尽所能”、“人尽其才”的目标。学校教育中要善于打破“标准化”模式，给学生提供让他们的兴趣、爱好能自由成长的时间和空间，切不可像工厂生产那样，制造出千人一面的“成品”。要采取弹性、灵活的教学策略，创造一切条件与机会，开发潜能，发展个性。

陶行知先生曾说过这样一句话：“教育者不是造神，不是造石像，不是造爱人。他们所要创造的是真善美的活人。”而要创造真善美的活人，则需要“用我们的汗，我们的血，我们的心，我们的生命去开创造之花，结创造之果，繁殖创造之森林”。愿我们的教育工作者在探索培养发展学生个性方面倾尽毕生心血，以达到“众里寻他千百度，蓦然回首，那人却在灯火阑珊处”的最高境界。

（中光高级中学年级组长　傅秋萍）

二、修炼语言：让她妙趣横生

前苏联著名教育家苏霍姆林斯基在文章中写道：“……影响人们内心活动的一个重要手段就是语言。教师口中的语言是一个强有力的工具，就像演奏家手中的乐器，画家手中的颜料，雕塑家手中的刻刀和大理石一样。没有乐器就没有了音乐，没有颜料和画笔就没有绘画，没有大理石和刻刀就没有雕塑。同样，没有活生生的、深入人心的动人语言就没有学校，没有教育。语言就仿佛一座桥梁，教育科学就是通过这座桥梁变成教师的教学艺术和教学能力。”“教师的语言，是感化学生心灵不可取代的手段。教育的艺术，首先是灵犀相通的说话艺术。”①

教师的语言是一种知识更是一种思想，优质教育需要通过精彩的表达而深入开发心灵和智慧。学校教育和教学必然使教师的语言表达力凸显出前所未有的重要性。思想的创生更需要借助语言的新颖表达，尤其是口语的创意表达来充分实现自身的价值。教师这种

① 蔡汀、王义高、祖晶：《苏霍姆林斯基选集》，教育科学出版社 2001 年版，第五卷，第 126 页。

以富有活力、新鲜生动、缜密深刻为基本品质的语言表达力，已经上升为推进教学深入的主要动力，上升为引发教与学双边智慧能量爆发的基本手段，使教师能在教育场域中赋予母语持续发展的生命力，以传承民族文化的精华。

教师可以从以下四个方面修炼自己的语言，尤其是课堂教学语言。一是语言要有音韵美，教师的语言要有节奏美、音乐美，表现在课堂上，教师不能只用一种语气、一个音调、一种语速将整节课进行到底。抑扬顿挫的语调中，课堂便有了波澜起伏，便能感觉到喜怒哀乐，“启其蒙而引其趣”不再是一种奢望，教师可以借助语言吸引学生、激励学生，学习效率可想而知。二是语言要精炼通俗，教师课堂上抛出的问题含糊不清，词不达意，漫无边际，学生便不能通其意而准确表达观点。教师应尽可能避免频繁地使用文言词汇，更应避免使用令人费解的、罕见的方言，以此提高课堂教学效率。三是语言要生动形象，教师用语要使复杂、抽象的知识讲起来简单形象，便于学生的理解和消化。四是语言要深刻睿智，教师的语言要能够启迪学生的智慧，言有尽而意无穷，这就需要巧妙地融入思想、智慧、哲理，可以借助引用名言警句、哲人语录，活用谚语等方式，让语言充满智慧，引导学生体悟人生，激发求知欲望。

【案例 2-2-2】

博学多才，幽默风趣

幽默是称职的教师最优秀的品质之一。高尚的幽默是教师思想、学识、阅历、经验、智慧和灵感的结晶，是瞬间闪现的光彩夺目的心灵火花。教师只有知识渊博，才能谈天说地；教师只有虚怀若谷，才能言谈隽永；教师只有开朗乐观，才能出言精辟；教师只有思绪如泉，才能妙语连珠。可见，磨砺思想，修养品性是幽默教学的灵魂。

活跃的课堂气氛和风趣幽默的教师风格等一直以来都受到学生们的普遍推崇。因为，事实证明，“兴趣”从来就是最好的“老师”，能让学生提起学习的兴趣，教师的工作可以说已经完成大半。而如何提高学生的学习兴趣，我认为关键在于提高地理课堂教学的活力。这里所说的课堂教学是指课堂气氛，亦称教学气氛、课堂心理气氛；所说的"活力"是指课堂教学生动活泼。一方面，在教师的导引下，学生进入适宜的兴奋状态，注意力集中、思维敏捷、发言踊跃，智慧的火花不断迸发，师生之间的情感不断交流，课堂洋溢着"教师兴奋教，学生快乐学"的热烈气氛；另一方面，在活跃、热烈的气氛中，学生能够沉静下来，保持清醒，既有热烈的感受，又有深刻的思考。幽默教学便是提高地理课堂教学活力的有效途径之一。

1. 幽默能和谐师生关系

课堂气氛受到班级内部人际关系的制约。班级人际关系主要分为师生之间和学生之间的关系，其中师生关系更为重要。师生之间亲密无间，情感融洽，相互信任，彼此期望，心理相容，往往容易形成热烈活泼的教学气氛。

幽默能填平师生之间地位的差异，缩短师生之间心理的距离，消除师生之间情感的隔膜。建立起亲密、平等、和谐的师生关系，教学和谐共振，势必会形成勇于探索，积极创造的教学气氛。

2. 幽默能激发学习兴趣

幽默教学的基本特征之一就是趣味性，它与学生的学习兴趣密切相关。教师巧妙地使用幽默技巧，创造出积极的课堂教学气氛，就会引起学生情感上的共鸣，激发学生的学习兴趣，使枯燥无味的学习变成一种精神享受，从而使教与学均变得轻松而有效。

3. 幽默能活跃课堂气氛

在地理课教学中，教师不失时机地运用幽默的话语或事例进行教学，可以给紧张、沉闷、呆板的课堂注入兴奋剂，形成宽松、愉悦、和谐的教学气氛。

4. 幽默能消除教学疲劳

地理课教学是一项身心高度紧张的活动，课堂上出现疲劳是正常现象；尤其是下午第1、2节，学生的疲劳现象就更为突出。教师在教学中恰当地运用幽默，能够消除疲劳，使师生在教学过程中始终处于精神振奋状态。

（中光高级中学教师　庄志迁）

三、修炼技艺：让她炉火纯青

精湛的业务水平和努力工作的精神是教师的重要素质。渊博的学识，广泛的爱好，不断提高业务水平和上课的教学方法，对学生将产生积极的影响。教师的进取心、事业心，会直接影响学生今后能否在社会中积极参与竞争、创造事业。因此，教师的课堂教学行为，不仅是一种技术，更是一门艺术，要努力达到炉火纯青的境界。

好的教师绝不能满足于日复一日地做同样的事情，他必须有所创造，必须以“研究”的态度对待自己的专业。“教学探索是迷人的”，教师必须掌握的技能包括：备课、听课、讲课、开发课程。

备课：教师的基本功力。“台上一分钟，台下十年功。”教师良好的课堂教学效果在很大程度上取决于教师备课的有效性。教师至少要做到三备：一备课标，课程标准是教学的源头、方向、方法，著名特级教师于永正常把课程标准的年段目标抄下来，贴在教案本的首页，每次备课时都要翻看，可见，备好课标是备好课的基础；二备教材，它是备课中的重要一环，把握教材并创造性地加工教材不可轻视，尤其注意需要查阅大量资料，便于拓宽视野、打开思路；三备学生，教学中学生是主体，教师是主导，作为“导演”的教师，其教学设计要充分考虑学生的知识储备、能力起点、心理需求、疑问困惑等诸多因素，做到心中有学生，才能有的放矢。总之，要打破传统只备教材的观念。当然备课是个系统工程，需要备的也绝不仅是以上三项，但它们是最为核心却易被轻视的环节。教师必须做好每一节课前的教学准备，扎扎实实备好每节课，使备课真正发挥实效。

讲课：教师的艺术展示。讲解在课堂教学中占有重要地位，教师要让自己的“讲”充满魅力，就应该条理清晰、语言精当、音调变化、表达流畅。教师对需要讲解的内容了如指掌、烂熟于心时，讲解才可能精炼、精当；教师真正了解学生可能在认识上存在的误区或疑惑时，讲解才能切中肯綮，一语中的。在讲解重要问题时，教师要稍做停顿，给学生思考或记笔记的时间。尤其在我校推行"2020"教学模式后，对教师的讲解提出了更高的要求，我们力求通过教师精妙而适度的讲解使课堂教学成为师生和谐演奏的交响乐艺术。总之，教师的"教"要服务于学生的"学"，以学生学习的需要来决定教师讲什么、讲多少、何时讲和怎么讲。

听课：教师的反思平台。梅兰芳说："不看别人的戏，就演不好自己的戏。"艺术表演是这样，课堂教学也是如此。一堂课，应该"听什么"？可以关注如下方面：一是激活的艺术，"质疑""点拨"是激活的主要行为，目的则是"唤醒"已知"探索"未知；二是点拨的艺术，"点拨"即"评点"，重在"强化"和"调整"，评点要及时、到位，以便"调整"学生的思维；三是拓展的艺术，"拓展"可以使课堂更丰富，解读更透彻，但需要把握好"度"；四是空白的艺术，课堂教学要讲求"密度"适中，学生的学习规律才是我们取舍的标准，我校"2020"课堂教学模式的构建实施，就是充分展现学生学习主体地位，让教师不怕冷场，让学生在"空白"中充分思考。

开发课程：教师的提升空间。世界是动态生成的，以学科交集和边界融合形式衍生的新课程也是动态生成的，不仅仅是数量的扩展，更是内涵的深层拓新，需要教师以不断创生的思想力为依托，持续开发和设置供学生自主选择的多元化、个性化课程体系。我校在校本课程开发上，提出"人人有课程"，就是借此激励督促教师研究学科前沿理论，研究社会发展动态，研究学生心理需求，研究教学方法等，通过课程开发和实践，拓宽教师专业发展空间。

四、修炼情趣：让她高雅脱俗

生活情趣是指人们对精神生活的追求，对生命快乐的感知，在审美感觉上的自足，通俗地说，就是指一个人的兴趣和爱好。柏拉图认为："一个人工作与休闲的比例要做适当分配，才可以在整个人生及日常生活中过得充实、有满足感。”①

做一个有生活情趣的教师，一要热爱生活，有自己独立的休闲娱乐的空间，保持愉悦从容的心态；二要懂得营造精神家园，以多种艺术方式充实生活并慰藉心灵，保持健康向上的心态；三要能够静下心来，以定力的修炼达到人生的丰盈和内心的舒展，成为一个有修养完整的人。学校应该为教师培养兴趣爱好提供适当的平台，并借此凝聚团队合力，显示学校的生机与活力。为此，我校主要从阅读和艺术欣赏两方面积极探索提升教师生活情趣，使教师志趣高雅、超凡脱俗。

（一）阅读点亮精神家园

钱理群教授说过，人类精神文明的成果就是通过各类学科（不只是文学，还有其他学科，如人文科学、社会科学、自然科学等）的名著（经典）的阅读而代代相传的，在这个意义上，受教育的基本途径就是读名著（经典）。阅读是人类具有普遍意义的行为，是人类社会活动的重要组成部分，是人类营造精神家园的重要手段。学校在构建学习型组织的过程中，在以共同愿景为指针、以教师形象形成为目的、以广泛阅读为提升方式、以知识广博为内容、以组织学习为主要形式的活动中，势必需要周密地策划阅读活动方案，精心地设计阅读活动环节，踏实地进行自我阅读，广泛地开展阅读心得交流，从而促成思想与智慧的碰撞与交融。苏霍姆林斯基也说：“读书，读书，再读书。”②阅读不只是去读，更重要的是自我觉醒，即所谓的“对话”。

1. 阅读要多样性

英国哲学家培根在随笔《论求知》中说：“读史使人明智，读诗使人聪慧，数学使人精密，哲理使人深刻，伦理学使人有修养，逻辑修辞使人善辩。”③教师是人类文化的传播者，没有广博、全面、系统的知识就不能满足学生的求知欲望，教无止境，学无止境，教师应博采众长，构宽厚的知识结构，保持永久的源头活水。这里提及的“多样性”应该包括阅读内容的

---

① 柏拉图：《柏拉图著作集》，乔伊特译，广西师范大学出版社 2008 年版，第 372 页

② 蔡汀，王义高，祖晶：《苏霍姆林斯基选集》，教育科学出版社 2001 年版，第五卷，第 65 页。

③ 弗朗西斯 · 培根：《培根随笔》，上海译文出版社年 2010 年版，第 227 页。

广泛性和阅读方法的丰富性。有关教师阅读内容的广泛性，这里仅从专业素养提升角度看，可以阅读如下三类书籍：

阅读“哲学智慧类”书籍，做文明的传播者。教师比较适合阅读的哲学书籍有叔本华的《人生的智慧》、培根的《人生论》，国学类经典《论语》，现代教育家的专著《教师人文读本》（张民生、于漪主编）……通过阅读，感悟人生哲理，发掘每个人内心蕴藏着的活力、热情和巨大的创造力。

【案例 2-2-3】

来自千年的智慧

——读于丹《论语心得》有感

智慧是一种体验，是一种积淀，是一种可以照耀千古的圣哲。论语正是这样一种穿越了千年的智慧。

于丹，以女性的视角解读了经典。然而真正的经典，需要我们自己品味与界定，当我们学会以经典诠释智慧，以智慧诠释人生，以人生诠释人性，以人性安顿人心时，我们才会获得心灵的力量。穿越两千多年的时间隧道，我体悟到了经典的平凡智慧……

智慧一：信仰与快乐

于丹认为《论语》就是把“天之大，地之厚”的精华融入了人的内心，我们可以把它理解为“天人合一”，理解为创建和谐社会。孔子在构筑他理想中的社会时，认为“民无信不立”，于丹敏锐地感受到了这一点。然而，如今的我们却不得不面对纷繁复杂社会的痼疾——信仰的缺失。

人们常说，21 世纪的中国是精神缺失的时代。在物质文明早已超越了数千年的历史尘埃时，我们似乎能傲视前人，有无比的力量面对人生。可惜现实并非如此。城市的五光十色，被阴云笼罩的大地，大街上行色匆匆的人流，却很难寻找到快乐。于是有了舞厅、KTV的宣泄，有了挥霍金钱的高档消费场所，有了在网络中不停寻求慰藉的“网虫”。晦涩、苦闷、失落、茫然、焦躁形成一种洪流在现代社会中席卷沉浮，我们渐渐失去了快乐。

然而千年前的圣人就已告诉我们，当无限追求享乐的时候，便已经丢失了信仰，在我们物质无比丰富的同时，心灵却充斥着脆弱。我们是信仰缺失的一代。于是《论语》火了，人们试图在其中找到现实的意义。在朴素的语言中，我依然感受到了儒者的寻觅，儒家的展望，反观今天，又有谁能说我们找到了精神的永恒支柱？于丹的成功在于引领我们重温经典的智慧，为我们关注内在提供了一个方式，而不在于她通过《论语》让我们获得了多少心灵的快乐与幸福。

信仰的缺失导致了我们的无奈，想要寻求快乐，需要我们自己去树立信仰，而这并不是于丹能给我们的。

智慧二:简单与复杂

当我接近《论语》的只言片句时，才蓦然发现，当我们纠缠于是默然忍受命运暴虐的毒箭还是挺身反抗人世无涯的苦难时，当我们面对傲慢者的冷眼、朋友的背叛、法律的无奈时，我们早已经陷入了无法摆脱的复杂之中。

现代人喜欢将事情弄得迁延、弄得喧嚣、弄得复杂，将社会的你我编织在无形的网中。当北岛用最简短的诗歌语言，高喊着“《生活》——网”时，我深切地体会到了尘世的繁复与挣扎。反观周围的人们，在竞争激烈的当下，有多少人没有被复杂所困扰呢？人际的复杂，心灵的残缺，工作的无效重复，生活的无聊忙碌，弥漫在我们周围，将大千世界变成了密密麻麻的网，网住了别人，也网住了自己。

当看到孔子用“过犹不及”“恕”“礼”“仁”等最简单的语言阐明了我们苦苦追寻的处世之道时，我可笑于现代人包括自己无由的烦躁和无聊的重复。我们引以为傲的过程，原来只是离追求越来越远，只是将简单变得复杂。而简单，有时比任何解释、分析、阐述更接近于真理！

于是我明白了简单的含义，明白了简单的快乐。

智慧三：神与圣

一直以来，神圣是以一个词的面貌出现在我们面前，而我也从来没考虑过中国人在神与圣之间曾有过怎样的思考和区分。于丹说孔夫子是圣人，圣人就是在他生活的这片土地上最有行动能力，最有人格魅力的人。圣是接近于地的。我想，在于丹看来，最有行动能力，是说孔子是个始终不渝的实践者；最有人格魅力，是说孔子是一个自己理想的传道者。

儒家所强调的"学以致用""达则兼济天下，穷则独善其身"早已经告诉我们，孔子及其门徒是理想的最佳行动者，所以有了杜甫的"安得广厦千万间，大庇天下寒士俱欢颜"，有了范仲淹的"先天下之忧而忧，后天下之乐而乐"的感慨和低吟。而儒者也的确具有土地所特有的温柔敦厚的特性。

然而，每个中国人都不能抛弃神的影响，就像说到儒家，我们不得不谈道家一样。道家强调"无"而儒家强调"有"；道家让我们能自由翱翔于理想主义的天空，而儒家则让我们脚踏实地地行走于现实主义的大地。

所以，想做到"神于天，圣于地"的中国人内心是矛盾的，于是，矛盾的中国人在神与圣之间又创造了一个"仙"，等于是找到了一个支点，来平衡这两者之间的距离。我想，现代人想要找到心灵的归宿，也在于寻找平衡，这就是神与圣带给我的辨证。

千年的智慧，照耀着我们这些后来人。品读于丹的《论语心得》，我更接近了经典。我无需挣扎于艰涩的文字，不必徘徊于现实的烦恼，更不用力不从心地诠释什么。

我摊开《论语》，只为了感受智慧的光芒和诗意的温暖……

（中光高级中学教师　吴雅琼）

阅读"教育理念类"书籍，当思想的启迪者。中小学教师比较适合阅读《教育中的兴趣与努力》、《我的教育信条》、加德纳著的《多元智能》、袁振国著的《教育新理念》、《现代教育读本》等，通过阅读国内外著名教育精品著作，拓宽教师的人文视野，成为优秀教师成长的精神支柱。

【案例 2－2－4】

面对当今教育现状

——《现代教师读本(人文卷)》读后感

于谦《观书》中说得好："书卷多情似故人，晨昏忧乐每相亲。眼前之下三千字，胸次全无一点尘。"老师们读《现代教师读本》，一定也会有这种美妙的感受。通过认真阅读《现代教师读本(人文卷)》，不仅开阔了我的视野，激活了我的思维，更重要的是这是一次精神的洗礼与反思。

这本书对我触动最大的是深刻地写出了当今教育的现实，引发了我深深的思考。在《素质教育的根本是人》一文中写道："人不见了，这是当今教育的最大悲剧。一方面，学生成了'自然之物'。为什么？我们没有摆正自己与学生的关系，即主体与主体之间的关系，把学生当容器，只顾倾注知识。另一方面，学生成了教育之奴。我们重视现实需要，轻未来需要；重学校需要，轻社会需要；重教师需要，轻学生需要。教育中，'人'不见了。"

教育现实确实是这样的，所以教师教得苦，学生学得更苦，一切围着分数转。课间休息、午休时间，学生们在老师办公室有背语文的、默英语的、数学改错的……学校合唱队、舞蹈队招不到学生，学生不愿意参加，怕影响学习，家长也不支持，双休日还要补课，搞活动成了夹缝生存。今天的教师生存状态很苦，心态也苦，许多方面没有真正解脱。正如《情趣卷》的编写者商友敬先生所说：现在这一代教师是读书、做题目、考试，考完了就业教书，教书时再教学生做题目，最大的痛苦就是始终在做题目。今天的教师苦在不需要思考，不需要智慧，不需要积累，只需要做题目。这种教育现实状况，我们的校长很早就体悟到了，所以学校的教育理念是“自主发展，人文见长”，提出了“宽基础、厚体验、重技能”的培养途径，并为了学生的全面发展每学年都开展十个“节日”（例：读书节、感恩节、体育节、艺术节等），这是推进素质教育的一个重要的途径。

“我们的教学要学生学语文、学数学、学物理，学化学……，却忘花功夫教学生首先学会做人，促进学生人格完善。”学校也一再强调学科德育，人人都是德育工作者。作为高中艺术（音乐）学科教师，苏霍姆林斯基所说的“音乐教育不是培养音乐家，而是培养学生如何做人”一直警示着我的教育教学。通过艺术教学净化学生心灵，用高雅的作品陶冶学生，用优秀的作品鼓舞学生，用高尚的情操塑造学生；通过艺术活动让学生拥有自信，更加热爱生活，在表现美的同时追求美，懂得生命的意义。

在应试教育向素质教育转轨之时，学校的各种活动与学习文化课产生了很多冲突。为了不影响学生的学习，文艺活动都有计划地放在两个假期和双休日进行。我要细致地、耐心地做好学生合唱团、舞蹈队的工作，协调好排练时间，在不影响文化课的同时开展文艺活动，让学生得到艺术实践锻炼，同时培养学生对音乐、舞蹈艺术的兴趣，激发和增进他们对祖国民族文化的热爱之情。在锻炼了他们的个人品质（自信、毅力、恒心、勇气）的同时也激发了他们对生活及生命的热爱之情；在提高审美能力的同时，培养了学生良好的思想道德品质，使“两纲”教育无痕地融入其中，学生受到潜移默化的教育，达到了“润物细无声”的效果，从而造就全面素质的新型人才。

《现代教师读本》不仅丰富了我的思维，扩大了我的视野，接收了先进的教育理念，更能“胸次全无一点尘”。作为现代教师，一定要多读书，读好书。俗话说：“三日不读书，则自觉面目可憎，语言无味。”见缝插针读书，才能及时获取信息、丰富知识、储备谈资，最终激发灵感。

（中光高级中学教师　丁志红）

阅读“教育随笔类”书籍，做人生的导航者。教师可以阅读苏霍姆林斯基著的《给教师的建议》，肖川著的《教育的理想与信念》，马立诚、凌志军著的《交锋：当代中国三次思想解放实录》、《呼喊：当今中国的五种声音》等书籍。著名教育家苏霍姆林斯基建议每一位教师都来写教育日记。这些记录是思考和创造的源泉，那种连续记了10年、20年甚至30年的教师日记，是一笔巨大的财富。每一位勤于思考的教师，都会有自己的体系和教育学修养。

【案例2－2－5】

享受生活的乐趣

——《现代教师读本(生活情趣卷)》读后感

有一位先贤说过：“读书，是将生命中寂寥的岁月变成巨大的享受时光。”数年来我一直有个习惯，白天工作再辛苦，人群中头脑再烦乱，晚上回家静下来一册书在手，脑中就会变得一片清凉。此时的我拥有心灵最难能可贵的宁静，拥有思想最真最大的自由，一种幸福感便油然而生。最近闲暇之余，我一直在读《现代教师读本(生活情趣卷)》，文章内容贴近生活，生机勃勃，充满情趣，令人爱不释手。难怪有人说，读一本好书就像品一壶好茶，书，是用来细细品味才能慢慢了解其精髓所在。此书就让我有这种久违的感觉。

对于我来说，品一杯好茶，读一本好书，在平淡中品味生活的乐趣，保持一份淡泊的心境，是多么享受的一件事啊！

享受工作的乐趣

生活中，总会有许多事情影响着我们的情绪，或喜，或忧，选择什么样的心态去面对，也就选择了过什么样的生活。让学生因为体育而受益一生，这是我作为一名体育老师最大的乐趣。工作对于我而言，从来不是一种负担，而是一种激励、一种享受。拥有了这种好心态就有了好心情，有了好心情就能笑对生活，就会视教学为一种艺术，在忙碌之中、创造之中收获更多的幸福，乐此不疲、虽苦犹甜。

高中阶段的学生都有着自己的性格和思想见解。在体育教学中，他们都希望得到教师的认可，甚至希望在某些方面超越老师。每次在学校的操场上，我都希望更多地走到学生当中去：清晨，有我们跑步时铿锵有力的脚步声；体育课活动课上，有我们教与学的互动，有我们打篮球、踢足球时的挥汗如雨……那时的我仿佛回到了学生时代，心情愉悦，充满活力。尤其是大运动量出汗，回家洗完澡以后，那份轻松让人感觉很享受，累却快乐着。第二天起床后精力充沛，神清气爽，又可以全心投入新的一天，这真是一件值得开心和感恩的事情！由于我能以平等、民主、尊重、理解、关心、赏识的态度去对待学生，学生们都很喜欢我这个老师。

身为体育老师的我们，经常会承担教育系统组织的各类比赛，如：田径比赛、篮球比赛、健美操比赛等。高中生的学业比较繁忙，组织他们日常和赛前训练都要见缝插针，所以我们经常会放弃休息，利用业余时间，包括寒、暑假（有时寒暑假比赛多，会比平时更忙）组织学生训练、比赛。“每天多做一点点，是成功的开始”如今已成为我的行为准则。用最大的激情投入工作，把工作当成是锻炼、学习的机会；对领导分配的任务，在较短时间内完成，并有圆满完成的坚定信念；把加班加点当作是对自己技能的一种提高。用这样的心态对待工作的我，每天都很快乐。一个人应当有所追求，成就自我，才能实现自己的人生价值。

享受家庭的乐趣

每个人都有自己的家庭，每个家庭也都有属于自己的幸福和欢乐。我有一个和睦、温馨、幸福的家，快乐的我生活在三代同堂的大家庭里，家人之间恭谦礼让、和睦相处，生活在这样大家庭里的我感觉很幸福、很快乐。照顾年老的父母、抚养幼小的孩子，这也是我作为第二代中生力量的年轻人应该负起的家庭责任。

我和家人很少到外面的饭店吃饭，我们喜欢在家里做饭。一起在厨房里张罗，捡菜的捡菜、淘米的淘米、烧菜的烧菜，饭菜的香味从锅碗瓢盆间飘荡开来，柴米油盐里洋溢的温馨和温暖令我十分享受。

外面的应酬、聚会，能不参加的我尽量不参加，留出更多的时间陪伴家人。只要有空我会陪老婆去广场跳舞，陪女儿游泳、溜冰、上兴趣班，辅导女儿做功课……其实，幸福就是如此简单而平淡。

我认为，一个男人对家的概念，务必要有一个深切的认识、理解和牵挂；务必要站得高一些，看得远一些，幻想少一些，实际多一些，把承担的家庭责任放到一个恰当的位置上。

享受垂钓的乐趣

垂钓有一种意想不到的乐趣。平时工作紧张而又繁忙，能投身到大自然美丽的怀抱，尽情地享受着大自然对人类的恩赐，简直是极大的享受。我喜欢到郊外，找一泛着涟漪的僻静处，眼望着蓝天白云、青山绿水，沐浴着和煦的阳光，呼吸着清新的空气，耳听着鸟儿吟唱，让人心旷神怡。每当抛竿下钓，静守水边，等待鱼儿咬钩时，我会全神贯注，忘记周边的一切，使自己进入一个全新的境界，往日里的心胸抑郁，神躁气烦，都荡然无存。一旦鱼儿咬钩，抖腕、提竿、拉线一连串的优美动作自然而生。其喜悦之情，溢于言表。若碰上大鱼，顿时臂力猛增，全身来劲，但不可蛮来，必须和鱼儿斗智斗勇，来回拼搏。一番较量，大鱼终于上岸，这时那发自内心的笑声，使自己觉得一下子年轻了许多。真是垂钓乐，乐在心中精神悦。

我一直努力做一个生活正派、情趣健康的人。因为我深知生活情趣看似小事、小节，但小中见大，是个人品行和修养的直接体现，所以，不可小觑。

活着，有目标，就有价值；活着，还要有趣味，就活得畅快。

（中光高级中学教师　杨保华）

2. “对话”要有深刻性

何谓“对话”？它本指两个或两个以上的人之间的谈话，双方或多方之间接触或会谈，而在此更强调双方或多方在阅读中的思想渗透、交融、生成。对话群体的扩展会促使对话向纵深延展，这便是对话的深刻性。这种深刻性需要批判思维为基础，更要懂得兼容并包。

“对话”要多层面。这种对话包括教师与书籍的对话，教师与同学科教师的对话，教师与多学科教师的对话。为了确保教师充分地交流，我校推出一系列举措，其中包括对话经典自主阅读、你话我说伙伴同行、跨界交流头脑风暴等多层次阅读学习交流活动。此外还制订了短期和长期计划。短期计划安排：教师利用休息时间和业务学习时间展开自主和集体读书活动，必读《给教师的一百条建议》，精读推荐书籍 2 至 5 本，选读书籍 1 至 3 本，作好读书笔记；开展“他山之石——我的读书摘记”“我的读书名言”征集活动；撰写读书心得，进行读书心得交流活动；开展“专业书籍伴我成长读后感”、“读书改变了我”（我和书的故事）征文活动等。长期计划安排：三年内教师累计读书：教育专著 40 本，教育期刊 60 本；推出“三个一”行动，即每天一摘抄，每周一感悟，每月一品评。我们将教师阅读感悟的论文结集成册，便于教师们进一步交流思想与智慧，目前出版的书籍有《七彩云南》、《创新教育从心开始》、《学生发展指导丛书》、《教化探索》、《〈班主任兵法〉教师阅读体会文集》、《〈教师人文读本〉教师阅读体会文集》等。我校的读书活动力求做到“六个结合”：即读书与反思相结合；读书与实践相结合；读书与“校本培训”工作相结合；个人阅读与集中学习相结合；读书与课改相结合；读书与“2020 教学模式”相结合。学校力求通过开展多层面阅读，让读书成为教师的生活常态和良好习惯。

【案例 2-2-6】

芳草碧连天　夕阳山外山

——感悟《李叔同先生的教育精神》

长期以来，在我心中一直有一个令我敬慕和仰望的人——李叔同先生。“他学一样就像一样，做什么就像什么。”

李叔同先生出生于1880年，是我国近代著名的启蒙音乐教育家，学堂乐歌的创始人之一。初识李叔同先生是一首意蕴无限的《送别》：“长亭外，古道边，芳草碧连天……”意境悠远、深邃的歌词，恬静典雅、抒情流畅的曲调，淡雅的笛音吹出了离愁，凄美的歌词写出了别绪，传唱了一个世纪，润泽了几代人的心灵。

细细品读丰子恺先生笔下的《李叔同先生的教育精神》一文后，我感触很深。李叔同先生在1910年留学日本归国后，先后在天津、上海、南京和浙江第一师范担任音乐、美术教师。通过音乐教育的实践，逐步形成了具有独特理论意义和实践价值的音乐教育思想。如：“先器识而后文艺”、“以学生为本”、“爱国奉献”、“乐歌创作”等，他的音乐教育思想一直延用在今天的音乐教育中。而李叔同先生的教育精神，使我更加体会到一个人应有的品格修养和奉献精神。“认真教育”、“严肃教育”、“献身教育”，简简单单的三个词语，值得我们每一个人去认真思考。他竭力提倡音乐“琢磨道德，促社会之健全；陶冶性情，感精神之粹美”的社会教育功能。他以独特而高尚的人格魅力，高超而广博的艺术修养，娴熟而富有个性的艺术技艺，征服了所有人。观李叔同先生一生，无论是在俗世的交友，还是治学、育人，乃至他所从事的某一项专业，一经涉足便全身心投入，力求做得最好。他一生做人，凡事都是认真而严肃的。

他的艺术成就为古老而禁锢的中国艺术注入了新鲜的血液，从此中国艺术融入了世界文化的舞台，他严谨而美学化的教育精神为这个浮华的社会注入了一股清新的空气。

如果说有一种人生华丽而不刺眼，历尽世间的奢华百态仍清澈如水，那么这种人生非李叔同大师莫属。先生的一生充满了传奇色彩，他是中国绚丽至极又归于平淡的典型人物。

先生一生光明磊落，潇洒飘逸，道德文章，高山仰止。做人要做先生这样的人：

以冰霜之操自励则品日清高；

以窟窿之量容人则德日广大；

以切磋之谊取友则学问日精；

以慎重之行利生则道风日远。

（中光高级中学教务员　孙绿萍）

“对话”要有批判。批判性思维引导我们树立深思熟虑的思考态度，尤其是理智的怀疑和反思态度；帮助我们养成清晰、相关、一致、预见性等好的思维品质；培养我们作出合理决定、选择的思维技能。有批判才会有个性，阅读过程中带有批判思维，才有个性解读，方有创新思维和个性化课堂。书唯上的阅读，只是低层次的阅读。“尽信书，不如无书”，“世上何人不读书，书奴却以读书死”。真正的读书态度应当是批判性的态度，陶渊明提出“奇文共欣赏，疑义相与析”的质疑读书法很值得玩味。一个不会怀疑、不会提出问题的人，不可能有独立思考的能力。总之，批判性的阅读是个性化课堂的准备。

【案例 2－2－7】

走进经典，与经典共舞

——于丹《论语心得》读后感

曾经在学生面前力挺于丹，曾经在学生面前力挺于丹们的“浅思维”所获得的巨大成功。然而当我远离那个侃侃而谈的学术明星，当我坐下来静心阅读《论语心得》，才发现，由古今中外几个故事荟萃而成的、几个小时就可以轻松读完的

《心得》,实在是浅显得可以。于是我想,对一位中学语文教师而言,经典也许真的不可以那样读。只有当我们走进经典,走进原著,还原那个时代,进一步旁及其他,也许才可以真正触摸到一点国学的皮毛,进而触摸到中国传统文化的灵魂。

最近读哲学家骆玉明的文章,倒是收获不小。

传统文化到底是什么?在我国主要是指儒家和道家文化。中国传统文化中影响最大、地位最高的就是老庄思想和孔孟的思想,稍后又有佛教的思想传进来,那么就是儒、道、释三家,三教九流。老庄和孔孟也是各成一个系统,每一家自身的内容也很丰富,我们能不能用一些简明的方法对它们加以阐释呢?魏晋时代有一组对立的概念分别指老庄思想和孔孟思想,就是“有”和“无”。儒家的思想用“有”来概括,而道家思想用“无”来概括。

孔孟思想称之为“有”,是说它是一种为社会确立秩序和价值的学说,它的作用表现在通过明确的秩序和价值使社会进入一种稳定的状态,人的行为有明确的规范可以遵守。没有规矩不成方圆,规矩和方圆明明白白,所以它是“有”。老庄思想之所以称为“无”,因为它不相信人所订立的秩序和价值能够稳定地存续,能够使人生活得更好。老庄思想认为,这是人为的从外面强加给人的东西,它不自然,不符合天地的本性,也不符合人的本性,而世界的本质是一个虚无,它是不确定的,富于变化和具有无限可能性的。我们很熟悉“君君臣臣父父子子”,它的意思就像有时候我们教训学生:“做学生的要像一个学生。”做老板的有时候也会教训员工:“你做员工就要像一个员工。”当我们在说这种话时,其实和孔子的想法是一样的,要使事实符合理念。“君君臣臣”之类,也是如此。

老庄的“无”用《老子》里面一句话作代表,就是开头的第一句:“道可道,非常道;名可名,非常名。”这是非常有名的一句话。老庄思想和孔孟思想根本上的不同,在于老庄认为世界的本质是一个“无”。这个“无”不是什么都没有、空空如也的意思，而是说作为宇宙本源、同时也代表了根本真理的“道”，是无形无迹的，是不具有任何规定性的，是变化无穷和具有无限可能性的。老子又说：“人法地，地法天，天法道，道法自然。”一切事物都有效法的对象，最后指向“道”，而“道”则无所效法，它以自身为法则。

……

这样来解读经典，这样来理解儒家和道家文化，在我看来，才是通俗易懂而又切中肯綮的。当我再次面对我们的学生，我会对他们说，千万不要满足于别人已有的体验，不要满足于轻松可口的文化快餐，让我们学会用自己明慧的双眼去透视经典。也许起初不乏艰涩，但“世之奇伟、瑰怪、非常之观，常在于险远”，只要我们拥有“不畏浮云遮望眼”的决心，加上“志”“力”“外物”的合力，传统文化必将成为一道可望而又可及的迷人风景！

（中光高级中学教师　周光珍）

（二）艺术丰盈心灵世界

马克思指出：“如果你想得到艺术的享受，那就必须是一个有艺术修养的人。”[①]文化艺术素养对个人发展的作用在我们教师身上有更好的体现。因为我们培养着国家未来的人才，文化能使人的道德更加高尚，艺术能使人的生活更加精彩。

做一名有文化艺术修养的好教师，就要有广泛的爱好。我们应对文学、体育、音乐、美术等各方面都有一定的修养和鉴赏能力，并能以自己的审美情趣和思想感受影响学生，让学生产生心理上的共鸣和情感上的愉悦，从而使其精神和情感得到发展。一个素质较高的教师，往往有较好的气质，而气质又来源于文化艺术修养。

做一名有文化艺术修养的好教师，就要通过聆听经典音乐、看画展、赏雅剧等方式不断

① 马克思：《马克思恩格斯全集》，人民出版社 2000 年版，第 187 页。

地充实自己。有人说,字是人的“第二张脸”,对于老师来说,这“第二张脸”太重要了。教师通过练书法,学会欣赏汉字的多种书体,关注、热爱书法艺术。不懂书法,不知何谓“颜体”,何谓“魏碑”的人,怎么能为学生写一手好的板书呢?说话的艺术、朗读的艺术、表演的艺术,还有绘画的艺术,哪里来?一句话:来自老师的艺术修养。艺术修养会对一个人的情操、品格、气质、言谈举止以及审美眼光产生重大影响,这是毋庸置疑的。

为提升教师的艺术修养,学校可谓煞费苦心,采取“引进来”和“迈出去”的方式引领教师观摩学习。“引进来”主要通过邀请专家来校讲座,如曾邀请成佳学校特级教师夏月珍老师针对音乐教育开展讲座,邀请我校美术老师虎建章作《书法艺术》讲座,邀请我校音乐老师丁志红做《梁祝欣赏》讲座等。“迈出去”主要通过以走入艺术殿堂欣赏为主,如组织教师欣赏歌剧《剧院魅影》、交响乐《贝多芬专场》《新疆歌舞》等艺术表演;组织教师参观画展,如《莫奈印象画派画展》《梵高抽象画派画展》等。学校的一系列举措,使教师身临其境地接受艺术的熏陶和感染,使教师艺术修养得到一定程度的提升。人各有优秀的潜质,而文化艺术修养是最能激发人的潜质的。生命需要艺术滋养,精神也需要艺术丰盈,我们只有不断加强文学艺术修养,提高审美情趣,丰富艺术底蕴,才能提升自己的创造力,适应时代的要求,做一名优秀的人民教师。

总之,教师需要多重修炼。教师的语言需要思想,教师的智慧需要创造,教师的专业需要提升,教师的情趣需要涵养……新时期的教师不应该再扮演那种“春蚕到死丝方尽”的艰苦角色,春蚕的精神诠释的是教师对待工作的敬业态度,但却不应该只有死路一条。工作与生活不应该是两个对立的面,教师的生活应该有属于教师自己的生活质量,有自己的职业幸福。修炼是一种对完美的追求,是一种对卓越境界的追求;修炼是一种自我提升的策略,是教育之真、之善、之美的内在要求;修炼是领悟“教育人生”的必由之路。

第三节　人人都可以变得更优雅

“优雅”是一种优美高雅的气质。一个人的气质是指一个人内在涵养或修养的外在体现。由于教师职业的特点决定了他们的着装要端庄大方，显示出为人师表的教师形象。要提升教师出众、优雅的气质，除了不断提高自身人格修养，还要注重外在仪表形象，结合专业特点呈现不同的学科气质。

一、提升自己的人格修养

教育是一切艺术中最渊博、最复杂、最高尚和最充分的艺术。因而，教师应具有不同于其他职业者的人格魅力。这里所说的人格是指教师良好的师德风范，即教师的道德品质。修炼自我职业精神正是教师自我完善与自我塑造的需要，因为教师所从事的工作是一种以人格来培育人格，以灵魂塑造灵魂的工作。为了使学生的人格得到健康发展，教师必须首先致力于塑造自己的高尚人格。俗话说得好：要照亮别人，首先自己身上要有光明；要点燃别人，自己心中要先有火种。

（一）正身立教，胜于言传。

孔子说：“其身正，不令而行；其身不正，虽令不从。”“不能正其身，焉正人何？”以身立教主要体现在廉洁自律的精神和以身作则的高贵品行上。因为教师是学生最重要的表率，是学生最直观的榜样。在教育教学活动中，一个教师表现出怎样的思想品德、治学态度、行为习惯，教师的一言一行都处在学生严格的监督之下。这就要求教师注重塑造自我形象，要有浩然正气，只有通过事业心、责任感产生的巨大驱动力和约束力，才能充分表现出师德素质，才是真正的“身教胜于言教”。

在教师形象大讨论活动中，我校青年教师陈妍玮老师谈到教师要“正身立教”时说道：“教师这一职业，直接担负着培养下一代健康成长、美化世界的历史重任。高尚的职业道德和良好的教师形象是每个教师做好教育工作的先决条件，是时代的要求。中光，走过了60个春秋，培育了60载桃李，古韵悠悠，新风徐徐。‘文化立校’的办学理念，给这个老校注入了新时代的血液，‘书院气、书卷气、书生气’是对教育境界的追求。新时期，在秉承传统的前提下，在走内涵发展之路上，中光人，首先要具有‘浩然正气’。这是一种刚正宏大的精神，是一个富有创新思维的哲学概念。它对二千多年来中华民族思想道德的传统，产生了深远的影响。孟子说‘吾善养吾浩然之气’，并说这种气‘至大至刚’，‘塞于天地之间’。中光人具备的充塞于天地间至大至刚的‘正气’，是一种有利于鼓舞士气，激发活力，增强团结，凝聚合力的奋发向上的精神，是一种无形的资产。”

（二）情真意切，暖于胸怀

教师对学生的态度是否诚挚是与学生能否建立情感的基本因素。因此，教师要调动学生的情感，必须充满真情，以情动人，用自己充满情感的教学态度去感染学生、打动学生。教师对学生的真情实感主要体现在以下两方面：一是爱生如子，尊重学生人格，充分了解掌握每个学生的性格特征，因势利导，循循善诱，建立一种尊师爱生的新型师生关系，不歧视，不排挤，不嫌弃，不用讽刺挖苦的语言训斥批评学生，当学生有困难时，伸出温暖的手，真心真意地为学生排忧解难，用真情实感去感化学生；二是尽职尽责，诚心对待，在学生面前毫无私心和假意，公正地处理好班级发生的每一件事情，使学生从日常生活的琐碎小事中真正感受到教师发自内心的情感，而不是矫揉造作的，由此产生对教师的信任与尊重，形成真正的师生之情。

在中光，人人都是德育工作者。我校档案管理员把玲君老师认为：“师爱并非仅仅停留在单纯的情感上，更不是一种偏私的溺爱。爱学生不等于纵容放任学生，只爱不严，不是真爱；相反，只严不爱也无法真严。要真正达到教育的目的，教师必须坚持爱严结合。况且，学生处于成长之中，还不能完全做到自立、自律，看问题往往肤浅片面，在日常生活及在校学习中难免犯错误，教师如果对学生放任自由，只会害了学生。一个教师越是热爱学生，对学生的要求就越严格。”每一位教师都应该把整颗心献给学生，将神圣的师爱均匀地撒向学生，以感染他们，教育他们，造就他们。

二、打造自己的仪表形象

教师的仪表具有与职业密切相关的审美特征，是教师心灵美与外表形象美的和谐统一。换言之，是教师的外在形象以及渗透其中的德、才、体、貌等各种素质的充分展现，是教养的表现。教师的仪表形象可以外显细化为整洁素雅的服饰、优雅稳健的体态、端正秀丽的容貌。

（一）整洁素雅的服饰

朴素是美的必要条件。教师要穿着朴素、整洁、雅致，在着装选择上不要盲目追求时尚，猎奇斗艳易给人华而不实、缺乏内涵的感受，着装即要体现时代气息，又要富有个性。

（二）优雅稳健的体态

无论男性还是女性教师都应该姿态稳健、举止优雅，敏捷、协调、端庄的体态中彰显着教养，举止粗鲁、坐立不稳易给人轻浮失度之感。

（三）端正秀丽的容貌

这是教师入职的前提条件之一。教师的面容清秀、美丽、洁净，易给人干练利落之感，浓妆艳抹给人轻浮之感，胡子连片给人邋遢之感。可见，教师的仪表同样可以引导学生健康成长。

【案例 2－3－1】

教师具有良好的风貌

注重教师的外在形象，包括形体美、行为美、风度美等直观的美。为人师表应模范遵守社会公德，衣着整洁得体，语言规范健康，举止文明礼貌，严于律己，作风正派，以身作则，注重身教。同任何事物一样，美也是形式与内容相互依存、相互作用、辨证统一的有机体。没有形体美、行为美、风度美等等形象直观的美，或许就没有内在美乃至人性美。既要充实美的内在精神，又要重视美的外在表现，努力达到内外美的统一，这就是塑造良好教师形象的必由之路。

教师端正的仪表教态、强健的体魄、充满生机的活力，乃至恰到好处的一举手、一投足都会在学生心灵上荡起涟漪。教师可根据各自的实际情况和所处的德育情境来调整仪态，创造性地恰当释放外表美的能量。教师的风貌除衣着和仪表之外，另外一个不容忽视的方面是精神风貌。教师振作的精神、高昂的情绪、充沛的精力、旺盛的热情、坚定果断的意志，同样能给学生留下难忘的印象和美好的回忆。

（中光高级中学教务员　顾秋艳）

三、生成自己的专业气质

成为教师，自然就有了教师的“职业气质”。不用问，一看便知你是教师。你选择了这个专业、这个职业、这个氛围，也就选择了你的“职业气质”，甚或你的思维习惯、思维定势。它是教师内在修养、外在形象、学科特点的外化体现。古人云：“以身立教，其身亡而立其教存。”对于中学教师而言，其专业气质不仅是一种显性的教育资源，更是一种隐性的教育资源。它所具有的强大感染力、号召力和影响力，对学生起着潜移默化的影响，使学生在塑造自身道德、人格素质中都备受熏陶。

(一) 中学教师专业气质的特点

气质是一个人相对稳定的个性特点和风格气度。它是人的个性心理特征之一，是指在人的认识、情感、言语、行动中，以及心理活动发生时力量的强弱、变化的快慢和均衡程度等稳定的动力特征。对于“专业气质”的界定到目前为止还没有完整统一的概念。根据对一些资料的收集和查询，笔者对“专业气质”的初步理解为：由专业语言、专业知识、专业关联知识、专业精神、专业素养以及专业情感等众多因素共同构成的有机结合体。

中学教师的专业气质是在长期的教育教学活动中形成的，即教师在一定教育方式的影响下，塑造自己的内在素质，形成特有的精神境界。当这种精神境界投射在教师身上时，就反映了教师专业气质的基本特点，即特定的专业的价值信念和真才实学。中学课堂教学对学生进行常识教育，培养学生相应的思维方法与实践能力，为青少年确立正确的为人标准和理想信念起到关键作用，所以教师要坚定专业信念，以积极主动的态度和高度的热情投入到专业价值的追寻中。

(二) 中光教师“专业气质”感悟列举

在中光的校园里，学校组织教师、学生、家长展开了多层面、深层次的讨论，通过年级组、教研组、党支部学习小组的多轮讨论，中光教师们达成共识，即教师个人气质的言行举止，对于规范、引导学生形成良好的行为习惯至关重要。教师是人类灵魂的工程师，更是知识的传播者、智慧的启迪者、心灵的陶冶者。教师育人，不仅要把知识传授给学生，更重要的是以自己的人格魅力去影响学生，使他们成为高尚的人、有智慧的人。教师应该有某种职业尊严感和内在的精神气质。对于学生而言，教师是道德概念的化身，教师的一言一行，不管有无进行教育的自觉性，都会成为学生效仿的标准。通过讨论，我们确定了如下专业气质：

【案例 2－3－2】

政治教师专业气质

政治教师专业气质主要包括哲学智慧、专业精神、学科情感和专业知识。

1. 哲学智慧

政治教师的哲学智慧是教师在教育实践中运用哲学的能力，是对哲学知识、哲学思维能力和哲学思维方法高度综合运用的结果。政治教师的言谈举止、课堂教学中都应该运用和展现其哲学智慧的魅力。

2. 专业精神

政治教师的专业精神主要表现为：教师对外界事物乃至自身存在意义和存在价值的主动反思、质疑、批判和创造，并能引领学生开拓创新，激发学生的创造热情，挖掘学生潜在的创造才能。

3. 学科情感

政治教师的教学任务不仅仅是渗透思想教育，更应从教学内容上直接传授做人的道理，宣传马列主义、毛泽东思想、邓小平理论、三个代表重要思想以及科学发展观。

（中光高级中学教师　艾冬娥）

【案例 2－3－3】

历史教师专业气质

1. 丰富、多元的知识积累

历史是一门综合性学科，内容涉及经济、政治、军事、文化与自然科学的方方面面。作为历史教师，首先体现出来的是渊博的知识，不仅包括历史学科知识，如通史、断代史、国别史、专门史、地区史以及史学理论知识等，还应涉猎哲学、文学、地理学、政治学、自然科学等，拥有开阔的文化视野和多元的知识结构。

2. 理性、辨证的思维方式

历史现象错综复杂，只有用历史学科独有的方法和智慧才能逼近客观历史，懂得社会、知晓世界。最基本的方法和智慧就是用事实说话，用历史唯物主义、辩证唯物主义来观察、分析与解决问题。对历史教师而言，学科知识可能会遗忘，可能穷尽一生也会有许多知识空白，但学科方法却会积淀在人的素质结构中，形成解决新问题和可持续发展的潜力。

3. 宽容、大气的情感取向

有人说“学历史的人悲情浓”，的确如此。喜欢历史的人常常对社会有着强烈的关怀，又常怀恻隐之心，能将心比心；同时又大气谦和，求同存异，海纳百川。因为历史中有着做人的道理、处世的智慧和发展的经验，历史的思考使人更加聪颖、豁达和大气。

（中光高级中学教师　姜芳芳）

总之，专业气质的培养不能一蹴而就，也没有塑型模式，以上范例仅仅体现中光个别学科组的思考。但有一点我们要明确，教师的人格魅力和精神气质不仅应该是高尚的、高雅的，还应该是睿智的、有亲和感的，要让学生见到老师，就愿意向老师请教，愿意把自己的心里话和老师交流，期盼得到老师的帮助。只有内心宁静的人才能由内而外地显示出“高雅、睿智、亲和、自信”的精神气质；内心不宁静的人，只有一份难以抑制的躁动。一个合格的教师，应该是一盏灯，虽然不一定耀眼，但足以长久照耀着人一生的道路。

第三章 课堂是一种生活态度

对于教师来说，课堂就是其生活态度的直接体现。有怎样的生活态度，就会有怎样的课堂。

“智慧”、“成功”和“爱”三位天使来到人间，一位母亲想请他们到家中做客，但天使说，他们三个只能去一个。当母亲决定把“爱”请回家的时候，另两位也跟着进了屋。因为哪里有爱，哪里就有智慧与成功。课堂其实也是如此。充满爱的课堂更适合学生学习，让学生敢于尝试与挑战，更容易接近智慧与成功。对教师来说，爱就是责任、尊重、理解与宽容。对教师来说，爱很简单，那就是多微笑！

第一节　提升品质是义不容辞的责任

教学品质是衡量与检验一所学校办学水平的重要指标。一所学校的头等大事就是不断提高教学品质，为学生提供更好的课堂学习环境与成长环境，将学生培养成合格的建设者与接班人。对于一个老师来说，不断改进自己的教学行为，提升课堂教学品质也是义不容辞的责任。

"二期课改"赋予了学校合理的课程自主权，这意味着教师成了课程建设的参与者和课程开发的主体，拥有了课程管理的权利。从这个意义来说，教学的方向并不是完全依照课标或教科书，而是由教师决定的。因此，作为引领学生成长的人，教师没理由不努力提升教学品质，教师对待教学的态度和原则将在很大程度上影响学生对待学习的态度和原则。如果教师本身就不是一个热衷于继续学习的人，又怎能指望其提升课堂教学，培养出热爱学习的学生呢？

教育不是知者带动无知者，而是共同追求真理，一起追求完美的过程。提升教学品质的过程就是追求完美的过程。

一、提升品质就是追求完美

（一）学校生存发展的前提

教学是教师有目的、有计划、有组织地引导学生积极自觉学习，掌握科学知识，积淀人文素养，促进自身素质全面提高的过程，是学校教育中最基本的活动，在学校整个教育系统中居于中心地位，发挥着核心作用。

品质好，则学校兴；品质差，生源也难以保障。中光高级中学的教师对这一点都深有感触，深刻地认识到教学品质就是学校的核心竞争力，缺少这一核心要素，学校的生存与发展就会出现危机。中光高级中学创办于1945年，原是嘉定北部建校最早、规模最大的完中，品质上乘，拥有良好的社会声誉和教育口碑。但在城市化进程中，当地的经济发展相对滞后，加上交通不便，学校发展几乎停滞，办学经费拮据，生源数量、质量下降，优秀教师大量流失，2002年高考本科率仅为2%，濒临关门。

近十年来，中光高级中学一直把教学品质的提升作为学校首要责任，以有品质的教学活动促进学生的全面发展，使得学校的办学质量逐渐提升，再次赢得了良好的社会声誉和教育口碑。可以说，教学品质在一定程度上决定了中光的兴衰成败，是中光的生命线。所以，必须把提升品质作为学校改革发展的永恒主题，放在学校工作的首要位置。

（二）课程改革的要求

上海二期课改强调“以学生为本”、“以学生的发展为本”，这是提升教学品质的“最高指示”。高品质的教学必须以尊重、关心、理解、信任为前提，注重学生潜能的发掘与个性的发展，而传统的“知识课堂”、“独白课堂”、“封闭课堂”显然很难适应这一要求。课堂教学改革必须沿着“生命课堂”、“对话课堂”、“开放课堂”路径前进，为学生提供丰富的学习经历，促进学生的真实发展。

高品质的教学过程不是一种单纯的认识过程，不再是学生被动接受的过程，而是师生不断领悟，不断激活生命、丰富生命、提升生命质量与价值的过程。师生之间的合作关系不只是知识传递的关系，而是有着共同话题的对话关系。

【案例3-1-1】

学生是学习的主体

学生是学习和发展的主体，教师必须根据学生身心发展和学科的特点，关注学生的个体差异和不同的学习需求，爱护学生的好奇心、求知欲，充分激发学生的主动意识和进取精神，倡导自主、合作、探究的学习方式。当然，这里所说的确立学生学习的主体地位，并不是意味着降低教师的主导作用，对学生听之任之，放任不管。相反，对教师的要求更高了：教师在进一步传承传统教育中优秀的教育思想和教学方法的基础上，更应明确新课程的理念、课程目标、内容标准，仔细地分析学生的具体情况与现状，以教学内容作为载体，将学生作为备课的重点。只有精心设计好教学的流程，让每个处于不同水平、不同层次的学生都能体验成功，才能确保学生在学习中的主体地位。

（中光高级中学教师　傅秋苹）

（三）教师自我实现的需要

面对"慕课"、"翻转课堂"的冲击，单向的灌输式教学已不能适应当下正在发生的教学形势的变化。可以这么说，"教师一次'充电'，终身'放电'"的时代已经结束了。教师不仅要引导学生学习，教会学生学习，更要加强自身的学习与发展。新课改背景下，现代教师必须具有良好的专业素养，能够利用课堂教学，充分激发学生的学习热情，养成良好的学习习惯，调动学生主动探究学习的兴趣。因此，不断提升教学品质是每个教师应有的专业追求。只有这样，教师作为一种职业，才具有不可替代性，才会有社会地位，才能得到社会的尊重与认可，教师也才能更充分地体验到这一职业的内在意义与欢乐，实现职业的价值。所以，有品质的教学是教师自我实现的最佳途径。

从事数学教学多年的王蓉老师对此颇有体会。她认为，教师的教是为了学生的学，在数学教学中应充分发挥学生的自主性、积极性，引导学生发现数学学习中的问题，学会借助参考书、教辅资料尝试解决这些问题，将老师教授的方法变成自身的自学能力、技术能力，为高中三年的数学学习打下基础。

二、没什么比学生想学更重要

（一）教师是提升教学品质之本

没什么比学生想学更重要，没什么比学生学会更有意义。教师要充分发挥自身在教学中的主导作用，从以“教”为中心向以“学”为中心转变，从以教师为中心向以学生为中心转变，使学生爱上学习，培养其良好的学习习惯，充分体现学生的主体地位。

既要面向全体学生，也要关注学生的最优成长。教师应努力克服片面应试的功利化倾向，把全面育人、促进学生的发展作为首要任务，对于基础不同、个性不同的学生，既要把面向全体落在促进学生发展的实处，又要落实因材施教，既有常规的评价体系，又有关注少数学生的个性化评价方式。

有品质的教学必须依靠每位教师协作完成。学校教育教学工作虽然主要是通过每一个教师个体实现的，但学校是一个有机的育人共同体，有效的校本教研能带动学校教学整体水平的提升，这和木桶原理恰恰相反。有效的校本教研能够发挥骨干教师的示范与引领作用，使得学校的教学水平向最长的一块木板看齐。

【案例 3－1－2】

以专题培训为抓手，孕育教师成长

教师的成长发展，除实践的锤炼培养外，尚需精心设计，科学规划，架构循序渐进的校本师资系列培训体系。针对不同的对象和教师技能的不同情况，通过系列专题培训，有目标、有计划、有针对性地提高各个层面教师的专业化水平。系列培训的过程，是一个厚积薄发的过程，是教师文化的积淀过程，也是孕育教师成长的过程。

比如开展年级组长、班主任、教研组长、备课组长、中层干部等管理培训；开展起始年级教师教育教学培训、新教师岗前培训、课堂微格教学培训、英特尔未来教育培训等；实施教育教学各类专项业务培训，以及工作岗位要求培训等，全面提高不同层面教师的教育教学能力。

有效整合校内外优质教育资源，形成有利于教育发展、教师成长的合力，全方位地开展对教师的全程培训，有效地推进教师的专业成长与发展。例如启动名师工程，开设专家工作室，实施“师带徒”帮教计划；邀请专家名师作各类专题报告；与高校联手开设教师研究生课程班，鼓励并资助在职教师攻读教育硕士学位，实施职后二次学历再教育，以此全面促进教师专业的有效提升。

（中光高级中学　李振环）

（二）课程是提升教学品质的核心

国家课程的校本化实践。组织教师深入研究，根据知识的层递性，将语、数、英三门课程的教学内容分为基础教学内容、限定性拓展内容、自主拓展内容三个部分，并依据学生的基础情况，按不同要求进行针对性教学。通过对国家课程的校本化，使之更符合学生基础和学校特点，也关注到学生个体的特点，将“以人为本”落实在课堂教学之中。同时，学校积极推进“导学讲义”和“校本习题库”建设，以教研组、备课组为单位，梳理应知应会的知识点、能力点，进行系统地集体备课，以筛选、改编、补充、整合、拓展的方式，编制出符合我校学情特点的“导学讲义”和学科教学训练“校本习题库”，积极尝试改革教与学的方式，为不同程度的学生实现最适切的基础发展。

建立富有学校特色的校本课程体系。围绕办学理念，依据社会发展需求、学校现有教师资源和学生实际，架构校本课程体系。学校不仅有校级课程、教师课程，还有学生课程。通过不断地开发与建设，学校已初步形成了“修身养心、科学素养、人文涵泳、实践科技、强身健体”五大课程板块，开发出汽车模拟驾驶、中国茶文化、民族服饰文化、徽州文化、舞龙舞狮、威风锣鼓、咖吧经营等既有地方特色，又有学校特色的校本课程。在校本课程的开发和实践中，学校逐步形成了《中光高级中学拓展型校本课程实施管理办法》，以走班制来组织教学，用学分制评价学习效果，让学生依据《校本课程指南》，结合自己的兴趣、需求和人生发展规划，自主选择课程学习。

开发“适合教育”系列课程。整合体育、音乐、美术、语文等学科资源，将“龙狮文化”打造成系列校本课程，相继开发出“布龙拆装”、“中国龙文化的起源与发展”、“舞龙舞狮威风锣鼓与民族音乐”、“龙狮文化与书法绘画”、“龙狮文化与古诗词欣赏”等课程，培养了学生舞龙、舞狮、威风锣鼓等实践技能。绿色生态课程是实施课程整合后开发的另一个系列课程，融学科教学、绿色环境教育、科技创新教育为一体。学校组织理、化、生等学科教师开展拓展研究、绿色生态研究、科技创新研究，建成了“生化·环境·人类生活”科普馆，组建了一支专、兼职的师资队伍，实践融基础型、拓展型、研究型为一体的教育创新工作。学校还开设了数码摄影专业课程，建成“陶艺坊”、“数码创作实践室”，开发融人文、艺术教育为一体的数码摄影、编导、美术等课程，为学生发展搭建更个性化的平台。此外，学校一直积极努力开展国际交流，拓展国际交流渠道和途径，尝试多样化办学，探索国际化办学路径。

【案例 3-1-3】

一个人的选修课，怎么开？
——中光中学“特设课程”五位老师辅导一名学生

一门选修课如果只有一名学生选，该怎么办？恐怕多数学校会选择“叫停”。嘉定区中光中学本学期的“广播电视编导”课就遇到了这样的情况——只有高三(3)班学生付渊一个人选修。然而，学校不仅没停开这门课，还足足配备了5位老师为他上课。

付渊介绍，随着网络视频的普及，“90后”学生中出现了一些摄像编导的“发烧友”。学校为此在高二年级开设出“广播电视编导”课，去年共有17名学生选修。但本学期升高三后，大家要应对高考，最终只剩下付渊一人。付渊有自己的想法：“我对这门课既有兴趣，又有点小天赋。而且，按我的文化课成绩估算，可能只能进一所二本大学。如果能通过广播电视编导方面的艺术专业考试，我的文化课成绩足以考一本院校。因此，我想继续学习广播电视编导课，尝试另外一条高考路。”

付渊并不知道，在他之前，中光中学已有"特设课程"的先例。校长路光远介绍，前几年学校为一名拥有摄影专长的学生开过"个人影展"，并通过专业辅导托举他考进了上师大艺术专业。近来，学校又专门为一名学生外聘了区摄影家协会的专业老师，教数码摄影课。

本学期，这门"一个人的选修课"得以继续。但由于该课程涉及多门类知识，学校现有师资中无人能"统包"，为此学校分别安排了3位语文老师、1位美术老师和1位音乐老师合作授课。"当然，上课方式也突破了传统的课堂讲解模式。我的部分语文、音乐、美术课时被置换成了'广播电视编导'，灵活自主与5位老师展开研讨学习。"付渊说。

（解放日报2012年12月19日　综合·国内新闻·科教卫新闻）

【案例3－1－4】

沪中光高级中学推行"教师挂牌学生选"

每周一、周四下午，上海市嘉定区中光高级中学高二(1)班的黄一宸都会到王双一老师的课堂去上数学课。这并不是"选修课"，而是英语、数学的"必修课"。必修课怎么还能选老师？原来，这是中光高级中学实行的"教师挂牌，学生选课"制度，高一、高二年级的每个学生都可以选择自己喜欢或适合自己教学风格的老师。

黄一宸告诉记者，从去年9月份新学期开始，学校就推出了这项制度，在学生中引起了不小的轰动。学生们通过学校局域网，选择自己喜欢的英语和数学科目的教师上课。"每次期中、期末考试之后，我们也可以重新选择教师，"黄一宸说，“以往只认识教自己的老师，现在年级里的每个老师都跟我们很熟悉。”记者获悉，选课时，学校对某一教师的学生可选数也作了限制规定，既保障了学生的选择权，也维持了正常的教学秩序。

“我的课堂我做主”，学生对选择的热情很快化做学习动力。黄一宸和他的同学们都觉得通过选课，不仅接触了更多教师，在学业上也有了更多进步。“选课让我接触到不同教师的教学风格，由此拓宽了自己的学习思路，”黄一宸很有感触地说，“希望有更多课程实行自主选课。”

让学生有更多选择权，让教师充分发扬其教学风格，这是实行“教师挂牌”的初衷。每周两节的“选修课”由教研组决定教学内容。教导主任陈坚说：“每个教研组都会根据学生学习的薄弱环节，制订下周选修课的教学内容。这样一来，学生无须担心教学进度的差异，只需根据自身特点选择适合其教学风格的教师。”在“捆绑式”教学机制下，原来教师们之间“你们班学生”“我们班学生”这样的班与班“竞争性”话语变少了，相反，他们为了教好“我们的学生”都拿出“十八般武艺”。

既然是挂牌选课，那自然会有人气旺的“明星教师”，也有选课人数并不多的教师。这种不用说的“竞争”，推动着教师们自我提升，在各自的课堂里展现特色。高二(1)班的数学老师张惠君素有“课堂效率高、解题速度快、特别有耐心”的好口碑，她的数学“选修课”总是很火爆，而张惠君却鼓励自己班的学生选其他老师的课。“其实，我们上课的内容是相同的，但每个老师教授的方式方法各有各的特色。我希望我的学生也从其他老师的课堂上获得更多体悟。”相比较原来传统的教学方法，张惠君老师表示，虽然工作压力更大了，但只要能让学生有所进步，整个数学教研组都会感到非常满足。

中光高级中学校长路光远表示，该制度目前在高一、高二年级的数学和英语课实行，一年多来，不仅学生可以选择他们所喜欢的教师，更从客观上促进了教师专业发展。

(上海教育新闻网——东方教育时报)

第二节　点燃学习的热情

授人鱼不如授人渔。当今社会，知识日新月异、科技迅猛发展，任何学校、任何教师都不可能使学生获得终身受用的知识。点燃学生的学习热情，让学生自主地、能动地学习，才是课堂教学所应该做的。

"自能课堂"从学生的实际与需求出发，辅以教师科学的指导和引领，充分发挥学生学习的能动性，使学生的学习带有个性化、创造性。"自能课堂"着眼于促进人的全面发展，是素质教育的本质要求。"自能课堂"的构建有两个支点，一个是"迁移"，另一个是"动机"。老师通过有步骤、有系统、有目的的学习迁移，让学生能"温故而知新"、"举一反三"、"触类旁通"；通过学习动机的激发，使学生在学习的过程中学会自主学习、自主探究，养成积极思考的习惯、主动求知的欲望和深入探究的意识。

一、促进迁移：课堂教学的核心使命

中光教师一直想要努力塑造的形象便是"善教"。以灌输为主、学生被动接受的教学已经被中光的教师所摒弃。怎样培养学生的自主学习能力，教会学生自主学习，让更多的学生能"温故而知新"、"举一反三"、"触类旁通"，成为中光教师的共同愿望，让学生学会迁移成了中光老师的努力方向。

(一) 迁移有助于提高学习效率

学习迁移的过程实际是知识的类化过程,需要知识与技能的不断概括与系统化。这个过程对于提高教学质量和学习效率十分关键。要顺利实现迁移,还必须充分提高学习主体——学生,联系新旧知识的积极性,因为学习迁移是一种学习对另一种学习的影响。如果两个学习对象之间有共同点,就容易发生迁移,学生很快就能掌握所学的知识。所以,教师要指导帮助学生养成良好的预复习习惯,促进学习迁移过程的实施,开展有准备的学习实践活动。

【案例 3-2-1】

如诗歌《春江花月夜》的教学,就是让学生根据教材中文本所提供的情境,与实际的生活迁移、嫁接,让学生在美妙的“春江花月夜”的乐音中感受文本作者所要表达出的幽美、恬静与蒙胧的意境,从而在虚拟境界中达到一种与作者具有共同人生体验,感受出相同人生经历差异的生命感悟。

在教学“社会与个人”这一单元时,先整体把握本单元的主题内容——人我关系,然后结合具体的篇目来理解。让学生结合自己的日常生活感悟来谈谈《合欢树》中传达出的“母爱”的主题及对母亲的深切怀念;以摘抄培根《论友谊》中的名言警句来仿写若干则关于友谊的警句,体味友谊对人的重要性;根据《冰山愈冷情愈热》这则通讯的内容,以精练的语言来概括介绍孔繁森这位干部与群众之间的深情。最后,由学生归纳出相同主题不同文体的作品写作上的特点与表现手法的区别。

(中光高级中学教师　傅秋萍)

(二) 迁移的实践策略

适度练习。常言道:熟能生巧。应用知识解决问题是学生加深理解和巩固知识的重要方式,也是一个学习迁移的过程。因此,在教学活动中,教师有意识、有效地设计一定量的练习是很有必要的,这样才能使学生将新旧知识融会贯通,而形式多样且能使学生主动参与的练习,更容易形成学习正迁移,达到举一反三的效果。

【案例 3－2－2】

作业布置新变化

设计内容开放的作业。多布置资料查阅型作业，指导学生利用报章杂志、课外书籍、网络等渠道广泛查阅，收集整理整合信息，精心设计、表达、传递信息。学生在搜集资料的过程中主动求知，学会了搜索信息，也提高了处理信息的能力；同时还促使学生进行课外阅读，增加积累，扩大阅读量。课外阅读型作业在语文学习中无时不在、处处皆有：报纸杂志、影视广播、网络资讯、标牌广告等等无不是语文的课程资源，开放的语文作业内容应是模糊了课堂与课外、校内与校外界线的。课外阅读型作业可以作为学生课前的扩展性学习，使学生学得更广阔；可以作为课堂语文学习的训练，使学生学得更扎实；也可以作为学生课后的延伸性学习，使学生学得更深入。

设计形式开放的作业。富有色彩、充满情趣的多元化作业，也可以激发学生多方面的感官体验，调动学习的积极性，积累愉快而幸福的学习经历。因此，作业形式应多样化，有书面文字形式，也有口头表达形式；有识记性的，也有操作性的；有听、说、读、写与演、唱、画、做等形式的结合，也有观察、思考、练习、查阅、调查、探究等多种形式。

作业设计要注重层次性，也要尊重学生的差异性。可以根据不同语文能力的学生布置不同的作业，让不同层次的学生自由选择适合自己的作业习题，让他们能在完成作业的过程中获得成功的体验，品尝属于他们自己的“果子”。对于学习有困难的学生，可适当减少他们的作业量或降低作业的难度，做一些简单的记忆、抄写和有趣味的作业，不至于“吃不了”，增加学习的信心。对于学习能力较强的学生，除了完成基本的学习任务外，可适当拔高要求，设计一些扩展课外阅读、积累语言文字、提高语文水平等方面的作业，既满足了他们渴求知识的心理，也解决了“吃不饱”的问题。这也就是让差生能消化，让优生能吃饱。

作业设计注重趣味性与生活化。根据学生年龄特点，摆脱单调乏味的重复练习，做到新颖多样，突出趣味性，调动学生的学习积极性，让其自觉主动地完成作业。把语文作业与听、说、读、写、演、画等训练形式全面结合起来，激发学生的学习兴趣，唤醒学习的主动性。生活作为课堂教学的外延，也应该是作业的外延。把语文作业与学生的现实生活联系起来，把学生的目光引向课外，引向生活，引导学生关注社会热点，关注社区生活，关注社会现象，让学生学会观察，学会思考，学会关怀，促进学生心智的发展和人格的完善。

（中光高级中学教师　陆昀）

创设情境。学生能将课堂上开展的学习活动应用于相类似的实际生活时才是有效的。在传统的教学过程中，学生在学习中所面临的问题，多是由教师和教材提出来的，而且在大多数情况下，问题的已知条件、未知条件等都已明确，学生完成对问题的理解是不难的，这就弱化了学习过程中的迁移作用。但是，教师若能为学生设置与实际情况相似的学习情境，考虑知识或技能在学习过程中的实际运用情况，就能产生良好的迁移效果，因为前后学习之间存在共同的成分或要素。因此，学生在学校学习的讲演、表演、操作等技能在类似于真实的情况下进行训练才最为有效。

【案例 3－2－3】

巧设活动情境，培养学生的交际能力

语言是交流思想的工具，在英语教学中学生只有在真实的语言环境或模拟情景中，才能更好地理解具体情景所传递的信息，触景生情激发出用语言文字表达的欲望。因此，我们可以利用多媒体技术为学生创设或模拟生活语境，如乘车、购物、看病等，将真实的生活情景引入课堂，缩短教学与现实之间的距离，帮助学生加强记忆，引导他们用英语积极思考，为他们提供使用英语交际的机会。如在教高中英语课本中的对话时，可以利用《洪恩洋话连篇》中的某些片段，让学生在多媒体软件提供的图、文、声并茂的情景中，边看、边听、边学，视听相结合，成为感知的主体，既能学到新的知识，也提高了学习兴趣。此外，我们还可以利用多媒体软件下载一些与课文主题有关的经典影片，如"Oliver Twist"(《雾都孤儿》)、"Gone with the Wind"(《飘》或《乱世佳人》)等，让学生在欣赏影片的同时，模仿银屏人物纯正的英语台词，然后关掉声音，让其充当配音演员。这样一来，课堂气氛一下子活跃起来，学生被深深地吸引，开始认真模仿而且特别喜欢当配音演员。在这种氛围里，学生的视、听、思维及语言表达能力的提高达到了事半功倍的效果，使背诵课文与口头表达也成了一件乐事。总之，活动情景的巧妙运用激发了学生的学习兴趣，使其有了浓厚的学习欲望，交际能力也在模仿练习中不断得以提高。

（中光高级中学教师　王勤）

养成质疑习惯。在课堂教学中，教师应多多鼓励学生提问，帮助学生养成提问并正确表达问题的习惯以及问题分析与归类的习惯。经常训练学生从不同角度、运用不同的方式来表达问题，因为，在面对学习问题的时候，学生会根据需要将已有的知识、原理、经验加以重新组织，从不同角度，用新的方法解决同类问题，这也是一种学习迁移，需要加以训练。

【案例 3-2-4】

养成质疑习惯

引导学生多思、爱思、深思，"于无疑处生疑"是教学成功的标志。对于学生的质疑，教师的态度应该是：提倡、鼓励、引导。通过提倡、鼓励，使学生从“不敢”提问到“敢于”提问，通过引导，使学生逐步做到“善于”提问。

培养质疑能力，要坚持正面引导，以表扬为主。对提出高质量问题的学生固然要加以表扬，对提问质量不高的学生，也要加以鼓励，肯定他们的积极态度。教师应该积极、有效地为学习有困难的学生创造成功的条件和机会，让他们享受成功的愉悦。

教师要把学生的质疑问难作为重要的教学内容和必不可少的教学环节，想方设法采用各种教学手段和方式，激发学生质疑意识。无论在讲课过程中还是讲课之后，都要鼓励学生多提问，使其逐渐养成“好问”的习惯。

问题提出之后，教师可组织学生开展小组形式的讨论、辩论，靠集体的智慧解决难题，使学生体验到集体的力量和成功的喜悦，并加强学生自评和互评能力，鼓励学生敢于标新立异发表独创性意见，勇于自我评价。

（中光高级中学教师　陆昀）

二、激发学生对学科的内在兴趣

“这门课很有意思，我很感兴趣，很爱学！”“这门课枯燥乏味，学起来没劲。”这是中光的老师最常听到的学生对于课程两种截然不同的评价。为什么有些学生不“乐学”呢？其实，这些言语和行为都指向了学习的动机。学习动机就是推动学生学习的力量，它可以表现为学生学习的意向、愿望、兴趣等形式。学习动机对学生的学习效果有着直接的影响，它可以决定学生学习的方向，决定学生学习的程度和速度。学习动机水平的高低、正确与否对于学习效果也有一定的影响。可以说，有“动机”，才有“乐学”的可能。

(一) 克服“厌学”，从动机入手

如果有学生问老师和家长：我为什么要考试？我为什么要学习？老师和家长会怎样回答。通常情况下，答案无非是“考个好大学，将来找个好工作”。家长、老师希望从这个角度告诉学生学习的重要性。其实，对学生来说，只有更高的学习动机才能支持他们在学习的路上走得更远。

都知道兴趣是最好的老师，这是因为学习兴趣是一种愉快的情绪体验，它能使人产生进一步学习的需要。当广泛的认识兴趣成为学生的人格特征时，学生就能自觉进行学习，甚至离开学校后仍能坚持。除此之外，正确的学习动机能产生良好的学习效果。学习动机使学生具有明确的学习目标，知道自己为什么而学习，该朝哪个方向努力，也就不会问上面的问题。在激发学生动机的过程中，不仅要让学生明白学习的意义，还要让学生明确他能从学习中学到什么；不仅要教会学生如何达到该目标，还要针对该目标提出具体的建议。

【案例 3－2－5】

不再畏惧“物理”课

说到物理课程的学习，许多高中学生都流露出一种怯惧感。物理课程之所以令学生如此头疼的主要原因是：知识点多、面广、理深，要以数学为工具，以语文为基石，以自然界为背景，且要求多种能力综合运用。面对这样一门课，学生没有良好的学习心理状态，很容易出现消极情绪，自卑、怯弱、逆反、放弃等不良现象是常有的事。对此，我们教师需要正确对待这一现象，分析各类学生学习困难产生的原因，及时且有目的地矫正学习的心态和方法，使学生以健康、饱满的心理迎接每天新的学习。对升入高中不久的学生，在平时教学中要注意思想工作，多鼓励，多引导。通过物理学史内容的引导激发学生的兴趣，比如讲“牛顿运动定律”时讲起牛顿的生平；讲“万有引力”时引入“苹果落到地面，而地球没有落到苹果上”的轶闻趣事；学习“力与运动”时，阐述“日心说”的提出过程；讲“单摆”

时谈伽利略研制计时仪的小故事等，使学生学会观察，学会思考，认识到物理就在我们身边，就在我们的生活中。

（中光高级中学教师　史宝轩）

（二）激发学习动机的实践策略

激发学生的内在动机。最大、最持久的动机其实是学生对学科的内在兴趣。讲活教材内容，在思想上、情感上使学生产生共鸣；提问切合实际，深浅适度，难易得当；选取时间性较强、空间性较近的新知识、新信息，应用到课堂教学中；丰富感情材料，让学生多参加社会活动；运用灵活多样的教学方法……以上方法都能激发学生内在的学习动机，使学生产生学习的需要。

利用学习结果的反馈作用。很多学生在考试后急于立刻知道答案或分数，但分数揭晓后，这种关注便会很快散去。其实，如果能够充分运用学习结果的反馈作用，会对学生的学习产生相当大的激励。教师在教学时给学生的反馈信息，特别是对学生考试成绩的评定，会对学生学习动机的形成产生很大的影响。所以，让学生在学习中及时了解自己的学习结果，可对学习动机起到强化作用。如果教师对学生的某种积极学习行为没有任何反馈，将会无形中降低学生的学习劲头；如果教师对学生的学习行为给予消极反馈，则会使学生失去学习信心。

正确运用学习竞争。竞争是激发学生学习动机和提高学习成绩的一种有效手段。通过竞争活动，学生的学习兴趣和学习毅力也会有所增加。常用的学习竞争有三种形式：一是学习竞赛，在竞赛过程中，学生的好胜心动机会更加强烈，学习兴趣和克服困难的毅力会大大增强，所以多数学生在竞赛情况下的学习热情会有很大的提高；二是考试和分数，可将其视为掌握知识程度的衡量标准和学生努力程度的标志；三是表扬与批评，适当的表扬与批评是对学生的学习活动予以肯定或否定的强化，从而巩固和发展正确的学习动机。

【案例 3－2－6】

语文课堂教学导入设计的"三个点"

1. 找准文体切入点

文学作品给人的第一印象尤为重要，一个新颖别致的题目可以在最短的时间内吸引学生的注意。每每学生拿到散发着油墨清香的语文课本时，那些生动风趣的文章常常是学生流连阅读的对象。教者如能抓住学生的兴趣所在，因势利导，便可在课堂中事半功倍，取得明显收效。从优化整体的原则出发，教师针对不同类型的文体，找准切入点，适时而引，因时而动，见缝插针，给学生营造一定的学习环境，激发学生的情感体验，不失为优化课堂结构、提高教学效率的良策。

2. 设计动情点

"情"要求我们一方面要"激情"，即激发学生情感。一上课，教师就用声情并茂的开场白，把学生很快带入与教学内容相关的意境中去。若要打动学生的心，教师心须先动情，"感人心者，莫先乎情"。另一方面，"情"要求教师与学生进行良好的沟通，只有"亲其师"，才能"信其道"。有经验的教师登上讲台，往往不是匆匆开讲，而是用亲切的目光，关切的询问，架设一座信任理解的桥梁，为这堂课营造一个轻松愉悦的氛围，让学生乐中求知。教师如果能根据课堂的需要精心创设一定的情景，让学生如临其境，以"情"促学，以"情"促教，我们的教学就不至于空洞无味了。

3. 设置悬念点

一节课的导入恰似一出戏的序幕，或似优美乐章的序曲。如果设计和安排有艺术性，富于变化，悬念迭起，往往能像磁石引铁一样把学生吸住，能很快调集他们的注意，点燃智慧的火花，使他们进入活跃的思维状态，开启智慧的闸门，收到先声夺人、事半功倍的奇效。当然，设疑也有一定的讲究，提出的问题要匠心独具，具有独创性、科学性、规范性。如果教师在课前就紧扣教学内容设置悬念，提出疑问，且语调、语势、语音都很讲究，紧紧抓住学生的好奇心，无疑将为之后的讲课打下良好的铺垫。

（中光高级中学教师　朱应洁）

第三节　微笑是一种美丽的语言

微笑也是“教学力”。

人本主义学习论认为，人类具有天生的学习愿望和潜能，会在合适的条件下释放出来。对老师来说，提供这种合适的条件其实很简单，那就是多微笑。

现代心理学实验研究也表明，情绪对认知活动起到促进或瓦解的作用。正情绪协调、组织认知活动，负情绪破坏、瓦解和阻断认知活动，人在中等愉快情绪下的学习效率最好。因此，教师若能善用微笑，以此来调节学生的情绪，营造良好的学习心境，对于改善课堂教学生态环境，提升师生课堂生命质量，调节学生因过度的学业竞争而导致的焦虑、恐惧、厌学等负情感，促进学生身心健康成长具有重要的意义和价值。与此同时，面对自己教育工作中的同伴时，教师也应时刻保持微笑。因为微笑是有“回报”的，你对别人微笑越多，别人对你的微笑也会越多。经常报以微笑的教师团队，更有利于构建合作的同事关系，有利于营造一种积极向上、追求卓越、团队学习的发展型组织。

用微笑面对学生、赞美同伴，用微笑化解家长的误会，用微笑谋求合作，用微笑去交流思想和灵魂，你就会少许多焦虑、困惑和无助，多许多理解、支持和帮助。

一、微笑的教师更美

良好的自我控制能力、情绪自控能力对老师来说十分重要。我们曾在全校学生中进行问卷调查，问题是“你最喜欢什么样的教师？”结果超过 40％的学生选择能够理解自己心情的教师，更多的学生喜欢能够控制自己情绪的教师。由此看出，经常微笑的教师必定拥有良好的心境，更懂得悦纳学生。处于良好心境下的教师，心情愉快、态度亲切、面部表情丰富，对周围的人和事物充满兴趣，语言表达自然流畅，更易在学生中树立起和蔼可亲、活力自信的形象，从而赢得学生的爱戴与尊敬。

对同伴来说，亦是如此。有些老师常说，繁忙而烦琐的教学工作让自己的人际交往陷入困境，与领导有冲撞，与同事有摩擦，与家长沟通有障碍。这时候，就需要一些“润滑剂”，而微笑就是最实用的“润滑剂”。微笑可以调节情绪气氛，消除人与人之间的猜疑和压抑，增进友谊，利于构建合作型的同事、人际关系，赢得和谐友好的氛围。

深受学生欢迎的傅秋萍老师就非常善于微笑。她说，教师其实是学生学习过程中的一员，要自觉地融入到学生的学习活动中去，从知识的传递者转变为学生学习的促进者、组织者和指导者。这首先要求教师必须缩短与学生的情感距离，而自然、适宜、宽容的微笑就是缩短这段距离的最佳方法。

具有高度事业心、责任感和良好道德修养的老师，其微笑充满真诚与真情。这种自然流露的微笑更能在学生面前树立坦诚自然、表里如一的师表形象，从而赢得学生的充分信任，再结合相应的声音、姿态等，让学生从老师的微笑里感受到关心、爱护、理解和友谊，他们就会“爱屋及乌”，又会从爱老师进而延伸到爱上老师的课，欣然接受老师的教育。与“疾风骤雨”的批评相比，宽容的微笑有时更容易获得良好的效果，不仅不会伤害学生的自尊心，激化矛盾，更容易让学生自我认识、自我回归，在整个教学过程中形成师生呼应、教学互动的局面。

二、微笑的课堂更美

（一）微笑是激励与鼓舞

苏格拉底在教学生获得某种概念时，并不是把这种概念直接告诉学生，而是先向学生提出问题，让学生回答，如果学生回答错了，他也不直接纠正，而是提出另外的问题引导学生思考，进而得出自己的结论。这就是著名的“苏格拉底问答法”。在今天的课堂里，师生间的问答仍然十分常见。如果教师在提问学生问题后得到的回答离自己的预期较远的时候，若仍能面带热忱的微笑，那么学生就会受到莫大的鼓舞，才会有继续思考的愿望，教学中的"问答"才能进行下去，直到正确的答案被揭示出来。如果教师脸无笑容，令人可怕，让学生"洗耳恭听"，那么这堂课必然变成"独白"和"自问自答"的课堂。因此，教学的本质不在于传授，而在于激励、唤醒、鼓舞。

【案例 3－3－1】

只需要一个微笑

去年我教一个高三理科专科班的英语，有个学生成绩特别差，高二期末考试只考了 9 分。上英语课时，他根本不听，也不做笔记，有时还在课堂上睡觉。针对这种情况，我就找他个别谈心，问他放弃英语的原因。他说初中的几个英语老师老是说他懒、说他笨，拖了班级的后腿，对他"另眼相待"。这对他打击很大，他索性自暴自弃，进高中以来就没认真学过英语，老师对他也没办法。针对这样的情况，我就有意识地在英语课上叫他回答一些简单的问题，并且毫不吝惜自己的微笑，给他信心与鼓励。几次下来，他上英语课的积极性高了，他开始听课、记笔记了。有次上《Soccer》这篇课文时，我让学生列出足球明星的名字。我知道他喜爱足球，就第一个叫他发言，他一口气说出了十个球星的名字，我就带头鼓掌。从那以后，他上课更认真了，一学期下来，他的英语成绩有了明显的提高，从原来的 9 分提高到 61 分。表扬学生，有时只不过是几句话，有时只需要一个微笑对于学生而言却是十分重要，甚至可能影响到他们的一生。

（中光高级中学教师　文海燕）

教师面对的是成长的个体，是未成熟的人。教学是一个师生构建良性互动、共同发展的过程，没有良性互动，就不存在或未发生教学。有了微笑，师生互动才会变得更加和谐。

（二）微笑是理解与信任

教育需要微笑，学生也需要微笑的老师。老师的微笑能带给学生良好的学习心境和积极的学习情绪，并直接投射到学生身上，营造一种愉悦的学习氛围，从而提高学习效率。拥有良好心境的教师，工作会更主动、积极，教学准备工作会更深入、细致。授课过程中，面带微笑的教师，能让学生以一种比较轻松的心态进行学习，提高自信与学习效果。因为"亲其师信其道"的缘故，教师在引导学生形成正确的世界观、人生观和价值观时显得更容易。所以，微笑地面对学生，不仅能提高学生的学习兴趣、学习效果，还有助于学生良好的个性养成。

【案例 3－3－2】

微笑的老师

记得我刚参加工作时，心急气躁，常常指责学生，结果越骂，学生越不爱学习物理，对我也产生疏离感。某次一位学生过生日发蛋糕，其他年轻教师都收到了，唯独我没有。现在，我完全变了样，讲课时面带微笑，语气亲切温和，不再对学生苛刻要求；课下经常和学生聊天，帮助学生解决学习中的困难，讲讲笑话，开开玩笑，学生私下都称我"姐姐"。上课时，学生认真听课，积极回答问题，情感上拉近了距离，成绩也自然提升了，几次考试下来，成绩都很不错。

这让我深受启发。如果教师在课堂上对全班每位学生都能抱着积极、热情、信任的态度，并在教学中让学生感受到这种态度，当学生从教师那里感受到真诚的关怀和挚爱、积极的期待和希望时，就会有一种受到信赖、鼓舞与激励的情感体验，从而内心升腾起对老师的信赖和爱戴。"爱屋及乌"，由喜欢老师到喜欢他所任教的学科，愉快地接受教师的教诲，并努力将教诲转化为行动，从而实现教师的期望。反之，如果学生受到教师漠不关心、过多的指责，都可能使学生的学习情绪变坏，从而对教师产生讨厌、对抗的不良情感，继而一上该老师的课心里就烦，对教师所讲知识也烦，甚至跟教师发生对抗，产生"你让这样做我偏那样做"的逆反情绪。学生的这种不良情感必然导致知识传授过程的滞结，宛如向板结成一块的花盆中灌水，虽然上面满溢，可是实际渗透滋润却不多。

（中光高级中学教师　王淑美）

教师与学生交谈时，亲切的微笑会给予学生理解和信任，让学生感到热情和愉悦；在教学中，教师把微笑带进课堂，把激励的目光带进课堂，就是把信任的目光投向每一位学生；课后谈心时，把和谐的微笑洒向学生，从而赢得学生对教师的喜爱和信任，建立融洽的师生关系。

【案例 3－3－3】

笑对复习课

我很不喜欢上复习课，因为复习课很难上出新意，学生的兴趣不大。课堂往往是过去练习的重复再现，基础好的同学觉得没必要上，基础差的同学觉得没效果，这让我十分纠结。更让我崩溃的是，这节复习课师傅会来旁听。听到消息后，我有些忧虑，但不管怎样，还是得微笑面对，并且希望能上出一些新意。

一、心情忐忑的一节课

虽然我做了充分的准备，但令人意想不到的是，开头很不顺利，我问出的第一个问题，学生就没答出来。我当时有些懵了，心想：怎么这么简单的第一题就出了问题。不管怎样，我整理好心情，耐着性子，微笑地询问他是怎么做出来的。大概是受到了我的鼓舞，学生开始讲述他的思考过程。我听了之后知道学生的错误在哪个地方了，心里有了底，微笑自然了许多。顺势我又提问了另一个学生，问她第一位同学的解答中哪里出错了。这位学生站起来后，非常清晰地指明了错误。看到学生说出了我想要的答案，我的情绪又有了许多好转，但我还不满足，继续提问：这一题除了考察直线的倾斜角这个知识点，还能考察什么知识点，你能不能把这一题一般化？

问题抛出去后，教室里一片安静。学生们都觉得这一题做对就可以了，并不会去深思其中的规律。我看了一下时间，已经过去 6 分钟了，心里变得忐忑不安，心想：这可怎么是好啊，这只是一道基础题啊，还有 4 道基础题和 4 个例题没讲解呢！学生能力不行，我还是直接让他们给出答案就好。于是，我只好自己讲述，开始了"一言堂"，完全没有留意自己脸上是否还有微笑。通过观察课堂氛围我知道肯定还有不少学生没有理解，但是为了赶进度，我不得不继续讲解下面的例题。

由于时间分配的问题，只讲了 3 道例题下课铃就响了，我只好心情忐忑地回到了办公室，等待师傅的批评。

师傅说："复习课是不好上，你准备得也很充分了，但要注意课堂的重点。不过，我发现了你有一点做得比较好，就是知道在课堂上保持微笑。有人来听课，上课的老师难免会紧张，这种情绪有可能会传递给学生，但如果你面带笑容，教学效果就不一样了。不过有点遗憾的是，后来你的笑容怎么消失了？你有没有发现，学生后来回答问题时都很胆怯，生怕说错。"

听了师傅这番话，我才回想起来，确实如此。我一直处于一种比较焦虑的状态，平时的耐心与宽容都不知道跑哪里去了，眼里只有正确答案。

接着，师傅给了我非常中肯的点评和细心指导。最后，还鼓励我说："高三的复习课一定要好好研究，提高效率，但特别重要的是，一定要记得在课堂上面带微笑。高三的学生学习压力大，老师的微笑对他们来说就是一种鼓励与信任，这同样也能产生学习效率。"

（中光高级中学教师　丁邦凤）

第四节　寓研究于教学之中

随着知识更新的速度不断加快，知识共享的程度大大提高，教学活动的信息空间也得到了前所未有的丰富与扩展。教学的功能已不再局限于传递既成文化，而逐渐转向创造新的文化；学习也不再局限于学校教育阶段，而贯穿人生始终，成为"终身"的学习。所以，让学生在有限的教学活动中学会获取有效的知识信息，并养成思考、判断、质疑、选择、加工、改造与运用的能力成为教学活动的意义所在，需要在研究性教学中生成与培养。

反观我们的课堂，公开课、观摩课、优质课等虽已经非常普遍，但更多的课程并未立足于"终身学习"，课后面貌依旧，无效与低效的现象依然存在。要改变这一现象，寓研究于教学，让研究成为教师工作的环节之一是一条可行之路。

一、让课堂教学"华丽转身"

当前，"传承教化之风，熔铸品质教育"已经成为嘉定全区教育人努力实现的目标，课堂转型是深入推进课改，提高品质教育，创造适合每一位学生学习发展环境的必然路径。

要"适合每一位学生"，教师必须从"教得好"转变为指导学生"学得会"，从"单一讲习的课堂"转变为适应每位学生的"多元互动课堂"。为了让学生"终身可持续发展"，必须培养其良好的学习习惯，指导学生学会学习、学会合作与分享经验。本区中小学课程与教学的现状调研发现，学生对于课堂的建议集中指向3个方面：(1)希望老师在课堂上多一些提问，让学生参与讨论和发表意见；(2)喜欢教学形式多样、生动有趣的老师；(3)喜欢老师及时总结学习方法。而研究性教学是一种以“问题”为中心的创生性、开放性教学，是学生在教师的指导与帮助下发现问题、分析问题、解决问题，在主动探索、主动思考、主动实践的学习过程中吸收知识、应用知识、获得新知、发展个性，从而提升素质，培养创造能力和创新精神的一种教学实践活动。这种教学模式既呼应了“品质教育”这一行动口号，又回应了学生的要求，使“课堂转型”趋于可能。

1. 学习方式的转型

研究性教学不是简单地围绕“教什么”与“学什么”进行，而是以问题为中心，在师生既有知识、经验的相互沟通的基础上寻找、发现、解决问题的过程，这要求学生能够积极、主动地投入到学习中，带有强烈的学习兴趣、探究意识和表达愿望，要有充分的自主、合作、探究的时间，能进行深入的思考。表面上看，这是对学生自主学习的要求，实际上却是对教师提出了更高的要求，只有教师的引导与激发有效落实了，才能促成学习方式的变革，提升学习的品质。

2. 教学行为的转型

研究性教学以研究为基础，要求教师采取多种途径和方式，尽可能提供丰富的教学资源，使学生在积极主动地完成知识的迁移，顺利进入新课题的学习过程中，不断寻找、发现新问题，释放与展现其学习潜能。这与以教师为中心、以教材为中心的接受性教学有较大不同，教师必须充分发挥自己在教学中的主导作用，倾听学生、研究学生，善于捕捉教育时机，善于搭设平台促使学生化解疑难，善于换位思考、科学疏导。

3. 教学模式的转型

研究性教学是基于师生合作的教学。教师是主导，学生是主体，教师与学生是学习与研究的共同体。师生间需建立信任关系，互相激励、相互激发，共同寻找、发现、解决问题，把各自的思想情感真诚地投入到问题情境的创设、解答、再创设的过程之中，使教学成为师生共同参与的充满着“问题意识”的研究过程。

【案例 3－4－1】

一次有益的探究活动

——组织学生探究能否用氯化钡溶液鉴别碳酸钠和碳酸氢钠溶液

一、学习过程中的问题

在教学中曾经遇到过这样一个问题，同学们经常在教辅材料上看到用氯化钡溶液鉴别碳酸钠和碳酸氢钠溶液的习题，由于受到酸式盐碳酸氢钙可溶、正盐碳酸钙难溶的思维定势的影响，多数学生对此深信不疑，但也有一些同学向我提出了有些资料上显示不能用氯化钡溶液鉴别碳酸钠溶液和碳酸氢钠溶液的质疑。为了解决大家的疑惑，并借机培养同学们的探究精神和合作意识，提高实验操作技能，我组织了一次化学课外实验探究活动。

二、我们的探索

1. 活动的组织

在提出了探究任务后，我将同学们分成几个小组，以小组合作的方式，进行实验探索。在和学生讨论决定了实验方案后，组织学生配制浓度分别为 1、0.1、0.05、0.02、0.01、0.005、0.002、0.001、0.0002 的氯化钡和碳酸氢钠溶液。然后根据方案的要求，给各小组分配了工作任务。接下来的探究工作则由各小组独立完成，我主要负责进行指导。

为了确保实验的准确性，同学们都很认真负责。因为担心自来水可能会产生一些不必要的影响，便自己动手制备蒸馏水清洗实验仪器和配制溶液，给每个试管编上号码(或贴上写有反应物浓度的标签)；在浓度选择问题上，为了降低误差全部统一选择等浓度、等体积两种溶液互相混合，充分振荡后，细心持久地观察，详细记录实验时间及相应的实验现象。为了慎重起见，我另配一组试剂单独一组，亲自操作，细心观察，以验证各实验小组的实验报告。实验结束后，由各小组汇报实验现象，并将各组得到的实验现象进行归纳与整理。

2. 现象分析

查阅资料得知 $BaCO_3$ 的 K_{sp}25℃时为 5.1×10^{-9}，根据计算发现当 $NaHCO_3$ 与 $BaCl_2$ 溶液浓度在 0.02～1 mol/L 范围内反应，由于 $Q_c=[Ba^{2+}]\cdot[CO_3^{2-}]>K_{sp}$，故反应均有明显沉淀浑浊，所做实验现象与之基本相符，有一定的参考性。那么如何来解释这个现象呢，结合同学们所学的知识，我们一起探讨，作了如下分析：

$NaHCO_3$ 第一步完全电离出等浓度的 HCO_3^-，第二步 HCO_3^- 发生部分电离：$HCO_3^- \rightleftharpoons H^+ + CO_3^{2-}$，当电离出的 CO_3^{2-} 离子因为溶解平衡被 Ba^{2+} 沉淀后，CO_3^{2-} 的浓度降低，使电离平衡向正反应方向移动，促进了 HCO_3^- 的电离，使电离出的 H^+ 浓度增大。浓度增大了的 H^+ 又与另一部分未反应的 HCO_3^- 结合生成了 H_2CO_3，H_2CO_3 浓度大到一定程度时就会放出 CO_2。推测可能的化学方程式为：$BaCl_2+2NaHCO_3 \rightleftharpoons 2NaCl+BaCO_3\downarrow+H_2O+CO_2\uparrow$，通过测定反应后溶液略已显酸性，同时观察到既有沉淀又有气泡，就是上述反应的有力佐证。

这里可能让人比较困惑的是 $NaHCO_3$ 的水解问题。从以上分析可知，反应放出的 CO_2 气体是来自平衡 $H^+ + HCO_3^- \rightleftharpoons H_2CO_3 \rightleftharpoons H_2O+CO_2$ 向右移动的结果，而不是因为 $NaHCO_3$ 水解被促进而生成大量的 H_2CO_3 分解得来（$HCO_3^- + H_2O \rightleftharpoons H_2CO_3 + OH^-$）。因为 H^+ 离子浓度的增大抑制了水的电离，盐的水解也就被抑制。绝不能认为浓度增大了的 H^+ 离子去中和盐水解产生的 OH^-，从而促进了盐的水解。因为凡是条件变化有利于中和反应，必将对盐的水解产生抑制作用。反过来说，如果 $NaHCO_3$ 的水解被促进，则水解生成的 OH^- 将增多，溶液的碱性也将越强，这是与反应后溶液显酸性不相符的。也可这样想，放出 CO_2 的溶液一定是呈酸性的。若是碱性溶液怎么会放出 CO_2 气体呢？所以在 $BaCl_2$ 与 $NaHCO_3$ 溶液混合的过程中 $NaHCO_3$ 的水解受到了抑制。

3. 实验结论

从上可以看出，$NaHCO_3$ 与 $BaCl_2$ 溶液浓度在 0.02～1 mol/L 范围内反应均有沉淀产生，甚至有气泡发生，而平常实验室中一般使用的试剂浓度也大多在这个范围内，所以认为滴入 $BaCl_2$ 溶液可鉴别 Na_2CO_3 与 $NaHCO_3$ 溶液的方法是不妥的。

三、探索的体会和收获

通过这次实验探究活动，无论是学生还是我个人都从中体会到了合作探究的科学精神。作为一门起源于实验的自然科学学科，本次实验探究活动大大增强了学生们对化学的学习热情，培养了其动手实验和合作探究的能力，这是我们教育教学所真正追求的。

在整个实验的设计和操作过程中，学生们积极讨论、主动参与、乐于探究、勤于思考，其搜集和处理信息的能力、分析和解决问题的能力、交流合作及动手实验的能力都得到了很好的锻炼和提高。

本次学生实验探究活动也给了我很大的启示，更加坚定了我实验教学的信心：只要老师充分相信学生，敢于放手，让学生有一个自行思考和探究的机会，学生的能力才能真正意义上得到培养，而不再只是纸上谈兵。

（中光高级中学教师　王华峰）

二、"研究"与"教学"可以兼得

（一）自主学习五步指导法

由于课程数量和难度的增加，加上中光学生本就存在的学习习惯、学习能力问题，进入高中后，学业分离现象加剧，许多学生开始受困于时间的不够用，以至长期陷入"今天的事情明天做"的恶性循环之中。大部分学生没有明确的学业规划，对学业水平考试、高考的目的及意义等模糊不清，缺乏科学的学习方法，无法根据自己的兴趣和特长进行合理、科学的自我定位。为此,学校制订了学业指导计划,以期为学生找到适合的学习路径。

第一步:自我规划。高一即开始对学生进行人生规划教育,使其对自己有一个正确的自我定位与规划,并在日常学习生活中不断调整目标与行动,从思想、性格、知识、能力等各个方面努力提高自己。

第二步:时间管理。在高中三年的不同时期,通过各种形式的活动,帮助学生学会时间监控的计划、目标与优先级的确定,增强其自我效能感,增强管理动机。

第三步:学法养成。从学生的学习习惯,学习兴趣,听课、笔记方法,学习环节的优化等方面指导学生,提高学习效率。

第四步:合理定向。帮助学生合理定向,指导学生根据自己的学习基础、潜力和未来社会发展的需要,选择符合个人特点的加修学科,以更好地进行职业选择和人生规划。

第五步:走出学习困境。研究学困生的成因、转化的途径和方法,提高学困生的学业成绩,改善学业分离现象,促进其全面发展。

【案例 3-4-2】

选科指导:报考艺术类院校应知晓的几个问题

学业成绩在中等或中等偏下,考上本科希望较小的同学可以鼓励报考编导、摄影和美术等艺术类院校。

1. 招生政策。对文化课成绩要求比较低。根据规定,艺术类院校本科文化录取控制分数线不低于本市确定的第二批次本科录取分数线的 65%(每年会有调整);艺术类高职(专科)专业的文化最低考试录取控制线不低于上海市的高职(专科)批最低录取控制分数线的 70%(每年会有调整)。例:

2011 年上海高考最低录取控制分数线

艺术类本科 文化考试(3+1+综合)		第二批本科 (3+1+综合)	
文科	268	文科	412
理科	255	理科	393

2. “零基础”。艺术类院校对艺术专业起始基础要求比较低，且专业学习周期相对较短。如：编导、摄影专业只需从高三开始学即可。

3. 就业情况。就业门槛低，就业率高。笔者从高校毕业生就业指导服务中心了解到，艺术类专业毕业生在就业时，许多进入了专业的艺术领域，也有很多进入私企工作，如琴行、制衣厂和文化传播公司等。

2010 年毕业生平均就业率对比

	普通类院校	艺术类院校	PK 结果
本科生	77.26%	83.88%	高出平均水平 6 个百分点
专科生	78.37%	85.25%	高出平均水平 6 个百分点

4. 志愿填报。2012 年艺术类本科招生制度进行改革，由原来每个考生只能填报一个批次两所院校变为同时可填报两个批次四所院校。由于原先按志愿优先方式录取，第二志愿几乎形同虚设，考生未被第一志愿录取往往会直接掉到专科批次。而改革后，考生在每个批次均可填报两所院校，即便未被第一批次院校录取，也可进入第二批次，增加了被录取机会。

5. 考试与录取。艺术类专业招生考试分为文化考试和专业考试两部分；专业考试则分为上海市统一组织的专业考试和招生院校单独组织的专业考试两种形式，具体需要视各招生院校的情况而定。考生需要先参加专业考试(一般在1—2 月间)，只有在取得专业考试合格证书后，才可以填报相关艺术院校的专业志愿，之后再参加文化考试(6 月)。

艺术类院校为提前录取，不影响其他高校的录取。考生可以兼报其他普通高校各类专业，都要参加六月份上海市的统一高考，最后以专业成绩和文化成绩按一定比例计算后相加得到的高考总分判断能否录取。所以，报考艺术类院校实际上是多了一次录取大学的机会。

(中光高级中学教师　陈坚)

（二）教学行为“自能”改进四环节

第一环：专题研讨。围绕教学中的实际问题展开，带着需要解决的问题进行教学设计，以探究解决问题的策略和方法进行教学，直面课堂教学中真实的困惑与需求，把问题作为学习研究的起点、依据和验证，从一个个课堂细节的分析对比中，获得解决问题的方法与策略，使教师成为校本问题的发现者、研究者、解决者。

第二环：自我反思。教师不仅是专业发展的对象，更是自身专业发展的主人，在教学实践中保持自我反思经常化、系统化十分重要。在认真分析教师反思中存在的问题的基础上，学校进行有针对性的指导，通过座谈、对话、分享、推荐，引导教师养成反思意识与反思能力。学校还阶段性地把教师的反思、随笔编辑成册，在呈现教师成长发展进程的同时，也使教师感受到研究中的自信与快乐。

第三环：主题论坛。以教师关心的教学问题为主题，让教师参与其中，在互动、探究、研讨、体验中使问题研究更加深入，碰撞出更多的教育智慧火花，创设一种教学、研究、学习同期互动的教师职业生活方式，激发教师个体自觉、主动地追求作为教师的人生意义与价值，促使其不断自我超越，最终达到自我实现的人生境界，享受教育幸福。

第四环：写作沉淀。将感悟、心得、经验、教训转化成文字，为自己或学校留下有价值的研究案例。一是教育叙事，记录成功的教学故事，记下失败的事例或与学生的交流，作为案例研究；二是教育论文，学校定期举办各类评选活动，如学科论文、经验总结、调查报告、课题报告等，促使教师不断实践，整理思想，有智慧地开展教学活动。

【案例 3－4－3】

中光主题论坛（部分）

师生人文素养系列论坛

学生心中的好老师

如何处理教学中的预设与生成

“2020”模式反思

教学中情感目标的落实

阅读与写作的有效互动

怎样在课堂中真正关注学生

如何帮助学困生

让课堂更有序

我的教学故事

……

（三）“2020”课堂模式

“2020”课堂模式是指教师在课堂教学中通过一系列的学生活动（问题设置、探究活动、自主发问、团队合作等），让学生在自主参与课堂学习、探究、体验、思维训练中获取知识。要求教师少讲、学生敢讲，变被动学习为主动学习，变知识学习为知识和能力双要求，变分数学习为思维个性和谐发展的学习。

课堂教学是实施教育的主渠道，是关注学生发展的重要载体。“2020 课堂教学模式”是以提高学生能力和思维品质为特征，以促进学生人格发展为导向，开展师生之间平等对话交流的一种教学模式。在关注学生认知能力发展的同时，重视人文学科的教育，努力达成科技与人文教育的相互渗透与融合。在课堂教学的组织形式上，提倡生动活泼，开展小组合作学习试验，探索培养学生主动学习、学会探究的研究性教学方法、手段和策略，致力于形成有利于创造能力培养的教学方法和策略，把讨论、发言、动手的权利和机会交给学生，把发展的主动权还给学生。

【案例 3-4-4】

课改:在探索中前行
——"2020"课堂教学模式实践反思

刚接触到"2020"课堂教学模式时,我就在想:课堂教学为什么要搞"2020"?为什么不是"1030"?"2020"模式有什么理论依据?"2020"适合我们普通中学的学生吗?通过教学实践结合教育理论,我对"2020"课堂教学模式有了新的认识。

1. "2020"教学模式是素质教育的外在表现

我们提倡素质教育。要改变中国应试教育的现状,不是鼓励学生不参加考试,而是不要扼杀学生的创造能力。

现在的学生表现出较差的创造性,即使一些基础知识比较扎实的好学生也是这样,并不是他们没有创造力,更多时候是因为学生缺乏思考的时间。长此以往,思考的习惯也发生了改变,变得懒于思考。

因此,在课堂中给学生一些独立思考的时间、空间,并适时加以引导,既能保护和促进学生的创造力,也能体现学生学习的主体地位。从这个意义上说,"2020"模式的普适性较强,生命力较旺盛。

2. "2020"模式符合学生学习心理

建构主义认为,知识不是通过教师传授得到,而是学习者在一定的情境即社会文化背景下,借助他人(包括教师和学习伙伴)的帮助,利用必要的学习资料,通过意义建构的方式而获得。获得知识的多少取决于学习者根据自身经验去建构有关知识的意义的能力,而不取决于他们记忆和背诵教师讲授内容的能力。要让学生自主地建构知识,必须遵循他们自己的学习规律,教师单方面的灌输式教育在许多情况下无助于学生形成知识的建构。"2020"课堂教学模式能有效地避免灌输式教学,更加符合学生学习心理。

3. “2020”教学模式与高考、学业水平考试不矛盾

现在的高考、学业水平考试，一方面重视基础知识的考查，另一方面则更注重知识迁移和应用能力的考查。通过丰富的课堂活动，由学生自己建构知识，解决问题，学生的知识迁移和应用能力势必更强。

4. “2020”模式活动设计与教学进度矛盾的解决

课堂中学生活动越多，学生对知识的理解也就越深刻，有利于学生自己建构知识，但是相应地课堂的知识容量势必下降，导致教师和学生难以在规定的时间跨度内完成大纲规定的教学任务。为了解决这对矛盾，课堂中要有所侧重，生成性知识多花时间，重点、难点多花时间，而那些能自学的知识则放手交给学生自己。

5. “2020”教学模式不能落为形式主义

可能有些老师会为保证 20 分钟学生活动而放任教学。“2020”模式是提倡学生自主学习、学生活动为主的课堂教学模式，教师理应提前认真设计学生活动，设计时思考以下问题：这个教学内容上是否需要设计活动，怎样设计活动，怎样的活动形式效果最好，学生在活动中的可能表现等，尽力避免出现低效活动。

（中光高级中学教师　邓霞林）

第四章 让师德的光辉映照在学生身上

雨果曾经说："花的事业是尊贵的，果实的事业是甜美的，让我们做叶的事业吧，因为叶的事业是平凡而谦逊的。"教师就是那平凡而谦逊的叶，用默默无闻的奉献衬托出花的娇艳和果的甜美。"十年树木，百年树人"，踏上三尺讲台，也就意味着踏上了艰巨而漫长的育人之旅。"师者，所以传道受业解惑也。"传道即传授道理，要授学生以道，必先自己懂道，教师的品德和修养是教师专业发展的重要前提，只有对"怎样做一名好教师"这一问题有深刻的认识，才能对自己提出更高的要求。蔡元培先生曾这样说过："要有良好的社会，必先有良好的个人；要有良好的个人，必先有良好的教育。"推而广之，要有良好的教育，必先有优秀的教师，而一个优秀的教师必有一颗充满师爱的心。

第一节　用师爱照亮学生

“没有爱就没有教育。”热爱学生，不仅是教师人品、学识、情感与亲和力的展现，更多的是倾注了教师对祖国、对人类、对未来的热爱。因为有爱，我们才有耐心；因为有爱，我们才会关心；因为有爱，我们才和同学贴心。爱学生成长过程中每一个微小的“闪光点”，是教师最大的乐趣。

当然，教师的爱也不是盲目的。“爱”是一门艺术，我们不仅要能爱，而且要善爱；“爱”要一视同仁，学生没有贫富贵贱之分，他们有一样的智慧和热情，有一样被爱护的权利，我们应该用一样的心去关爱他们；“爱”要以爱动其心，以严导其行；“爱”要以理解、尊重、信任为基础，平等、民主、理解、尊重、信任会使我们更容易走进学生的内心，更好地帮助他们进步。

一、师爱：照亮心灵的烛光

要懂得师爱，首先要知道什么是爱。爱就是指，人们对人或事的一种深厚诚挚的情感，也是人们对某些人和事的宽容、理解和支持，它是不带有任何私利的奉献行为。那什么是师爱呢？我认为：师爱就是贯穿教育教学过程始终的教师对学生的一种崇高情感，是教师以其奉献牺牲的方式与学生密切相处并在相处中完善自己、完善学生的教育活动。所以，笔者认为师爱是人世间最崇高、最伟大、最真诚、最无私的大爱。古往今来，很多名师人师用自己的行动诠释了这种大爱。孔子在他贫病交加、饥寒交迫、报国无门的绝境中仍带领弟子周游列国、传经讲学；近代的武训为办学、育人，沿街乞讨，见人便下跪恳求募捐建校；当今的谭千秋在山崩地裂之时，用自己的生命保护了四个学生的生命；徐本禹把自己的青春热血奉献给贵州贫困山区的孩子们……这些都是对师爱最完美的回答。

有人把教师比作"托起明天太阳的人"。这个比喻非常恰当。"托"，不是像母鸡一样"护"着小鸡，也不是像马戏团那样"驯"着动物。教育是一门高深的艺术，需要我们每一位教育工作者投入全部的爱心来阐释这"托"的含义。

爱是人们身上普遍存在的一种心理需求，爱能拉近人与人之间的距离，而师爱则是人类社会中的一种特殊的爱。一般认为，师爱是指教师在教育工作过程中所表现出的对学生的关心、热爱、尊重以及对学生的严格要求等行为，也有人称之为教育爱。比起人类最本能的一种爱——母爱，师爱则体现为一种社会的、政治的高级情感。苏霍姆林斯基曾说过："教育技巧的全部奥秘在于如何去爱护学生。"教育界普遍认为，热爱学生是教师最为可贵的职业感情，也是师德最直接的物化形式。

师爱是教师对学生无私的爱，它是师德的核心。师爱是熊熊的火炬，点燃学生的梦想；师爱更是指路的明灯，照亮学生前进的路程。

鲁迅先生有句话："教育是植根于爱的。"爱是教育的源泉，教师有了爱，才会用伯乐的眼光去发现学生的闪光点，对自己的教育对象充满信心和爱心，才会有追求卓越和创新的精神。有位北师大的教授曾经说："疼爱自己的孩子是本能，而热爱别人的孩子是神圣!"教师对学生的爱，从本质上说是一种只讲付出不求回报的爱，是一种无私的、没有血缘关系的爱，是一种严慈相济的爱。这种爱是极其神圣纯真的。这种圣洁的爱是教师培桃育李的感情基础，学生一旦体会到这种真情友谊，就会"亲其师、敬其师"，从而"信其道"，也正是在这个过程中，教书育人就实现了其根本功能。

爱心不是教育的全部，但爱心是教育最基本的前提条件。"如果每个儿童的喜悦和苦恼都敲打着你的心，引起你的思考、关怀和担心，那你就勇敢地选择崇高的教师工作作为自己的职业吧，你在其中能找到创造的喜悦。"正因为爱，所以会有创造的喜悦，正因为有创造的喜悦，所以对教育、对学生更加充满爱的情感。真正的教育，正是这种爱与创造永无止境的良性循环。

【案例 4－1－1】

尊重和鼓励让我走进他心里

刚接手这个班级的时候，就听说班里有个叫小伟（化名）的男生，性格孤僻，思想偏激。这个男生每天都会迟到，除了个别自己感兴趣的学科，上课也一直睡觉。据说他还不服从老师的管理，曾经与不少任课老师发生过冲突。这多少让我有些担忧，如果我没有办法帮助这个男生做出积极性改变的话，他势必将会影响到班级的风气和荣誉。带着自己的担心，我向他曾经的班主任和教过他的各个任课老师了解情况。比较遗憾的是，我没有听见任何夸奖他的声音，所有的老师都觉得他的智商和情商异常低，"扶不上墙的一摊烂泥"是大家对他的共识。这些信息使我越发忧心忡忡：毕竟自己是第一次做班主任，没有相关经验，很担心自己没有办法管理好这个班级，小伟一个人就那么多问题，班上还有很多其他问题学生，我该怎么办呢？

走在回家的路上，我告诉自己：别怕，万事总有因果，小伟之所以有这么多的问题，背后一定有原因，只要把问题的根源找到，不怕改变不了他。

之后的每天，我都非常留意他的一举一动。经过一周的观察，我发现他不太关注自己的外表，他的头发较长，而且乱糟糟的，指甲也很长，并且有些脏；他很讨厌受到限制，尤其是那些条条框框的规章制度，比如有一次我在念班规的时候，他就显得很反感；英语老师反映他上课时一直睡觉，并且拒绝做作业，甚至对老师有抵触情绪；同时我还发现他在历史学习方面表现非同一般——上课时表现出浓厚的兴趣，经常举手发表自己的看法，历史成绩在班级里也名列前茅；他对眼前国家的阴暗面看得太多，对社会非常不满……总之，他身上的缺点和优点都异常凸出。为什么会这样呢？

我一直坚信，每个人都会对自己擅长的事情感兴趣，并付诸巨大的热情，其背后的动力就是成功感。我开始揣测:小伟之所以对历史课感兴趣,就是因为他找到了成功的感觉,我打算让他的这种成功感再升一级。于是,我邀请他担任历史学科的课代表。当我和他沟通时,他显得很诧异,因为他从未担任过任何班干部。我鼓励他,并告诉他我会帮他,让他放心,他很高兴。作为历史老师,在此后的历史课上,我总是抓住机会表扬他,他学习历史的兴趣更浓了,成绩也越来越好,稳稳地居于班级前三名。看来我的猜测是对的。那么,他的英语成绩不好肯定也是由于他在这门课上找不到自信。一次午休时间,我走到小伟身边,发现他正捧着英语书发愣。"英语挺有意思的哦",我开始找话题。"有什么意思,一点意思也没有!"他很不屑地说。我并没有放弃,我想我能帮到他:"我上初中的时候,特别喜欢英语,一般半个小时可以背一篇很长的课文,连标点符号都不大错的。你背课文一般要多长时间?"他愣愣地看着我,大概没想到我会和他说这些。"我单词都背不出",他很无奈地说道,话语中还带着点气愤。了解他的机会来了!"我觉得背单词是有方法的,比如 construction 这个单词,如果我们结合音标来记忆的话,就比较省力。再比如……"我话还没说完,他便打断了我:"我基础太差了,初中英语课从来都没有听过,因为当时和英语老师关系不好,英语课我就一直睡觉,到了高中还是睡,反正也听不懂,你刚才说的音标,我也不懂。我学不好英语的,早就放弃了。""那你初中的时候,为什么和老师关系不好呢?"我追问。"因为那个老师说话太难听了。"原来根子在这,这是一个多么敏感、脆弱,并且有着强烈自卑感的孩子啊!经过这次交谈,我开始觉得这个孩子挺可爱的,没有传说中那么不好相处,他只是和别人不太一样罢了,他比别人更需要尊重和鼓励。"把现在作为起点,你的英语一定学得好。有一个学者是 45 岁才开始学习英语的,后来还成了著名的翻译。所以呢,好菜不怕晚。你要相信自己,你也可以的!"我坚信,他可以把英语学好。

事实上,他的历史课代表工作做得并不怎么样,他的作业总是收得很凌乱,还总要我自己去整理缺交的名单。我向他指出问题,并要求他改进,但他总会出现同样的问题，好像我说的话，他从没听进去一样。但即使这样，我也从没想过批评他或者找人代替他的位置。上课时，我还是照常表扬他，我坚信，只要我一直鼓励他，尊重他，他一定会越来越好。

果然，他在英语课上没有再睡觉，迟到现象也再也没有发生在他身上。对于他的变化，我很高兴。那是一种难以抑制的喜悦，我坚信他可以更好。可是，他的指甲和头发还没有剪。是直接跟他谈这个问题，还是想其他的办法呢？仔细思考了一下，我决定还是尊重他的感受，不直说。因此，我组织了一次主题班会，让大家讨论高中生应该具有怎样的形象。这次班会课上，大家讨论的结果是"整洁、阳光、上进"。讨论的过程中，他没有发言，但我看得出来大家的讨论对他有启发。他一直在摸自己的头发，还时不时看看自己的指甲，我猜第二天的早上我一定能看到一个干净整洁的小伟。果不其然，我真的看见了一个全新的小伟在早晨阳光的沐浴下向我走来。正因为他自己的不断改变，他和同学们的关系也开始变得融洽，不再显得那么格格不入。

但是在小伟身上，还有一个可能会影响他以后人生和幸福感指数的问题——他对社会的看法太偏激。在他写的文章中和他回答问题时，都能感受到这种偏激。他甚至觉得目前中国社会的一切制度都是有问题的，永远只关注社会的阴暗面。我暗暗地为他担心，也一直在追寻背后的原因。每个孩子在初到这个世界时都是一张白纸，为什么多年之后，大家会有这么大的差异呢？莫非是家庭环境的影响……对！可能是家庭的影响！我不妨找他的家长谈谈。一次家长会后，我示意小伟的父亲留下。"小伟对社会时政很感兴趣，不知道您在家里是否经常和他一起谈论这方面的事？"我试探地问道。"和小伟倒没怎么谈论过，不过我家里经常来些朋友，我们会一起谈这方面的事。"小伟的父亲解释道。"那你们谈论的时候，批评的声音多吗？"我追问道。"呃，大家在一起吹牛嘛，什么都说，发泄一下，应该批评的多吧！怎么，这和小伟有关系吗？"小伟的父亲不太明白我为什么会问这些。“那我就直说了。你和朋友们谈论社会问题,尤其是批评社会和政府的时候,要关注一下孩子是不是在旁边。小伟目前思想比较偏激,可能跟您有关。他毕竟是孩子,人生观和价值观还不成熟,让他接触阳光的、正面的信息对他的成长会更有利。我这样说,希望您不要介意。”我解释道。“你说的有道理,我和那帮朋友谈论的时候,他(小伟)总是在旁边听的,不肯去睡觉……我以后肯定会注意的。”小伟的父亲恍然大悟。万事有果必有因,我相信在家庭和学校的共同努力下,小伟一定会释放更多的正能量。

小伟的改变让我感慨:世界上没有完全相同的两片叶子,学生也是如此。教育的目的更不是把每个孩子都培养成一样的个性。由于遗传、性格、环境、生活习惯等因素的影响,学生身上存在很多差异,有的听话懂事,有的倔强顽皮,有的聪明伶俐,有的迟钝呆板。作为教师,我们应该承认学生的差异,尊重学生的差异;在教育教学过程中讲究方法,学会鼓励孩子,只有这样,我们才能真正走进孩子的心灵深处。

(中光高级中学教师 孙继珍)

教师的爱与尊重是照亮学生心灵窗户的烛光,学生美好人生的开端掌握在教师手中,教师只有用自己的爱,才能与学生产生心灵的碰撞,才能超越人的自然属性而达到完美的境界。只有以爱心才能教会学生去爱身边的每个人,爱身边的一草一木。教育家马卡连柯曾经说过:“爱是一种伟大的感情,它总在创造奇迹,创造新的人。”如果我的学生是蜜蜂,我甘当采蜜的花朵;如果我的学生是花朵,我一定做好护花的绿叶;如果我的学生是幼苗,我一定当好称职的园丁;如果我的学生是卫星,我一定当好把他们送上万里征程的火箭;如果我的学生是火箭,我一定当好一名火箭兵,用我坚实的肩膀,顶着他们踏上辉煌的前程。

二、师爱:师德的核心内涵

所谓师德就是指教师在教育教学过程中必须遵循的各种道德行为规范。它包括教师的思想观念、精神品质、职业道德等意识形态内容。一个师德高尚的名师人师就是能将这些道德规范内化为自身的素养，并通过对学生无怨无悔的大爱表现出来，这就是师德的魅力，师爱的伟大。对这一问题，我们可以从以下三个方面来理解。

首先，师德与师爱紧密联系不可分割。师德是师爱的本质和灵魂，师爱是师德的表现形式和本质反映。一个具有高尚师德的人，必然会对学生充满爱心，热切关怀，甚至牺牲自己的生命来保护学生的利益。如汶川地震灾区英雄教师夏晓燕舍弃自己的孩子保护学生的生命，映秀小学校长谭国强舍弃父母亲人去救学生等。相反，一个师德低下的教师所表现出来的却是对学生的冷漠、无情和歧视，如前年新闻媒体披露出的"范跑跑"、"杨不管"就是最好的例证。显然，一个对学生倾注自己全部爱的教师肯定是一个师德高尚的名师、人师，也就是我们古训所说的"德高为范"的魅力所在。

其次，师德要靠师爱来表现。师德再崇高没有师爱来表现那只是空谈，空有一腔热血是没有任何意义的。只有通过师爱的实践行动，才能使学生健康成长，才能为社会培养更多更好的人才，才能使师德绽放魅力。

此外，师德的魅力在于师爱或师德本身就是人类社会最崇高的道德，师爱是人世间最伟大的爱，如果将二者融于一体那就会形成"无伦比"的"忠与爱"，就会绽放出"无穷际"的"光和热"。像我们老一辈的国学大师季羡林，教育家叶圣陶、陶行知等都是将师德和师爱融于一身的典范。

三、提升师爱的精神境界

教师对学生正确履行师爱，是正确引导、教育、培养学生的关键。那么，怎样才是正确履行师爱呢？我认为必须做到如下三点：

首先，包容而不是放纵无度。中学生处在生理、心理发育成长期，世界观、人生观、价值观还没有形成，在生活学习中有很多矛盾、困难和问题解决不好，容易产生错误。作为教师，我们对学生出现的错误缺点必须理解和包容，决不可以不分青红皂白加以批评处罚。例如对于学生经常迟到、上课打瞌睡甚至不交作业的现象，最常见的处理方法就是罚站、做清洁、抄书。我认为这种做法太草率，因为并没有尝试找到出现这些问题的原因，是由于身体生病,家庭突然变故,还是学科成绩不平衡?只有帮学生解决了出现这些问题的原因,才能从根本上防止这些错误的重复发生。当然,如果是学生故意屡犯,适当的处罚是必要的。这就是我们要达到的"宽而不纵"、"严而有度"的科学师爱。

【案例4-1-2】

严而有格,爱而有度

俗话说:"严师出高徒"。作为班主任,既要在思想、学习、行为规范上严格要求学生,又要对学生付出真诚的爱心和真情的关心,在任何时候都要把"严"和"爱"结合起来。班主任对学生成功的教育,都是严爱相生,刚柔相济的。严,即班主任要严格要求,严格管理,不放松,不迁就;爱,是对学生真诚宽容的爱,没有爱就没有教育,失去了爱的教育是没有生命的教育。

我们班的张某,顽皮好动,经常大叫大笑、张口骂人、乱扔东西、走路横冲直撞,上课说话,干什么都肆无忌惮,搞得全班整天不得安宁。无论困难多大,教育好学生是老师义不容辞的责任。那么,怎样才能驯服这匹脱缰的小野马呢?首先,与家长密切配合,了解他的过去。通过了解得知,他是家中独子,爸爸妈妈很溺爱他,无论什么都依着他的意,时间久了,使他养成了放纵、霸道的毛病。后来,他妈妈意识到问题的严重性,赶紧更正,可此时打、骂、说服、教育都无济于事。三天两头地挨骂,又使他变得天不怕,地不怕了。常言道:解铃还须系铃人。要想使孩子改变,家长必须密切配合。为此,我经常与家长互通情况,交换意见,这在孩子的转变过程中是很关键的一步。

其次,细心观察,因势诱导。每个人都会有缺点,也都会有优点。张某虽然存在各种缺点,但只要细心观察,就能发现隐藏在他缺点后面的闪光点:性格开朗、理科成绩突出、重感情、做事有能力、善于表现自己。发现了这些优秀的方面,我便逐渐利用它们来克服张某的缺点。我有意把班里的一些事情交给他去做，让他在为集体和同学们做好事的过程中获得自信和荣誉感。我的爱如春雨般滋润他的心田，在爱的召唤下，他的心不断向我靠拢，开始愿意听我的话，做我让他做的事。渐渐地，付出越多，收获越大，最终他以优异的成绩考入一本。现在只要回母校，他都不忘回来看我。

那些已经毕业的学生中，过了很多年仍会记得班主任的大多都是以前的调皮分子。他们对老师充满感激，因为在成长的关键时期老师为他们指引了正确的方向，让他们学会了做人，找到了工作，开始了幸福的生活。班主任面对的是一个个性格迥异、思想不同、生龙活虎的孩子，做好班主任工作并不是一件简单的事，关键在于创建融洽默契的师生关系。爱学生就是尊重其人格，俯下身子来看待学生，尊重学生的兴趣爱好、个性特点，无微不至地关心他们。我们的目光，应该超越现在，投向遥远的未来。只有做到“严中有宽，宽中有爱，爱中有教”，方能建立健康向上的师生关系，方能有效地培养学生良好的思想品质和行为习惯。同时，我们更应该培养他们独立、创新、自信和坚强，只有这样，才能使他们有能力面对未来，面对无论来自何方的严峻挑战。

（中光高级中学教师　王伟敏）

其次，关爱不是包办宠爱。由于学生个人的学习特点、家庭情况、生活环境以及个性特征的不同，在平时所表现出来的困难问题也不一样。如学习方面，有的学生表现为过于自信而骄傲自满，有的表现为过于自卑而失去信心；在个性特征上，有的性格内向不愿意与人交流，有的性格开朗但又过于张扬；在生活环境和家庭状况方面，有的家庭因生活条件好衣食无忧而过于挥霍浪费，有的家庭却十分困难，连生活费都没有保障甚至有辍学的危险。针对这些情况老师要区别对待，对于困难自卑的学生要用爱心温暖鼓励，引导其树立自信自强的勇气，与困难作斗争；对于那些过于自信骄傲自满和不珍惜劳动果食有挥霍行为的学生，要善于引导教育，让他认识到骄傲必然落后的道理，并带领他们到贫困家庭调查、考察、体验生活，让他们认识到关爱资助贫困同学的必要性，还可以帮助他们建立起互帮互助的桥梁纽带，使学生的思想品质在这些活动中得到升华。这也就是我们要达到的“关爱与自强统一，爱心与自立融合”的师爱境界。

再次，教师对学生的爱不仅表现在关爱学生上，更要求对家长的尊重和理解。在我们的教育实践中，常常有教师把学生不听话、经常违纪违规的行为迁怒于家长，认为是家长对孩子要求不严或是不负责任，对孩子不闻不问听之任之，才最终导致孩子劣性难改。教师们这样的思想不但不能教育学生，连家长也一起伤害了。相反，一位有爱心师德高尚的教师，他会做深入实际的调查，根据不同情况区别对待，即使家长真的出现这种现象也绝对不能迁怒责难，要尊重他，与家长共同商讨教育孩子的正确方法，这样才能得到家长的支持，形成学校、家庭的合力，促进孩子健康成长。正如苏霍姆林斯基所说：“学校与家庭是两个并肩工作的雕塑家，有着相同的理想观念，并朝着一个方向行动，在创造人的工作上，两个雕塑家没有相对对立的立场是极其重要的。”

第二节 为自己工作

“我们是在为谁工作?”这是我们上班第一天就应该想清楚的问题。正如我们经常问学生的那个问题:“你在为谁学习?”

中光高级中学作为一所普通中学,部分学生学习态度存有偏差,学习习惯也不太好,他们坐在课堂里似乎只是为了应付家长和老师,以至于经常在办公室听到老师苦口婆心地教导学生:“你是为谁学习的? 你不是为我,也不是为你父母,是为了你自己将来能考一所好的大学,能有一份好的工作。”可惜这些处在成长期和叛逆期的孩子们却未必能懂老师的用心良苦,他们照样我行我素,为了“家长的期望”和“老师的要求”继续混日子。也许只有将来当他们身处于激烈的社会竞争中,才能领悟老师当年的谆谆教诲。可惜,有些人明白的时候已为时已晚,以致发出“少壮不努力,老大徒伤悲”的感叹,后悔不已。

作为师长的我们,为年轻孩子们的错失痛心不已,总会不自觉地发出感慨。“唉! 早知如此,何必当初! 如果能早点认识到学习是为了自己,可能很多孩子的命运会与现在不一样!”遗憾的是对于自己,我们却往往缺少清醒的认识,很少有人愿意静下心来问问自己“我是为谁工作?”我们常常抱怨工作的繁忙、事务的琐碎,对于领导布置的任务能应付就应付,能偷懒就偷懒,似乎工作只是为了学校,为了领导。等到终于明白“工作是为自己”的时候,恐怕人生已过了大半辈子,于是,也只能浑浑噩噩,得过且过,做一个平庸的人。

当然,许多人从小受到的教育便是“好好学习,将来为祖国为人民而努力工作”。周恩来总理也用自己的实际行动教育我们“要为中华之崛起而读书!”的确,我们努力工作,创造佳绩,对祖国有好处,GDP 增加了那么一点点;对学校有好处,学校会增添一些声誉;对学生有好处，学生会取得更好的成绩，考入更理想的大学。可是，我们要知道，地球离了谁都会照样转，假如你不在这个岗位上，总会有别人来代替你。所以，努力工作最大的受益者是自己，因为你没有失业，你得到了报酬，你提高了能力，你实现了自己的人生价值，你的人生更充实了，你的生活更幸福了。

一个人如果没有正确的观念，没有积极的态度，就会不断地重复犯错误。学习如此，工作如此，人生亦如此。因此，人生的各个阶段都要持有正确的观念，才会引导正确的行为，才能拥有正确的结果。

一、心态决定成败

职场上的竞争，表面上看是技能的竞争，实质上是心态的竞争。我们对待生活、对待工作的态度决定着我们的行为，而行为带来结果。所以，从某种意义上说，态度可以决定人生的成败。

放眼周围那些成功者，难道他们都是我们当中智商最高的人吗？情况并非如此。一些成功者在学校里读书并不是成绩最好的，但是，他们一定是最积极上进的。无论是生活、学习还是工作，他们都充满激情、乐观自信，他们能够适应社会的变化，从不抱怨，总是持有积极的人生态度。而那些失败者，则常常抱怨工作、抱怨社会，其态度是消极的，终其一生，也难有真正的成功。

一个人能否成功，关键在于他的心态。成功者拥有积极的心态，他们始终用积极的思考、乐观的精神正确地处理所遇到的各种困难、矛盾和问题，并最终能收获成功的人生。而失败者则习惯于用消极的心态面对人生，他们总是受过去或别人的失败经验引导和支配自己的行动，他们空虚、畏缩、消极、颓废、悲观、失望，不敢也不去积极解决人生面临的各种问题、矛盾和困难，只能是一事无成，走向失败。也就是说，我们现在所处的境遇，并非由别人决定，也并非由环境决定，而完全由我们自己的心态决定。我们的心态在很大程度上决定了自己人生的成败。

作为教师，我们每天都面对着这样或那样的麻烦和困难，学生的不听话、家长的不配合、领导的不理解、家人的不支持等等。工作过程中的不确定性、累、繁琐，难免心生厌倦。

但我们应该抱有良好的心态来面对，学会自我调整：

1. 对自己工作岗位的认同，寻找荣誉感和归属感，为职业心态寻求平衡点。只有肯定了自己工作的意义才能用心去做，有了荣誉感和归属感，才能以主人翁的态度去面对，以主动的方式去工作。

2. 理性地把工作和生活分开。要认识到教书育人只是工作职责，不是生活的全部，这样生活就不会因工作带来压抑感。不要把工作上受的委屈带到生活中，更不要把生活上的情绪带到工作中。

3. 适当的自我宣泄。我们的工作性质决定了压力的存在。教学质量的要求越来越严，社会和家长对学校和教师的期望值越来越高，学生的个性和自我越来越凸显，适当的宣泄调节才能更好地排除压力，重新精神饱满地出现在岗位上。

4. 给自己立一个美好积极的未来，为了实现梦想而不断努力和提高。

学校的发展，离不开充满干劲的我们，我们的成功，离不开积极向上的心态。换一种心态，生活就会多一点欢笑，少一点忧愁，多一份好心情，少一分坏情绪，这样我们就能更有信心地面对我们的工作。

二、付出总有收获

俗话说：一分耕耘，一分收获。但现实中有耕耘无收获的情况，却也有之。辛勤的劳作，无数的汗水，付之东流，很多时候付出和收获是不相称的。王安石说“尽吾志者而不能至也，可以无悔矣”。一分耕耘，一分收获，这是中华民族祖先流传了千古的至理名言啊！在人们的心中，有着一架分毫不差的天平，它是劳动者唯一的法门，只有付出了血和汗，才能得到它们的洗礼！如果希望过美好充实的生活，就必须认真努力地工作，人生于世，想要有所收获就一定得付出辛劳。不经意的付出而得到收获的例子在我们的生活中随处可见：小时候，在父母不厌其烦的唠叨声中慢慢长大，总觉得父母的嘱咐、叮咛没什么用处，但不管怎样还是一次又一次地听了；明知道学习是一件苦差事，但还是会在父母的啰唆和老师的孜孜不倦的教诲中付出自己的全部精神，认真地念好书。原以为这些都是没什么大不了的。可是，当我们长大以后，发现自己可以得心应手地处理周围的事务时，我们才会意识到，一直被自己当作废话的，却是金科玉律，它在不知不觉中已经起到了积极的作用。这时回首一下，会心一笑，心里是甜甜的，这就是昔年付出的回报。古人云："吃得苦中苦，方为人上人"。想要工作和事业上做到最好，想要实现自己的人生目标，不付出努力是不可能的。正所谓"梅花香自苦寒来，宝剑锋从磨砺出"。世间万事都是这样的一个道理：有付出才有收获。

【案例4-2-1】

给一个平台，他也可以优秀

早晨，7点20分踏进教室，班级里晨扫已经完成，作业也都已交齐送到老师办公室。课代表正站在讲台前领读，一切都是那么井然有序。我微笑着用询问的目光看向我们的班长，他在座位上悄悄给了我一个"OK"的手势，让我放心。

还记得上学期，每天早晨踏入教室，看到的却不是这番景象。那时候，教室里乱哄哄的，有交作业的，有忙着晨扫的，有课代表催交作业的，有窜来窜去不知道在干吗的。而这一变化的功臣，应该就是我将目光投向的正在跟着课代表认真读书的班长。

自修课上，教室里有轻微骚动，我悄悄地走到教室后门口，听到班长正轻声地说："某某某，不要讲话了，快做作业！"那位同学吐了吐舌，很不好意思地低下了头。教室又再次恢复了安静，只有轻微讨论问题和写字的声音。这份安静也应该归功于他——我们的班长吧！

我们的班长——杨懿铭。

看他如今在班级里这么有威信，班长工作做得有声有色，我的思绪不由得回到半年前……

一、"我还是当个平民百姓吧"

半年前，高一(3)班刚刚组建，这是一个全新的集体。为了更好地了解班级学生，我让每个人都写了一份自我简介，并告知是否愿意为班级服务，愿意自荐担任何种班干部。这也是新班级的常规工作。

由于我们学校是个普通中学，对于班级同学的能力如何我心里也大致有数。更多的，我看重的是他们为班级、为集体服务的那份心。果然，从收上来的自我简介看，大部分同学都写着愿意为班级做事，并积极自荐职务。但其中有张自我简介上写着："我还是当个平民百姓吧！"署名是杨懿铭。

看着这张自我简介，我陷入沉思：是什么原因让这个孩子直白地拒绝担任班干部，为班级服务呢？我注意到虽然也有几个同学没有给自己自荐职务，但无一例外都写着，"如果有需要自己的地方，很愿意为班级服务"。这个孩子怎么回事呢？是个性很"独"很"刺"吗？还是有其他什么原因？

我再次翻看他的初中档案，发现他在初中阶段没有担任过任何职务，没有出彩的地方，也没有任何不良记录。这样的孩子，应该不会很"独"很"刺"吧！

在后面几天军训中，我一直在偷偷观察他。他和同学相处得很好，有说有笑，看得出性格很开朗，如果加以培养，会是很好的班干部苗子。这和他那句很"独"很"刺"的话留给人的感觉完全不一样。

再后来几天，我发现，他虽然和同学关系不错，但是对于集体的事，他都是随大流。我突然放下心了，这只是一个普通的小孩。在团体中总有那么一些普通随大流的孩子，这不奇怪。但我还是对他那句"我还是当个平民百姓吧"心存疑虑。

我想，和他谈谈吧！写下那句话时，他到底是怎么想的呢？

"其实，我只是不喜欢出头，老师。我在初中的时候一直是普普通通的。"他说。

这句话看似普通，但背后却可能折射出两种心理状态。可能是"独"，喜欢独来独往，缺少集体荣誉感，不愿意为班级作"与己无益"的付出；也可能是心里的不自信，觉得自己的付出"无用"。

"哎呀，老师，我们班有才能的人很多，我也不喜欢做什么班干部！"

这次,我听出来了,不自信是根源,不喜欢是掩饰,是给自己留面子。

于是,我去找和他同初中的同学聊天,原来他们的初中是嘉定区最好的初中,里面高手如云,而考进我们学校的这些学生在他们那算是差生。我忽然明白了,长达四年的“差生”生涯,很显然打击了他的自信心,消磨了他的“雄心壮志”。

我再次想到了自己班级的情况。考进我们学校的学生都是普通学生,除了极个别发挥失常的学生外,大多数和杨懿铭一样,长期被优秀学生的光芒掩盖,自信心不足,又因为缺少激励,进取心、积极性就不高。如果不解决这个问题,整个班级也许会变得沉闷,变得“未老先衰”,学生学习上也会很被动。

可以改变这种现状吗?我发现军训时,他对教官布置的任务都完成得很好,在和别的班级比赛时他也很“拼”!这是一个负责任、有集体荣誉感的孩子。这样的孩子潜力很大,怎么可以因为自信心不足就埋没了呢?

二、给予机会,挖掘潜力

军训很快结束了。开学后,班干部评选开始,杨懿铭没有评上任何职务。我观察到他还是略有一点点失落,又有一种理所当然的释然。我猜测失落是因为他还有上进心,释然是因为他觉得自己本来就不行,这样的结果不奇怪。

为每一个学生的发展服务,是我们老师应尽的责任。我们表扬优秀学生,我们关注落后学生,但对于中等学生我们是不是忽视太多了呢?我相信每个学生都是优秀的,只要给他们展示的舞台。

于是,我决定先让杨懿铭担任物理课代表。他有点不情愿。我问,“为什么?”他沉默。我告诉他,课代表的工作很简单,只要收、发作业,偶尔帮老师做点事。“你难道不愿意为班级出一点点力吗?”他勉为其难同意了。

负责任的态度,让他的物理课代表工作做得很好。物理老师几次表扬他,我也不遗余力地夸奖他,我看到他笑了,笑得有点不好意思,又有点得意。

校运动会即将开始，我们班级正排练入场式。体育委员在前面领队，队伍中还需要有一个领喊口号的同学。选谁呢？同学们七嘴八舌地讨论着，我的目光也在队伍中搜寻。我看到他正看着我，面上的表情跃跃欲试，却嘴巴紧闭，不肯开口。我知道，这是多数中等生的常态，很愿意做，却不会自荐，希望老师能够慧眼识珠指定他。于是，我说："让杨懿铭来领吧！"果然，杨懿铭气沉丹田，一声吼出，效果极佳。

在后来运动会的总结会上，我再次表扬了杨懿铭领喊口号的工作完成得很出色。

渐渐地，杨懿铭开始改变了，最明显的就是对班级的工作更积极了，不再总是被动完成老师的任务。

我想，再推一把，他就能够完成真正的蜕变吧。

一个月过去了，班级临时班委改选。

改选前，我问他："杨懿铭，这次你会积极竞选，不会再要做平民百姓了吧？"

他笑了笑，说："好！"

我笑笑，心中还是有些疑虑。"好"在他心中，是在答应我的要求，而不是自己争取。看来要让他真正树立自信，主动争取还是有点难度。改变中等学生的被动心态任重道远啊！

我再次鼓励他，列举他的种种优点，告诉他同学对他的肯定。

"那，我要竞选班长！"他笑得神采飞扬，前所未有地充满自信！

可是，他未能如愿以偿，最终，班级同学推荐他担任纪律委员。

三、成功不是一蹴而就，坚持才有最后的胜利

宣布选举结果时，我看到他脸上的自信得意一下子消失了。他趴在了桌子上，就连同学们恭贺他当选纪律委员时，笑容都很勉强。

在之后的工作中，他明显缺乏工作积极性，对于老师布置的任务变得不以为

然，行为表现上开始"油"了起来。但是，我知道这孩子的"油"只是他掩饰自己受到打击导致不自信的一种表现，就如同他开学初表现出的"独"一样，是一种表象。

可是，不解决他的心理问题，这种掩饰就会变成他自己都深信不疑的事实。

我再次找他谈话。

他和我谈了很多。他说，同学们还是选择临时班长担任班长，自己再怎么努力也没有用。他说，班长做得很好，他也确实比不上人家，所以也不想比了。他觉得本质上自己只是一个"平民百姓"，做"平民百姓"才是最适合他的。

他否定自己的努力，又开始缺乏自信，给自己定性为"平民百姓"不过是他逃避失败的手段罢了。他"怕"失败，"怕"的背后仍是不自信。

我问他，"同学们信任你吗？""你凭借什么获得了同学的信任呢？""你知道纪律委员职责的重要性吗？""班长和你的区别在什么地方？""你的付出是有成果的，你为什么要否定自己的成绩呢？"

他沉思，他回答，他辩解，最后终于明白了。

我特别指出，班长和他最大的区别在于班长更早地展示了自己积极的态度，而他在开始时过于被动。但我们班级刚成立一个月，时间还长着呢，任何事没有一蹴而就的，坚持到最后，才能证明自己行还是不行！

我告诉他，能够让同学们认可并推举他担任纪律委员其实已经是成功了。纪律委员是仅次于班长的重要岗位，是他发挥自己才能的舞台。

"我相信你会做好纪律委员的工作，更相信你的能力不仅于纪律委员，还会更进一步！"我说。

此后，他又变了。他对班级事务再次变得积极主动。他告诉我，在下学期班干部改选中，还想竞选班长。

这一次，他如愿以偿！

现在，看他成长为我们班成熟的班长，我的心中充满欣喜。

四、中等生，缺少的只是机会

杨懿铭只是众多中等生中的一个。到了一个新的环境中，在老师的鼓励和同学的肯定下，他慢慢地由不自信变为自信，由被动变为积极，由“自扫门前雪”变为积极为集体服务，由一个普通同学变为一个优秀的班长。他的进步，让我看到了中等生的潜力。

中等生是班级中最容易被忽视的群体。他们安静，守规矩，老师不必为他们烦恼；他们安静，不出挑，老师不会为他们骄傲。他们也许有能力，可是长期的漠视挡住了他们前进的步伐；他们也许有激情，可是自信心不足让他们胆怯，不敢表现。

忽视他们是我们老师最大的失职。因为，他们只需要一个舞台，只需要给他们足够的鼓励，让他们充满自信，就会发挥出最大的潜力。他们的进步让人吃惊，他们定会证明自己很棒！

（中光高级中学教师　张慧燕）

三、为自己工作到最好

为自己工作到最好！不需要别人督促，不论身在哪个岗位，都是自己的工作，自己主宰自己，自己监督自己，自己对自己负责，自己想办法完成自己的任务。一切都是自己的，怎好去问别人该如何做，怎好让别人替自己做，怎好找借口不给自己做。

为自己工作到最好！就不会懒惰、不会抱怨、不会消极、不会怀疑、不会马马虎虎、不会推诿塞责、不会投机取巧，更不会随便跳槽。因为你要生存，你做的一切都是为了生存，一切恶习都会成为你生存的障碍，你不会放纵恶习而断掉自己的生路。你无槽可跳，因为一切都是你的，跳到哪都是一样，每个槽里都放着同样足够的食物，你知道这些都属于自己，何必辛苦地跳来跳去，不知选择哪个？

【案例 4－2－2】

为自己工作到最好！

每个人在第一次做一件事情时都是没有经验的，但万事总有第一次。7月中旬，当我刚刚办完入职手续，还在为成为一名光荣的人民教师感到欣喜之时，便接到8月初要带学生去参加军训的消息。从学生到教师，从被父母、教师管理二十多年的孩子，一转身变为一位对42名学生负责的小家长，内心更多的是一种惶恐。

但当一周军训结束后，回头思考总结时，我才真正意识到这是我获得成长的一次机会。在这一周内，如何向各位有经验的班主任学习，如何了解关心学生，如何有序组织一天的各项工作，是挑战，更是一个教学相长的机遇。

于是，在接下来的一年见习期内，我努力把握住各种机会，如同海绵一般吸取着每一处我可以吸纳的养分。细心观察带教师傅是如何依据自己班级学生特点管理班级，如何让班会课成为一堂堂精彩的德育课堂等等。当见习期满，我被安排做正式班主任时，一年的积累让我在面临这个新机会时少了几分慌乱。无论是浏河营地军训、东方绿舟的国防教育，还是带学生外出春游、秋游时的安全教育，对我来说不再是一片陌生、茫然。

但毕竟自己是摸着石头过河，很多事情还要学习和积累。我珍惜学校组织的每次班主任外出培训机会，向身边优秀的班主任请教问题学生的管理心得，并做好笔记记录下一个个值得我学习和借鉴的好做法。

但我也深知，并不是所有的方法都可以生硬地照搬照用，带出有自己特色的班级才是我的最终目标。此外，确定自己的治班理念也很重要，如何在学校总体办校理念引领下，结合班级学生特点，制定治班理念；如何运用培训学到的适合的好方法，做一名扬长避短的班主任，培养一个好的班级，都成为我思考和学习的问题。细心研究这个年龄段的学生特点是什么，我班级学生的独特之处在哪里，我尝试着做到因材施教，从每个个体学生的特点入手，制定出真正适合我班级的管理模式。此外，我还会和任课教师密切交流，了解每个学生的性格特点，为他量体裁衣制定出每个阶段的学习目标，并依据每个孩子的个性确定与他交流的方式等等。

在每次的摸索和效仿中，我体会到了教学相长的好处，看到了学生的进步，也感受到了自己的成长。常言道：机会是留给有准备的人。同样，机会也是留给愿意用心去学习的人。我们要为自己工作到最好。

（中光高级中学教师　王　莹）

为自己工作到最好！忠诚是为自己，敬业是为自己，服从是为自己，信用依然是为自己。除非你根本不想为自己工作，把这一切都当作别人的，总以为是在为别人做，所以心里才会有太多的不平衡，所以才总有借口不去做，以为这样就会得到你想得到的。别人耕耘，自己来收获，这不就是天方夜谭吗？

第三节　心动不如行动

世界上有两种人，一种是空想家，一种是行动者。空想家善于谈论、想象、渴望。可是，无论他们想得有多好，那都只是梦而已，并非现实。行动者，总是通过自己的付出和努力，把现实打造成梦的样子，也许没有梦想完美，但是却是实实在在地拥有。

一、把现实打造成梦的样子

有这样一个哲理故事。

三个旅行者徒步穿越喜马拉雅山，他们一边走一边谈论一堂励志课上讲到的凡事必须付诸实践的重要性。他们谈得津津有味，以至于没有意识到天太晚了，等到饥饿时，才发现仅有的一点食物就是一块面包。

这几位虔诚的教徒，决定不讨论谁该吃这块面包，他们要把这个问题交给老天来决定。这个晚上，他们在祈祷声中入睡，希望老天能发一个信号过来，指示谁能享用这份食物。

第二天早晨，三个人在太阳升起时醒来，又在一起谈开了——

"我做了一个梦，"第一个旅行者说，"梦中我到了一个从未去过的地方，享受了有生以来我一直孜孜以求而从未得到的难得的平静与和谐。在那个乐园里面，一个长着长长胡须的智者对我说：'你是我选择的人，你从不追求快乐，总是否定一切，为了证明我对你的支持，我想让你去品尝这块面包。'"

"真奇怪，"第二个旅行者说，"在我的梦里，我看到了自己神圣的过去和光辉的未来。

当我凝视这即将到来的美好时，一个智者出现在我面前，说：‘你比你的朋友更需要食物，因为你要领导许多人，需要力量和能量。’”

然后，第三个旅行者说：“在我的梦里，我什么都没有看见，哪儿也没有去，也没有看见智者。但是，在夜晚的某个时候，我突然醒来，吃掉了这块面包。”

其他两位听后非常愤怒：“为什么你在做出这项自私的决定时不叫醒我们呢？”

“我怎么能做到？你们俩都走得那么远，找到了大师，又发现了如此神圣的东西。昨天我们还在讨论励志课上学到的要采取行动的重要性呢！只是对我来说，老天的行动太快了，在我饿得要死时及时叫醒了我！”

如果前两个旅行者不是从一开始就在做梦，那么他们也不会吃不到面包。所以说，干什么事情心动是不够的，只有行动起来，才能有所收获。

就像我们的工作一样，当领导交给你某项任务后，你必须立即行动，而不只是空想，我先干什么，会遇到什么困难，怎么解决，如果完不成任务该怎么做……如果等到“万事俱备”后再行动，那么你永远也不可能完成这个任务。因为我们想到的问题，未必就是现实会发生的事情。一旦陷入自己所编织的事情里，必将顾虑重重、不知所措，从而不知道该何时、从哪着手做这件事，时间就会一分一秒浪费掉，时间是不等人的。

二、展示行动的力量

什么是世界上最近的同时也是最远的距离？可能每个人都有自己不同的答案，而我的答案是“从心动到行动”。为什么这么说呢？有些人心动时，就立刻将之化为行动，这就是最近的距离。有些人心动时，却迟迟无法化为行动，也许是一天、十天，也许是一年、十年，甚至是一直到死，仍未将心动化为行动，这不是最远的距离吗？

一百次心动，不如一次具体的行动，而且应该是马上行动。

传说有一种小鸟，叫寒号鸟。这种鸟与众鸟不同，它长着四只脚，两只光秃秃的肉翅膀，不会像一般的鸟那样飞行。

夏天的时候，寒号鸟全身长满了绚丽的羽毛，样子十分美丽。寒号鸟骄傲得不得了，觉得自己是天底下最漂亮的鸟了，连凤凰也不能同自己相比。于是它整天摇晃着羽毛，到处走来走去，还洋洋得意地唱着："凤凰不如我！凤凰不如我！"

夏天过去，秋天到来，鸟们都各自忙开了。它们有的结伴飞到南边，准备在那里度过温暖的冬天；有的留下来，整天辛勤忙碌，积聚食物啦，修理窝巢啦，做好过冬的准备工作。只有寒号鸟，既没有飞到南方去的本领，又不愿辛勤劳动，仍然是整日东游西荡的，还在一个劲地到处炫耀自己身上漂亮的羽毛。

冬天终于来了，天气寒冷极了，鸟们都回到自己温暖的窝巢里。这时的寒号鸟，身上漂亮的羽毛都脱落光了。夜间，它躲在石缝里，冻得浑身直哆嗦，不停地叫着："好冷啊，好冷啊，等到天亮了就造个窝啊！"等到天亮后，太阳出来了，温暖的阳光一照，寒号鸟又忘记了夜晚的寒冷，于是它又不停地唱着："得过且过！得过且过！太阳下面暖和！太阳下面暖和！"

寒号鸟就这样一天天地混着，过一天是一天，一直没能给自己造个窝。最后，它没能混过寒冷的冬天，终于冻死在岩石缝里了。

我们都会嘲笑故事中的寒号鸟，因为拖延最终送掉了自己的性命。然而现实中，很多人都有拖延的恶习，不自觉地成了"寒号鸟"，只是有时候我们意识不到。人们都有这样的经历，工作计划定得很好，但在实际执行的时候就变了样，便为自己找很多借口，"再等一会"，"来得及"。往往机会就在拖延中与自己擦肩而过，人生最终一事无成。

让我们立即行动起来吧！即使会发生错误，但最终你会发现，立即行动已变成你生活的一部分。虽然有的时候，事实与自己的想象相差很多，但就像我们的设计图一样，不会是一成不变的，而是在行动中一步步经过调整和实践出来的，这样才会变得更好。

第四节　让别人因我的存在而幸福

幸福，是一个美妙的词。

“让别人因我的存在而幸福”，则是幸福中的幸福！

每个人对于幸福的理解和诠释都不尽相同。于商人而言，赚更多金钱是幸福；于政客而言，获取更多选民的支持是幸福；于农民工而言，攒足钱回老家盖一栋房子是幸福；于学生而言，考取高分进入理想的学校是幸福……那么，身为老师的我们，什么是幸福呢？我以为，培养学生独立健全的人格，给予学生尊重与自由，通过自己的努力和付出帮助学生实现自己的理想从而也实现自身的价值，让别人因我的存在而幸福就是最大的幸福！

一、理解，让人幸福

要做一个让学生感到幸福的老师，首先就要学会理解学生。

我们所面对的高中生，是介于孩子与成年人之间的“小大人”。高中生处在一个特定的年龄阶段，其心理处于半幼稚、半成熟的状态。一方面，他们不同于小学生，把老师的话奉为圣旨，言听计从；另一方面，他们又缺乏对生活和社会的认识，成人感和幼稚性并存。不论是在个人生活的安排上，还是在对人生与社会的看法上，高中生都开始有了自己的见解，有了自己活动的空间，如做事情不愿意让家长参与，不愿意让家长进入自己的房间等。这一时期的学生智力发展已接近成熟，抽象逻辑思维正从“经验型”向“理论型”急剧转化，情感日益深厚、稳定、带有闭锁性。不愿意与家长、老师表达自己的想法，而是将其隐藏在内心世界或记载到特殊的笔记本中。因此,高中学生更需要老师的理解。

古往今来的中外教育经验都表明,教育的成败得失,一个关键就在于理解,在于教师对学生的理解,并在理解的基础上采取相应的教育措施。换而言之,理解是教育成功的一个前提条件。道理很简单:只有理解了学生,才能建立融洽的师生关系,教师才能采取适当的教育措施,春风化雨,使学生理解教师的良苦用心,进而信师亲道,勤学奋进,最终使教育成为成功的教育。如果离开了理解,教师就不会从学生的实际出发,就不会照顾学生的情感体验,就不会把握教育的真谛,相反只会从课本出发,照本宣科,使教学无非是灌输知识,学生无非是规训的对象,学校无非是产品的加工厂,教育将不可避免地成了一种冷漠的泯灭人性的活动。这样的教师又怎么会让自己的学生感到幸福呢?

理解有时是对人生的一种领悟,或者说是一种彻悟。只有胸怀坦荡、敞开心扉的教师,才会用人性的善良和爱心,去理解学生的想法,理解学生的需求,理解付出的内涵与本质。

理解是幸福的基石。因为理解与被理解是孪生的,理解会给学生带去幸福,而被理解会让我们自己幸福。在别人的快乐与自己的愉悦里,理解与被理解,付出与得到,当中是一种情感的归依。当心灵没有累赘时,当回忆没有悔恨时,那或许就是幸福的源泉吧!幸福是一种情感的回味与感动,幸福是人领悟的一种感觉,透彻地去理解会成就我们的幸福。

二、感动,让人幸福

近代教育家夏丏尊先生说:“教育不能没有感情,没有感情就没有教育。”我们的教育对象是一个个鲜活的生命,他们除了学习知识,也有自己的情感需求。用真情感动学生,学生会因感动而幸福。

感动是什么?感动就是对生命之美的关注,就是对灵魂之美的悸动,就是对刹那间永恒的希冀。正因为我们有了感动,我们才有了更多对世界的热爱,对朋友的珍惜,对亲人的关心,才使自己的灵魂变得更加透明和纯洁,洁净和清澈。感动是衡量人性的一把标尺,是测量爱心的一架天平,是哺育情操的甜美乳汁,更是滋养品质的重要养分。感动是一种教育,也是一种巨大的力量。

【案例 4－4－1】

细节的感动

吴雅琼老师是我的语文老师，也是我们的班主任。初见她时，只觉得她是个娇小安静的语文老师，慢慢地才发现看似单薄的她却宛如沉香般气韵深厚，让我们陶醉于她的才情，沉醉于她的风度。都说“种花容易树人难”，无论是课业上还是德育上，吴老师都悉心地教导我们，用点点滴滴的辛劳来浇灌我们茁壮成长。

在我的心中，吴老师像一股清泉，没有烈火的严酷，没有寒冰的凛冽，极少对我们怒斥和责罚。有时她会讲述动人的故事，有时她会分享自己的经历，她总是让我们自己参透学习的意义、生活的哲理。记得她把自己去衡水中学参观的视频与我们分享，让我们的课堂不再乏味无趣，我们也在不知不觉中树立了对学习的信念。但我却知道，她时常在办公室为想出一个治理好班级的方法而伤透脑筋。

吴老师既是良师又是益友，她从没有在学生面前表现得高高在上，不可置疑。有时会因为某个学生的随口一问而回家钻研半天，有时也会像个学生一样同我们一起讨论问题。看到同学犯了什么错误或有不满情绪，她都会与之长谈，为学生解开心结。从吴老师的身上，我看到了一份朴实而至真的爱，一份切合生活的感动。虽然是细枝末节的温情，但正因为如此才更触动人心。以前我不懂朱自清为何会因为父亲为他买橘子这样的小事而潸然泪下，如今才体会到越是细微的爱越刻骨铭心。我们既要有像张丽莉一样舍身救学生的老师，也要有吴老师这般默默耕耘的老师。在我心中，吴老师对我们精神和品格的造就绝不低于对于肉体的拯救，她给予的温暖爱护绝对承受得起所有学生的赞美。

吴老师，仿佛是从徽娘的刺绣中走出来的女子，温婉娴静，细腻柔情。人说：腹有诗书气自华。作为文科班的班主任，吴老师深深感染了全班同学，真正地诠释了为人师表的含义。

（中光高级中学学生　吴晨婷）

三、责任，让人幸福

20年前柏杨说中国人的丑陋之一，是喜欢满世界找借口，推卸责任。20年后的今天，借口文化依然在不少年轻教师身上盛行。教育中，他们不愿多花一点力气，不想尽可能地做好，马马虎虎地做，只求“做了”，出现问题，只顾找借口开脱。对工作，一没信心，二没热情，能躲则躲，能敷衍则敷衍，对得起工资卡上的工资是他们最大的工作动力。他们从来不想是否对得起学生，是否对得起自己的青春，是否对得起来之不易的人生，是否对得起家人和朋友的期待和关怀。

都说教师工作是碗良心饭。如果一个教师养成做事找借口的习惯，实际上就是教育良知削减、消亡的行为表现。当前教师经常使用的借口之一便是“学生基础太差了……”，今天，教学成绩无疑是学校生存的生命线。教学质量简化、异化为分数的情况将存在未来很长一段时间里。一些老师的教学质量不高，就抱怨学生的基础差，抱怨家长这不管那不管。基础差的学生永远存在，教师的一个重要任务，就是尽可能地使基础差的学生也能得到发展。

“我忙不过来啊……”作为借口。对于一个有责任心的教师来说，教师工作的确很忙。但越是有责任心、教育责任感强的教师，越不会以一个“忙”字来推诿工作。倒是那些责任心不强，把一天的教育教学工作简缩成三两小时的人，才大叫其“忙”。

“找班主任去……”，育人的任务仅仅落在班主任身上，这是教育的悲哀。教师的首要工作是人的教育，其次才是学科的教学。中国教育要分数，但在排名考试中，每一个学生都成为考试高手是不现实的。每一个教师都是潜在的“班主任”，都应在学生的“人”的成长上负起必要的责任。

“这个事我做不了……”，事情还没有做，怎么知道不行呢？知道自己不行，那就更要珍惜这样的锻炼机会，使自己“行”起来。一个人最重要的是勇气，失去勇气也就失去了一切。不能只做自己经验范围以内的事情，要习惯去做带有几分挑战性的事情。不然会永远活在害怕里，也永远活在没出息里。

一个有责任感的教师是不会给自己的工作找任何借口的，一个有责任感的老师，会让自己和学生都感受到幸福。

【案例 4－4－2】

我的幸福生活

幸福的感受，应该是每一个人来到这个世界上的最终追求。我认为幸福是一种美好感受，是一种积极心态，是一种享受快乐的习惯，是一种价值追求。

一般人认为班主任的工作事务繁杂，学校每条线上都会有任务布置下来，班中又经常会有一些突发的状况，每天都有忙不完的事情，繁琐辛苦，一个头两个大。虽然很有挑战性，想要幸福还真的很难。在我的班主任工作中该怎么找到自己的幸福感呢？我想，换一种心态，换一种思维，用善良、可爱、幽默、阳光的心态去对待工作，享受教育，就一定能找到幸福感。

享受教育，就要会思考。老师不能做机械的操作工，要力求主动地、创造地工作。记得有一次数学老师说，觉得我们班上有几个学生的数学作业是抄的，错的一样，却不知道是谁抄谁。我想，如果直接把这几个学生叫到办公室批评，太简单粗暴，可能会伤孩子的自尊，何况现在的孩子很多为了维护自己的自尊常常会抵死不承认抄过作业。而且一大早我到教室时，也确实没有看见他们在抄作业。所以，简单批评是达不到教育目的的，反而会造成师生矛盾，大家都不开心。我想了一下，在班里做了个小小的调查。“今天哪几位同学特别勤快，最早到学校的？而且一来就认真学习，不浪费时间！”于是同学们七嘴八舌地议论起来，好几个学生就被推举出来，我一看其中正好就有数学老师的怀疑对象。我把这几位同学都叫出来，问道：“你们先排名次，说说自己都是几点到校的，你们在到校后至 7 点 20 分之前，看见别的同学在干什么，自己在干什么，评价一下自己早上是否惜时如金。”我班的学霸陈晓谡马上很得意地说：“我不记得自己是第几个到的，到了之后我就交了作业，但想起英语的整理作业，自己整理得太少，不符合老师要求，于是去组长桌上随手拿了本来参考。后又想起有道数学题昨天不会，就又到组长桌上拿了本看了看，补做好后再交掉。我觉得自己还是很抓紧时间的。”我想陈晓谡一定不认为自己抄作业有错，英语整理作业本身是抄书或笔记，那抄同学的还不是一样，数学题不会，参考别人的也不算抄，所以他还觉得自己很抓紧早上的时间呢！那表情就是告诉我，老师快表扬我吧！我没有立刻去批评他，而是给他一个对比思考的机会，我认为最好的方法是让他自己认识到错误。于是，我看向杭菁和赵朵朵，只听杭菁说道：“我第二个到的，来了以后就把作业交到组长那里，看见陈希在做作业，还问我借了数学作业说对对答案，然后我就坐下背英语了。后来发现是陈洪元昨天拿走了我的英文报纸，害我没有完成英语作业，我说了他几句，本想赶紧随便写点，应付了交上，但想想班规规定早上来了就要早读，不可以做作业，再说现在匆忙去补做，敷衍出来的作业质量不好，所以还是决定和老师说明情况后，慢慢地认真补做。”赵朵朵说：“我来了就交作业的，然后就背单词了，还背过语文，期间也和姚金慧、杭菁她们讲过话，比较抓紧的。”我知道杭菁和赵朵朵同学平时学习很认真，自律能力强，所说一定属实。不过我也没有立即表扬这两位同学，而是问陈希同学，她们早上的行为如何。只见陈希低着头不说话，脸上有着一丝愧色，说：“我早上第一个来，因为昨天晚上一边做作业，一边手机 QQ 聊天，作业没有完成，所以一早来就补作业，先补生物，后补数学，说是参考杭菁的答案，其实是抄，最后还抄了英语的整理作业。我错了，我昨天晚上就不该玩手机，不抓紧时间完成作业，今天早上更不该为了应付老师而选择抄作业，欺骗老师，也骗了自己。”而刚刚还得意准备接受表扬的陈晓谡同学也羞愧地低下了头。我知道作为学霸的陈晓谡也已经认识了错误。之后，我在当天的总结中表扬了杭菁和赵朵朵的行为，评选她们为“惜时如金”的好榜样，尤其是要向杭菁同学学习，不为完成作业而敷衍或抄作业，号召全班同学都给她“赞”，大家都兴高采烈地向她竖起大拇指。同时，也给陈希和陈晓谡同学留了面子，没有当众批评。那天我看着他俩感激的目光，看着全班同学幸福的笑，我陶醉其中。

虽然这只是班主任日常琐碎生活中的一件小事，但这个温馨的细节至今仍印在我的脑海中，让我倍感幸福！我认为用真诚友善的眼光看待学生，关爱学生，呵护学生，用宽容、善解人意的心态对待自己的班主任教育工作，让学生快乐地接受教育，那么师生都将变得幸福！

（中光高级中学教师　庄志迁）

第五章 作为精神导师的教师

教育的本真是什么？是在教与学的过程中培养人的活动。康德在《论教育学》中指出，在世间万物中，人是唯一需要教育的一种存在。在康德眼里，教育的使命在于“使人成其为人”，以“人的完成”作为内在指向，这意味着教师需要引导学生成为“社会意义上的人”和“文化意义上的人”。教师的影响力也正是在于用知识启迪学生的头脑，用精神引领学生的心灵。

所谓精神导师，是指引人生方向的导师或智者，充当学生思想与心灵上引导者的角色。西方文明的精神导师古希腊哲学家柏拉图在《理想国》中就曾用“洞穴中的囚徒”的隐喻告诉我们，教育是把人的灵魂和精神，从蒙昧引向真理，从黑暗引向光明。南宋教育家朱熹认为教育的核心在于让人“善于为学”，即教师要成为“一个引路之人”。这里的“引路人”，不仅仅是知识领域的引导者，更是精神世界的指引者。现代教师的角色定位，将学术造诣、人格影响、创新意识综合凝聚，“之于生命，以心相许”，让使命与生命结伴而行。一个具有人格力量、学术素养和时代精神的现代教师，只有站在永恒性与时代性的交汇点，才能真正成长为指引学生心灵的精神导师。

第一节　教师即指引者

作为精神导师的教师，要在学生的人生之路上指引方向，在学生困惑迷茫时指点迷津，在学生悲观失望时点燃希望。这一切都需要教师在成长为“指引者”的漫长跋涉中，对教育事业充满热爱，倾注自己的生命。而稚嫩的生命需要精神的引领，精神，则是一所学校文化的灵魂所在。

中光中学历经六十多年的发展，在代代中光人不断传承和创新的基础上，逐步形成了优良的中光精神与文化，为学校的可持续发展提供了不竭的精神源泉。2012年，在“文化立校”理念的引领下，学校通过师生大讨论，传承挖掘学校传统文化，形成了“尊重、关爱、宽容、责任”的新时期学校精神。学校精神是学校文化特色的集中体现，师生素质又是学校精神的重要内涵和基础。教师的言传身教，是教育中最具影响力的因素，这意味着教师的素质是构建一所学校文化内涵的核心力量。

一、点亮人生的灯塔

“有你在，灯就亮着。”正如巴金先生曾在致冰心先生的信中所说，教师的思想与精神渗透在教育生活的时时处处，那些启迪智慧、润泽心灵的教育瞬间细密地交织在学生生命成长的过程中，为他们点亮人生的灯塔。

在人生的茫茫大海上，为学生点亮指引航标的“灯塔”，是教师的责任与使命，也是教育体现的历史内蕴与时代呼唤。而生命航道的丰富性与独特性，又决定了“灯塔”必须尊重每一个生命个体前行的航道，指引适合个体生命发展的方向。

（一）肩负教育的责任与使命

鲁迅先生曾说，人是要有点精神的。教师一旦有了精神和信仰，才能将生命与使命融为一体。使命，是一种承担与担当。古代先哲所言的“士不可以不弘毅，任重而道远”，直接体现了“仁以为己任”敢当大任的责任与使命。正是这种强烈的使命感，让教师在指引心灵的理想之路上坚定地前行。

责任，是优秀教师的共同品格。要完成教育的使命，教师必须牢牢地树立起责任意识。教师工作是平凡的，是由每天点点滴滴“平凡”的事情组成。一个孩子的失败对一个教师来说，或许只是几十分之一的失败，但对于一个家庭而言，却是百分之百的失败。因此，要完成教育的使命，教师需要具备高度的社会责任感。为了传授知识，我们有责任努力提高自己的综合素质，深入阅读专业书籍，积极参加研修活动，不断改进教育教学方法，及时进行归纳总结，加强自身业务水平，以适应新课程教学的需要。如果没有强烈的责任感，不仅会误人子弟，而且也过不了“良心”这一关，这就是教师的责任心。

教师也有责任引导学生培养正确的学习与生活习惯，让每一位同学茁壮地成长，是我们不可推卸的责任。有了强烈的责任感与事业心，我们才会敬业乐业，才能一辈子“学而不厌，诲人不倦”。

【案例 5 - 1 - 1】

心怀责任　追求卓越

他，是我们公认的“超人班主任”。这里的“超人”，可不是动漫或者电影中的“超人”，而是指备课上课超认真，课堂教学超幽默，打扫教室要求超干净，最重要的是超有责任心。这位“超人班主任”，我们亲切地叫他“老李”。

他对体质欠佳的学生处处留心，看到有同学趴在课桌上时，会关切地询问情况；平时上课，他会结合自己的经历讲述问题，让学生真正地理解；课间他很乐意解疑答惑，看到我们讨论问题便会露出满意的笑容并多加赞许；他按照学校的规章制度严格要求我们，"小事情都做不好，还谈什么学习呢"是他的口头禅。

有位同学上课屡次迟到，终于有一次老李忍不住说："老远我就看到你了，停车都要十来分钟，知道自己要迟到了，还慢悠悠地走路进教室，你说你……"就这样开始了一番悉心的教导。还有一位同学，上课铃响之后，嘴里还总是鼓鼓地嚼着东西，喊声"报告"慢悠悠地走进教室，老李就会给他一个犀利的眼神，然后进行耐心的告诫……其实这一遍又一遍的教导背后，是老李对我们的责任与爱啊！

他在学生行为偏差时总是很直爽地点出问题，真心又殷切地希望学生能加以改正。他也会失误，这时，老李会很诚恳地承认自己的不足之处，希望能得到学生的谅解。作为一个师友，老李发自内心的理解与尊重，使他真正赢得了我们的心。

有人说：爱自己的孩子是本能，爱别人的孩子是神圣。其实老李很"平凡"，只是他肩负着教师强烈的责任心，言传身教，循循善诱，追求卓越，是我们心中永远的"超人班主任"！

（中光高级中学学生　张佳钰）

身为颇具资历的班主任，李苏华老师在平凡的岗位上做出了不平凡的事迹，成为学校教师心中的典范。责任是一种"舍我其谁"的担当，是一种甘愿奉献的牺牲精神，只有这种精神才能支撑一个学校的脊梁，只有这种毅力才能铸造一个民族的未来。

（二）尊重每一个生命的发展

世界上没有两片完全相同的树叶，每一个生命都是独特的杰作。教师需要把每一个生命当作独一无二的个体看待，尊重生命个性发展的特殊性与完整性。

尊重，是一种美德，更是一门学问。教师只有关心学生作为人的尊严感，才能使学生通过学习受到教育，这是教育家们的共识。对于一位教师而言，离开了尊重就谈不上教育，因为每一位学生都渴望得到他人的尊重，尤其是老师的尊重。对教师来说，尊重学生是一门重要的教育艺术。但是，现实中更多情况是老师希望学生尊重自己，自己却很难以平等的态度尊重学生，总是容易将学生萌发的独立意识视为逆反心理、品德问题等加以简单地处理。只有懂得尊重学生的老师，才会懂得像保护自己的眼睛一样呵护学生的自尊心，尊重和发展他们的个性。

作为青年教师，王蓉老师在初登语文课堂的讲台时就体会到了“尊重”的重要性，并将这个案例写就了一篇教后反思。

【案例 5－1－2】

叩开心灵的那扇门

这是一个特别调皮的班级，而我是一个初登讲台的年轻教师。一周的课程中最让我头痛的是每周五的第五节课，这是午饭前的最后一节课。由于快到就餐时间，恰巧前面一节是音乐课，学生们的心还未完全平静下来就直接飞到了食堂。每当上课的铃声响起时，刚从音乐教室回来的孩子们依然十分闹腾，久久无法安静，直到我大声制止，才会稍微收敛一些。

小易是班上最让我头疼的孩子。他很聪明，反应也非常快。在入学考试中，他的总分排名位居第二。按说这样的孩子上课表现应该不会如此之差。但是他自控能力比较弱，学习态度也欠佳，上课时注意力不集中，喜欢和前后左右的同学讲小话，管不住自己。

下课后我一直在思考小易的问题到底出在哪里。他是从一开始就表现得如此懈怠吗？答案是否定的。回忆慢慢打开，新学期开始后，小易曾在我面前落泪。那一次是他代表班级参加诗歌朗诵比赛，却在整个表演过程中异常紧张到声音发抖，最后没有得到任何名次。我没有注意到，那一瞬间他眼里划过了一抹对自己的失望。从那以后，小易就慢慢开始变了。语文课上，他不再积极举手发言了，而是左顾右盼与旁边的同学讲小话，也不认真做作业了。我感受到了他的变化，但是一直都没有想过促使他发生变化的原因。

现在回想那次经历，对于刚迈入高中的小易是不小的打击。而在他的自信心受到打击之后，我并未给予足够的重视，只是简单地安慰了几句，轻描淡写地一带而过。事实上，小易所有的行为及表现，都隐藏着一个曾被我忽视了的内在信号：他对语文学习失去了自信心。

如何帮助小易重建自信呢？解铃还须系铃人，只有他自己才能解开这个心结。而“对症下药”的前提是对“症结”的全面把握与长期观察，以及我作为老师的“循循善诱”。最重要的是，我们需要还原到语文课堂上，让小易重拾当初对于语文学习的热情。

这一天，又是周五的阅读课。按照教学计划，这一堂课要讲授新课《小溪巴赫》。在上这一课之前，我做了充分的准备，反复阅读并思考该如何展开教学。我用巴赫的小提琴协奏曲《G弦上的咏叹调》做导入，这个活跃的班级突然安静下来，学生们都听得非常投入。我注意到平常一上语文课就坐立不安的小易，也沉浸在美妙的音乐里，听得如痴如醉，眼睛里还有些许复杂的神色。我当然不会放过这个绝好的机会，立刻提问：“小易，告诉老师和同学们，你在这段音乐里听到了什么？”他缓缓地小声回答：“我听到了一种忧伤，一种如泣如诉的感觉。”在那一刻，我突然特别感动，心中五味杂陈。我点点头并大声赞扬了他：“小易同学的感受很敏锐，能听出属于他的独特味道，非常好！”我看到他的脸突然红了一下。看来我这一句发自内心的表扬，让他感受到了诚挚的鼓励。下课时，我转头看见小易因为兴奋而涨得通红的脸，以及若有所思的表情。

从此以后，我在语文课堂上又看到了最初那个积极热情的小易，听课十分专心，积极举手发言，作业也完成得非常认真，并在接下来的月考中进步了整整10

分。自信是最大的动力，小易失去对语文的兴趣是从缺乏学习的自信心开始。当我从尊重他的角度出发，他的自信被重新建立起来，兴趣也随之被唤醒。也是从这件事中，我明白了，教授知识虽是老师的职责，但尊重学生的发展特点，培养学习的兴趣才是作为老师教学真正的成功，尤其是语文这门承载着更多文化内涵的学科。我相信，只要坚定地手握语文的真诚与美丽，终究能叩开学生心灵的那扇门。

（中光高级中学教师　王　蓉）

教育之美，美在舒缓，不能奢望立竿见影，只能静待花开枝头、落英缤纷、果实满园的那一天。这就意味着教育的过程不可能一帆风顺。当教育之路上遭遇“卡壳”时，也正是我们需要暂时停下来，思考我们需要引领学生走向何方的时刻。如果教师关注的是生命的内在价值，就必然会尊重个体生命发展的多样性，给予每一个生命充分发展的时间和空间，让他成为他自己。

二、温暖生命的旅程

人生就是一场旅行。教育在每个生命的旅程中都会留下不可磨灭的痕迹，这些痕迹会印刻在内心深处，决定了整个旅程的色彩。一些教师会在学生的生命之旅中涂上一抹亮色，而另外一些教师则正好相反，他们带给学生的或许只是一团模糊的灰色。

“爱是教育的原动力”。教育，论其本质，就是爱的代代相传。雅斯贝尔斯在其著作《什么是教育·教育意义与任务》中充分表达过，现代社会仅将教育理解为人才的培养，而忘记了教育的本质是人类之爱的相互传递。① 而精神导师的内心需要明亮的色彩与宽阔的空间，里面盛满了关爱与宽容，温暖自我与他人的生命旅程。

① 【德】雅斯贝尔斯：《什么是教育》，三联书店 1991 年版，第 49 页。

(一)关爱渗透在教育的细节

关爱,是教育的灵魂。教师真正的力量不完全是知识的权威,而在于对学生发自内心的关爱。对学生来说,关爱是阳光,老师的关心和鼓励,能促使其努力上进。曾看到这样一则报道:"某一调查组从5所学校随机抽取100名教师,问:'您热爱学生吗?'90%以上被试者回答'是';然后向这100名教师所教学生进行调查:'你体会到老师对你的爱吗?'回答'体会到'的仅占12%。"这样的结果大大出乎百名参与调查的老师意料之外。实际上,真正的关爱学生须发自内心地欣赏学生,任何时候都不放弃他们。老师的信任和鼓励,能够帮助他们在遇到困难时克服自卑与恐惧,树立自信心。同时了解他们内心的真实想法,坦诚地交换意见,让学生感受到老师在关心自己的成长,感动才是最好的动力。对于教育和影响学生的角度来说,老师的德、才、识、能都很重要,但起灵魂作用的关键还是"爱"。

正如美国心理学家罗杰斯所言:"真正意义上的学习是建立在正确的人际关系、态度和素养上的。严厉而冷漠,不了解学生的教师,虽然也能做到课程讲授的正确无误,但是很可能使学生陷于无动于衷的情绪中,毫无收获。因为教师缺乏热情,缺乏对学生的了解与爱,就无法引起学生积极的反映。"①由此可见,老师发自内心的理解和关爱,是促进学生成长的催化剂。

关爱本来优秀的学生,不足为奇也相对容易。如何做到关爱存在"问题"的后进学生,才是教师真正走入了"爱"的更高境界。作为学校的年轻班主任,王莹老师在管理"问题学生"上有自己独到的见解。

【案例5-1-3】

如何面对和教育问题学生?

1. 心理测试

"你要到原始森林里去,五种动物——老虎、大象、孔雀、狗、猴子,你只能带

---

① 转引自于漪:《教育魅力:青年教师成长钥匙》,华东师范大学出版社2013年版,第171页。

四种，你会选择丢弃哪一种？”如果这五种动物是你的学生，你又会怎样选择？在你的班级里，什么样的学生是孔雀？

孔雀是这五种动物中最柔弱的，最需要关爱的，而班级里面的问题学生，恰恰就是班里的孔雀，最需要老师的关爱。

2. 案例思考

“在学校经常发生老师因为没收手机导致学生反应过激的事件，你怎样看待这类事情？”

有的时候是老师“激化”了问题学生。因为种种原因，每个问题学生都像是一个炸药包，而教师就是可能点燃、引爆问题学生炸药的导火索。

如果教师在没收学生手机后，及时与学生沟通情况，讲明缘由，也许学生就会理解老师的良苦用心，也许悲剧就不会发生。无论是没收手机，还是每次的批评教育，都要让学生懂得教师的用意所在。理解教师用意的教育才是有效积极的教育；不被学生理解和接纳的教育，再好再用心都是白费。你懂“问题学生”，才能真正爱“问题学生”，否则所谓的关爱可能是给他带来伤害的利剑。

3. 用怎样的心态看待那个让你头疼的问题学生？

体力劳动与脑力劳动你更愿意做哪一个？如果每天的工作是做毫无趣味却不用动脑的工作，天天做你能承受吗？换一个角度看待，问题学生正是给你无趣的生活刻画痕迹的艺术，体现你教学艺术性的载体，会让你平凡的工作变得津津有味。

不是学生非需要教师，而是我们的教师工作注定无学生不可。当所有的学生都能自学自理，教师就没有存在的意义了。所以要换一个心态，让教育变成与学生一起去创造的艺术活动。

4. 问题学生管理的理念

要真正用心了解原因；要尊重学生；要走进学生的内心，看到学生的需求；要通过思考，采用最适合他的艺术和智慧。

5. 问题学生管理的小技巧

教师可以给学生写“情书”，每天鼓励和关注他，巧妙化解问题学生。又比如一次点而不破的尊重谈话，一次认识到他闪光点的赞扬，一次真心的关爱、心与心的沟通，都能帮助管理问题学生。

总之，没有人的心是石头做的，孩子的心比我们想象中的柔软，只要用心、用艺术、用智慧教育他们，最终一定会被你所感动。

（中光高级中学教师　王　莹）

仁者爱人。教师以“爱”为核心，春风化雨，润物无声，才能引领学生走向真善美的幸福之路。只要教师能倾注关爱，循循善诱，学生一定能体会到教师的良苦用心，从而“亲其师，信其道”。

（二）宽容理解学生的内心世界

孔子在两千年前大力倡导宽恕之道“己所不欲，勿施于人”，要求人们以“同己之心”去接纳他人，承认生命是平等的，理解他人的价值与诉求。作为现代教师，一个指引学生的领路人，宽容意味着要尊重个体生命的平等与独立，对学生价值的认可与鼓励。

宽容，既平等，也是理解。学生之间存在差异是客观事实，教师只有公正平等地对待学生，才能得到学生的尊重和信任，教育才会产生影响力。师生之间并不缺少了解，但缺少理解；不缺少对话，但缺少心灵的沟通。追寻完美主义的教师常常不能容忍学生犯错误，总是以为小错一定是大错的先兆，蚁穴再小也能毁掉千里长堤。事实上，适当地给予学生犯错误的机会，在错误中汲取教训，学生才能更茁壮地成长。宽容是真正理解学生的内心世界，看到学生的不足却没有揪住不放；宽容是允许学生提出独特的意见，表达与众不同的自我；宽容是当学生犯错时，给予学生成长的机会。

中光中学在生命教育中，处处体现了教师对学生的宽容与理解。为了进一步探索提高生命教育针对性和有效性的途径，提高教师在课堂中实施生命教育的能力，我校举办了以

“戏出精彩　戏中成长”为主题的青春期、心理辅导活动课大赛。陆艳艳老师积极参加，为本次“啄木鸟行动”写下了如下反思文章：

【案例 5－1－4】

快乐竞争，团结合作

高二(2)班是本学年下学期新组建的集体，共 41 位成员，其中男生 28 名，女生 13 名。班级组建以来，仍有部分学生不能融入集体，班级凝聚力不够，缺乏良好的相互合作、相互竞争的氛围。为了让学生体验团队合作的力量与快乐，培养合作精神，体会竞争与合作的重要性，并在活动过程中形成互相理解、互相认同、互相学习的团队氛围，强化对团队精神的理解和感悟，我开展了一次“蜈蚣翻身”的游戏。

游戏结束后，学生们各抒己见。有的说：“在‘蜈蚣翻身’这个游戏中，我发现大家都很活跃，很乐意参与。刚开始的时候显然不知如何下手，速度都很慢，但经过几次练习后，开始变得熟练了，又尝试了新的方法，速度马上变快了。这是经过多次思考和反复实践的结果。此外，大家都很团结，都齐心协力地想提高速度。”也有学生表示，“这是一次很快乐的集体活动，通过这个游戏我知道了做事想要高效率就得先有创新，还要有共同进退的团队合作精神和正确的引导。同时，我也明白了取长补短、随机应变也是走向成功的一种方法。”

这个活动让我重新地认识了这些可爱的学生，他们积极、热情又善于观察、善于动脑，大家齐心协力、团结合作，使得整个活动能顺利地完成，可见，班级凝聚力还是很强的。

本次心理辅导活动基本上都按设想完成，除了一点是我始料未及的：学生在进行“蜈蚣翻身”的过程中，竟然想到通过改变前后组员站立的位置，使前面的人易于穿过，把“翻身”变成了“穿墙”。原以为他们只会团结协作完成任务而不会有任何创新的我，不得不承认我们总是会低估学生的能力。如果能够充分地信任他们，给予足够的发挥空间，他们往往会带给我们很多惊喜。另外，我还发现那些平时在我眼中成绩并不算好的学生，在活动时却非常活跃，并且总是积极主动地帮助自己的团队想点子，组织组员排列站队。可见，我们还是会被某些自己认为是重要的方面蒙住了双眼，而没有看见每个孩子都有他擅长、可爱的一面，这也更提醒了我日后在与每个孩子的相处中都要以一颗更宽广更包容的心面对他们。

（中光高级中学教师　陆艳艳）

陆艳艳老师通过团体情境设置，对学生提供心理、品德、学业等方面的帮助与指导，让学生在游戏中感悟，在游戏中成长，充分体现了“教育无痕”的思想。当教师能真正理解人是优点与缺点并存的社会性存在之后，就不会再将完美的苛求加诸学生，而是以包容赞赏的眼光来发现每个生命身上的闪光点。

每一个孩子都是一块璞玉，他需要你的包容和打磨，而不是苛求或放弃。现代教师需要多一些宽容、耐心和守望。对于一名优秀学生偶尔的错误，教师给予宽容的理解是容易的；但对于一名学习和行为习惯都存在偏差的学生，教师依然能在理解后给予引导，帮助其找回真正的自信，才是真正的宽容，并且更有意义与价值。

三、放飞心灵的翅膀

大爱无痕，大教教心。教育在大多数情况下，呈现出一种不言而言，不为而为，不教而教的状态。教育的“无声”处，体现的是教师与学生之间心灵的互动。真正的精神导师，拥有一种强大的气场，吸引着学生的心灵循着所指引的方向，发现生命中的光亮。

精神导师自身需要具备饱含人格力量的教育魅力，这是一种影响力与感召力。纵观古今，从古代先哲孔子到朱熹，再到现代教育家蔡元培、陶行知，无一不治学严谨、学识渊博、循循善诱，这种独一无二的人格魅力，为现代教师成长为思想和心灵的领路人，提供了最高的典范。

（一）精神人格的感召

人格力量是教师魅力的核心。教师的精神人格对学生的影响，是任何书籍、任何箴言、任何奖惩制度都不能替代的教育力量。教师灵动的智慧，真挚的人格，时时刻刻发挥着感召和引领的作用。

《论语·子路》云："其身正，不令而行；其身不正，虽令不从。"身正为范，身教重于言教，可见，教师的举手投足都是教育。中光中学王立杰老师就是这样一位用行动来彰显精神，用思想来感召学生的富有人格魅力的优秀教师。

【案例 5－1－5】

亦师亦友，彰显教师本色

——致王立杰老师

在我的高中岁月，有幸遇到这样一位老师，他严肃而不失亲和，幽默而不失理性。在他的课上，总能响起学生们欢乐的笑声。他就是高三年级主任——政治教师王立杰。

作为一名政治老师，他总乐于在课堂上制造活跃的气氛，激发学生们的思考能力。学生们都很喜欢上他的课，因为他的课既令人感到轻松愉悦，又能得到深度的思考。他的授课方式可谓深入浅出，极受学生们的认可。除此以外，更令人尊敬的一点是他对待每一个学生都秉持着公平公正的态度。每当遇上默写成绩不理想的学生，他总会一遍遍地辅导他们，直至达到了他所要求的成绩。他对这些学生不抛弃、不放弃，因为在他的概念里，没有所谓的差生，只有有待提高的学生。这些特点与品质，使他具备了一个优秀教师的资格，也使他深受学生们的喜爱。我们都更愿意把王老师当作一个朋友，因为他的笑容总能使人放松。在学生们来往穿梭的校园中，每天都能看见这样阳光的笑容，是一种幸福。

身为年级主任，王老师不仅要关注学生，还要关注老师。在办公室里，他也总像上课那样制造活跃的气氛，通过快乐来维持年级组老师的团结，做好教师间的协调工作。除此之外，在一些琐事中他也身体力行，除了经常包下办公室的卫生打扫工作，他还时常为饮水机换水。在这一刻，他完全没有领导的架子，而是作为教师中的一员，热心地为同事们服务。

同时，王老师也不忘在大课间活动时积极参加运动，与同学们打成一片。平时，他也会找一些存在问题的学生与他们悉心交流，注重沟通。正是这脚踏实地、认真负责又细腻大方的态度，使他出色地完成了年级主任的任务。

王立杰老师身兼政治教师和年级主任，在协调好两份职责的同时，彰显出他的教学特色与人格魅力，感召我们努力向前，追寻更优秀的自己。

可谓，亦师亦友，彰显教师本色。

（中光高级中学学生　付　渊）

王立杰老师的魅力并不仅仅是外在的，而是相处日久感受到他自然而然散发出来的魅力，这种魅力体现在他对精神生活的追求上，体现在他对学生生活细节的关切中。这种“润物细无声”的人格魅力，除了给予学生知识和能力，更重要的是鼓励学生寻找内在精神性的东西。

（二）引领心灵的力量

如果教师只掌握技巧，却不关注自身的心灵建设，最终也无法关注学生的心灵。在心灵的隔膜之中，再伟大的力量都无法生发并产生效果，以至于教师和学生都生活在痛苦之中。这种痛苦源自我们切断了自身与心灵的真实联系。优秀教师懂得做出明智的选择，相信自己可以找回改变生活内部力量的信念，这种信念来源于心灵的支撑，也是优秀教学的本源。

精神导师的力量不在于提供万能的教学模式或高明的教学方法，因为教学模式和教学方法都无法找寻真实的自我心灵。“心灵导师的力量在于他们能唤醒我们内心的真谛，这是多年后通过回忆其当初对我们生活的影响，可以重新点燃的真谛。”①当我们与精神导师相遇，他能使我们感受到教师的真实心灵，也能引导我们成长为精神导师，帮我们重建教学的信心。

我校“快乐生涯”教师心理培训系列活动便受到班主任教师和青年教师的青睐，在小组活动后老师们写下了如下的培训感受：

【案例5－1－6】

在快乐中学习

——“快乐生涯”教师心理健康培训后记

小组组色：绿

小组口号：生命之树，绿色之源

小组成员：丁邦凤、徐文娟、姚秋霞、陆惠萍、龚炯、朱应洁

小组成员活动体会：

丁邦凤：一直对心理学中的有些现象和原理有着莫名的兴趣，但是这种兴趣只是浮于表面的。比如说喜欢做一些心理测试，或者是读一些心理小故事，并没有将它与我自己的工作建立起关系。而这一次，学校给我们请到了上海市心理特级教师、七宝中学的杨敏毅老师，给我们进行培训，第一次活动就让我学到了好多东西。第 ，通过游戏，我发现老师们自己也会犯很多明知故犯的错误，后来才知道，有些错误是习惯造成的，经过老师再次讲解之后，慢慢地不犯了，从而

① 【美】帕克·帕默尔：《教学勇气：漫步教师心灵》，华东师范大学出版社2005年版，第25页。

知道了学生犯错误后，老师不能一味地责怪，而应该分析错误的原因，让学生慢慢改变错误。第二，通过游戏知道了师生交往的重点，意识到作为教师，应该乐于学习、积极学习，拓宽自己的知识面，走进学生的世界，关注学生的心理，帮助学生的成长。第三，在工作中，不要犯思维定势的错误，也不要顾此失彼，要全面考虑问题。我很期待下一次的心理健康培训，寓训于乐，打开自己的心灵，拓宽自身的工作手法，更深入地融入班级管理和教学工作中，不断成长进步。

徐文娟：这次活动打破了我印象中培训的传统模式。活动非常轻松愉悦，每个人的一举一动其实都是自身潜意识的外在表现。杨老师一针见血的剖析，让我看到了心理学在实际工作中的应用，而不再是浮于文字上的理论。这次活动，我感触最深的是在班级管理中要学会观察学生的行为，分析他们的心理。要学会交流，不仅仅是语言，还有很多更有艺术性的沟通方式，进而促进彼此的理解。要学会换位思考，老师们都会在游戏中不断犯错，为什么在面对学生的错误时不能理解和耐心引导呢？虽然只是一些小游戏，但是我对自身存在的一些思维定势和潜意识的行为习惯有了深入的思考和自省。

姚秋霞：这次的心理活动，很特别。整个活动中，我体会到的首先是快乐、轻松和有趣。对于我们教师而言，游戏似乎离我们远去，好多年以来，这是第一次让我体会到如此轻松，可以像孩子一样自由自在地玩耍。其次，通过游戏，也让我有所启发，一些的简单轻松的游戏也可以给我们的学生玩，增强班级的凝聚力。

陆惠萍：昨天，我们 30 位班主任和青年教师参加了一个很特别的培训——教师心灵工作坊。这次培训和我们以往的培训不同，不是正襟危坐地听，快速地记，而是在一起愉快地做游戏。每一个游戏在带给我们轻松快乐之余也带给我们很多的思考，拓宽了我们的教育思路，为我们如何教育学生或是在教育中要注意些什么给出了许多启示。

我最大的感悟便是，人与人的相互交流可以拉近彼此间的距离。刚进舞蹈房时，由于平时都是同一办公室的人接触多一些，和其他老师并不相熟，也很少说话，大家都选择和比较要好的同事坐在一起。但是经过几个游戏后，培训结束时，我身边的几位老师都不是同一办公室的，可此时我觉得和他们的关系已经很和谐融洽，全然没了平时的隔阂。由此可见，在班级管理过程中，团结和谐是非常重要的。如何让本来互不了解的几十个学生融洽地相处呢？组织活动可能是一条捷径，让他们在活动中相互了解，拉近彼此间的距离，彼此了解了，相互接近了，才有可能把一个班级凝聚成一个整体，而只有当学生处于一个和谐的团体之中，他们才能有愉悦的身心投入到学习中去，从而提高学习效率。

龚炯：6 月 29 号下午，我参加了学校组织的第一次教师心灵工作坊的培训活动。在本次活动中，培训老师设计了很多有意义的游戏，使我们在参与游戏的同时，收获了很多思考。

作为班主任，挑选班干部是很重要的一个环节。班干部工作能力强，能使老师在平时的工作中省力很多。在这次培训中，杨老师给我们指出了在排队游戏的过程中，就可以判断怎样的孩子适合做班长，怎样的孩子只能管住自己。这马上让我想到了自己 20 世纪 08 年毕业班中的一个学生——朱遥。在东方绿舟进行素质教育活动时，那里的老师也曾组织过好几个类似的活动。如把学生分成 2 个小组，在不能讲话的前提下，看哪个小组能先按要求完成排队，哪个小组通过协作可以先通过“爬梯钻洞”等等。在这些活动之前，老师会预先留给同学们商量思考的时间。无论在哪个活动中，朱遥永远处于一个领导者的地位，他指挥若定，最终他所在的小组都获得了第一。通过那次活动，我看到了他身上的闪光点和领导才能。但是，在做班干部这件事情上，他却是一个失败者。因为他虽然有领导才能，管理班级的同学能力绰绰有余，自己却是一个行为习惯和自制力都比较差的学生，所以在同学中无法树立威信。

这次的培训教会我们该如何对学生进行观察和判断，但像朱遥这样的学生，怎样帮助他们不断完善自我、树立威信，通过哪些具体手段，真正把他的领导才能发挥出来，却是我一直感到困惑的地方，日后希望能在这方面得到更多的帮助。

教师们通过回想自己与精神导师相遇的过程，回忆当初自己内心的需求，从而更深刻地理解学生的内心。这样做的同时，我们给予自己与学生心灵相逢的机会，那是心与心的重逢。师生之间的共舞，在这美妙的相遇中，谱写了全新的篇章。

第二节　教师即探索者

教育智慧在历史的长河中代代传承，伴随着师生的共同成长。教师不仅在人格魅力上吸引学生走向自我发现之路，更在文化学养和学科思维上带领学生走向自我完善之路。

优秀教师用思想与心灵引领学生，将自己与学科、课程融为一体，让学生对自己拥有丰富而完整的认知。这不仅需要教师追寻自身的完整，重视自身的学术素养，还要积极开发适合的课程资源，给予学生个性与特质充分发展的平台，真正激发其思维的潜能。唯有在共同的探索中，老师和学生才能成就彼此，追寻完整的自己。

一、完整生命意义的追寻者

教师的一言一行，正是其内心世界的反映。只有了解自我的教师，才能理解人最深层的处境，从而发自内心地理解学生。引领学生前行的动力，源于教师对自我的追寻。

"认识你自己"这句刻在阿波罗神庙的人生箴言，是教师成长为精神导师的前提。作为教师，只有获得足够多的关于"自我的知识"，才能点亮自己的人生方向，从而更有益于学生的发展。优秀教师需要认识自我，这是远古的朴素话语中隐藏的深刻见解。

（一）追寻自己的本真

在快速而匆忙的教育改革中，如果我们选择对教师的心灵采取视而不见的回避态度，那么改革永远只能在表面进行无法深入到内里之中。大多数教师十分关心教学方法和教学策略的选择，却对“教师的自我”缺乏追问。作为教师的“我”，究竟是“谁”？通过怎样的联系可以让教育环境孕育一个优秀的自我？

在人生的每个教育阶段，教师的自我都是核心要素。帕克·帕尔默在其著作中指出：“正如任何真实的人类活动一样，教学不论好坏都发自内心世界。我把我的灵魂状态、我的学科，以及我们共同生存的方式投射到学生心灵上，我在教室里体验到的纠缠不清只不过是折射了我内心生活中的交错盘绕。从这个角度说，教学提供通达灵魂的镜子。如果我愿意直面灵魂的镜子，不回避我所看到的，我就有机会获得自我的知识——而就优秀教学而言，认识自我与认识学生和学科是同等重要的。”①

当教师因不了解自我而与自我远离时，他们与学生、学科都处于一种疏离的状态。教师经常会抱怨学生无法将注意力集中到课堂上，无法积极与教师沟通，却很少反思教师真正的自我是否在场，是否真正用心去了解学生。优秀的教师懂得把自我与工作融为一体，将个人的身份认同与教学过程联系起来。这种联结能力并不是他们采用了何等高妙的教学方法，而在于他们心灵的在场，即聚集了他们自身智能、情感、精神和意志的所在，并从言行举止中渗透出来，贯穿于整个教学中。这种心灵的感召力和影响力，会不由自主地吸引学生跟随教师的步伐，并引导他们去找寻真正的自我。

自我的凝练体现为一种气质，每个学科因其独特性和不同个性教师的参与会呈现出不同的气质。我校组织各个学科进行“学科气质”的讨论，让学科组内每位教师参与讨论，并呈现讨论的整个过程，下面是高一语文组王蓉老师的讨论稿。

【案例 5-2-1】

“温文尔雅”语文味儿

气质就是一种味道。无论是人文书卷、儒雅谦和、诗意激情、潇洒理性，我觉

---

① 【美】帕克·帕默尔：《教学勇气：漫步教师心灵》，华东师范大学出版社 2005 年版，第 3 页。

得都各有千秋。正如每个老师都有自己的个性，有自己在教学过程中逐渐形成的风格，这种由内而外散发出来的风格和味道就是气质。对于“学科气质”这个问题，肯定是仁者见仁，而我认为语文的学科气质可以用一个词来概括，那就是“温文尔雅”。

温文尔雅，词典上的解释是：态度温和，有礼貌，文雅；形容人态度温和，举止文雅端庄。我对这个词的理解则是将它拆开来。

温文是一种学养。杨绛说：做人学识最重要。既要有学问，又要有见识。而有学识的人通常都是特别谦和有礼的。所以，温文背后体现出来的是一种深厚的学识和修养。语文老师内在的这种学识很重要，身教重于言教，学生耳濡目染，就会从老师传授的知识以及言行举止中受到熏陶。

尔雅是一种精神引领。《尔雅》是后代考证古代词语的著作，是中国古代最早的词典，也是儒家的经典之一。“尔”或作“迩”，是“接近”、“走近”的意思；“雅”有“基准”、“标准”的意思，通“正”。“尔雅”就是“使人们的语言接近标准”之意。这不仅是对语言文字的一种规范，更可以理解为一种精神内核的指向，或者说是一种价值观的引领。正如文学有“文以载道”的功能，要给学生一种看问题的视角，从而建立起正确的世界观和价值观。所以，语文教师的重要职责之一就是丰富学生的精神世界，培养学生独立正直的人格。

那么，如何培养语文教师的学科气质呢？这就要回归到语文这个学科本身来看了。

语文教育的目的是什么？是作为一种语言工具，还是培养一种思辨能力，或者是积淀文学素养？其实三者兼而有之，但孰轻孰重呢？应试教育和急功近利的社会大环境使语文逐渐偏重于前面两个目的，忽视了文学素养的积淀，而文学素养的培养恰恰是语文教育最根本的目的。当我们舍本逐末时，就会发现语文离它的本质文学越来越远了。我想，这也是为什么学生越来越不喜欢语文的原因之一。

爱因斯坦曾经这样说过："把所学的东西都忘了，剩下的就是教育。"若干年以后，学生可能早就忘了语文课本上的某一篇课文，但是不会忘记老师在课堂上展现出来的人格魅力，这些久远的影响就是语文教育留下的痕迹，而这恐怕就是语文教师需要追求的学科气质。

（中光高级中学教师　王　蓉）

潜移默化的引导，体现在教师对自我的认识之中。"学科气质"的讨论，让每位教师发现自身与学科的契合之处，找寻到学科内部教师之间的共性与个性，从而引导教师能更深入地认识自己。教师只有保持心灵的开放，坚持探究内心的勇气，才能追寻自己的本真，从而引导学生更好地认知自己、他人与整个世界。

（二）体验自我的完整

季羡林先生曾说过："要谈和谐，首先是人自身的和谐。"和谐，是一种人生信念，更是一种圆融的人生境界，其核心指向人内在的完整。正如布贝尔所言，"所有真实的生活在于相遇。"教育就是心灵之间无止境的相遇，教师需要对每天全新的相遇保持开放的心态，从而体验真实的生活。甘地将生活称之为"体验真理"，我们在生活中不断地相遇，就是为了更多地体验自身完整。

自身完整，是教师在自我认同的基础上，找寻自我的真实状态。"自身完整要求识别哪些能整合到我的自我个性中的东西，分辨其中哪些适合我，哪些不适合我。通过选择自身完整，我会变得更加完整，但是完整并不意味着变得完美无瑕。通过承认我原本是的那个整体，就意味着变得更加真实了"。① 如果教师在生活的恒定性与时代性的交汇处找到自身认同与自身完整，重新审视那些当初引导我们走向教学的某些交汇点，就能找到优秀教学

① 【美】帕克·帕默尔：《教学勇气：漫步教师心灵》，华东师范大学出版社，2005 年版，第 14 页。

之本源。

当谈到如何处理教师生活和学生生活之间关系的问题时，我们既有自身的局限，也都有尚未开发的潜能。中光中学“生命关爱中心”启动的教师心理健康阳光行动，为我们找到了“尘封已久”的自我。

【案例 5-2-2】

中光高级中学启动“快乐生涯”教师心理健康校园阳光行动

在学生心理健康日益受到关注的今天，教师的心理健康也得到了普遍关注。为帮助教师舒缓心理压力，消除职业倦怠，培养团队合作精神，提升教师的专业素养，学校特邀上海市心理特级教师、七宝中学杨敏毅老师来校开展“快乐生涯”教师心理健康校园阳光行动。

放下工作、脱掉鞋子、坐在地上……在轻松的氛围中，杨老师组织了按身高、体重、出生月日，排队、分组活动的游戏。在无声的交流中，有的老师因为思维定势站错了位置；有的老师因为只考虑了部分因素站错了位置；有的老师因为缺乏有效的沟通站错了位置……在愉快的游戏中，教师们放下工作的重担，回到了快乐的童年，分享着彼此的喜悦；在真诚的分享中，教师们探索着内心的世界，寻找真实的自我；在专家的点评中，教师们意识到思维定势对于个人发展、人际沟通可能带来的不良影响，深刻体会到了交流、分享、理解、沟通、合作等在人际交往，尤其是师生交往中的重要性。大家意识到作为教师，应该乐于学习、积极学习，拓宽自己的知识面，走进学生的世界，关注学生的心理，帮助学生的成长……

短短两个小时的活动，在快乐、轻松的氛围中，很好地缓解了教师们的工作压力，帮助大家寻找到一些教育智慧，增强了教师的心灵动力。此次活动启动了我校“快乐生涯”教师心理健康校园阳光行动，学校将定期邀请杨老师来校开展活动，让教师在轻松、愉快的活动中实现心灵的减压和专业的成长。

当契机到来时，教师们终于可以完全放下隔膜，关注彼此的内心。在游戏中，我们深入地了解自我，也更加懂得分享和体谅彼此的内心，于是一件美妙的事情就发生了：我们不再坚守着各自的立场而争论不休，这一刻，自我的完整在我们内心深处和我们的外部世界之间成长起来。

二、提升学术素养的文化人

"教师首先需要是文化人"。在高速发展急剧变化的时代潮流下，如果教师不能通过广泛阅读、倾心研究人类丰富的成果来提高自身文化素养，不仅会迅速被时代所淘汰，而且无法赢得学生发自内心的尊重。注重学术素养、善于学习的现代教师，则会让学生受到文化的引导与感召，进而乐于求知与探索。

什么是文化？英国文化人类学家爱德华·泰勒如此定义：文化，是一个复杂体，它包含知识、信仰、艺术道德、法律、风俗以及其余社会上习得的能力与习惯。[①] 学校是给学生提供文化环境的重要载体，只有当教师是一个大写的"文化人"，才能引导学生走向"文化自觉"，培养整个民族的"文化自信"，为学生的终身发展奠定坚实的基础。

(一) 求知与思想的光芒

学高为师，一个有精神追求、学而不厌、孜孜不倦的教师，会成为学生"模仿"的典范。沉潜的前提是热爱，教师在感兴趣的研究领域中与自己的内心相遇，获得自身完整而非自我分裂，从而全身心、乐此不疲地投入研究，站在该领域的知识前沿，成为出类拔萃的佼佼者。

"人因思想而伟大。"帕斯卡尔将思想置于人的核心位置，表述了独特的思想光芒具有巨大的影响力。同样地，教师自身的不断学习与完善，开拓广博的知识视野，在自我的更新与发展中逐渐形成独特的教育思想与教育学术，并以其思想引导学生在创新中发展自我。

我校青年优秀教师吴雅琼老师对诗歌有自己独到的见解，在研究中解读，使古典诗歌

---

① 参阅【英】爱德华·泰勒：《原始文化：神话、哲学、宗教、语言、艺术和习俗发展之研究》，广西师范大学出版社 2005 年版。

得以传承与创新。

【案例 5-2-3】

提升诗歌阅读鉴赏力的有效教学行为初探

刘勰《文心雕龙·知音》篇中这样写道:“夫缀文者情动而辞发,观文者披文以入情,沿波讨源,虽幽必显”。从中看来,读文章,要把作者没有说出的情致或情意探索出来,并不是一件简单的事情。在实际诗歌教学中,我们不难发现,学生无法弄清楚一首诗歌内容的原因就在于“披文入情”“沿波讨源”之中出了问题。

“披文入情”即从阅读文辞到进入作者的思想感情,这就是鉴赏。“沿波讨源”中的“波”其实就是诗句中作者的文辞,“讨源”指从诗句出发,探索作者所没有说出来的情志。那么,如何做到呢?

一、诗可以“兴”

苏轼在谈到《诗经》手法中说,“兴”即先咏他物以引起所咏之物。同样,在诗歌教学中,先咏他诗以引起所咏之诗也是非常好的办法,有人称其为“以诗证诗”、“以诗解诗”。这在诗歌研究中有着很好效果,在诗歌教学中也是如此。

中国是诗的国度。一部中国文学史几乎就是一部诗史。中国的文化总是有着沿袭的,中华传统诗词源远流长,作品如林。从“诗言志、歌咏言”的《诗经》开始,无数杰出的诗人,相继歌唱几千年,给我们留下了许多具有永恒魅力的不朽诗篇,而这些优秀诗篇体现了很多共同的核心审美价值,了解这些不仅能让学生更加容易了解诗歌的内容,更可以意会不可言传的意境。

二、诗可以“观”

观要观其形,诗歌正是如此。一首好诗往往离不开意象组合的画面感。无论是马致远的《天净沙·秋思》中集中意象的叠加,还是陆游《书愤》诗中的“楼船夜雪瓜洲渡，铁马秋风大散关”的意象感受，都离不开画面感。在诗歌教学中，往往有很多教师将诗歌意思用翻译来替代，虽可以在一定程度上让学生了解诗歌的大致意思，但是这样做的后果往往是一旦遇上不能翻译的情况，学生理解就会马上出现困难，而且也影响了学生走进诗歌创作者的意境构筑。

正如北宋诗人梅尧臣所说，诗人“必能状难写之景，如在目前；含不尽之意，见于言外”。清代诗论家方东树强调“眼前景、口头语，而有弦外音、味外味”，指的都是这个意思。诗词教学中过多的理性分析往往吃力不讨好，试图以“一一对应”的方式来翻译那充满灵性的诗句，也常常失去了诗的神韵。

三、诗可以“群”

“诗可以群”，在孔子笔下，意在可以交往朋友。在诗歌教学中，“群”更体现在诗歌本源的探讨和追究上。“群”需要我们的发散理解，增添诗歌的内涵。

前面我们提及“沿波讨源”，其实“波”即文辞，文辞到本源，有着多方面的内容，可以涉及音律、通变、风格。这些也仅仅是文辞方面，如果加上当时诗人所创作时的诗论依据，就更是千变万化。诗人在追求某一方面的时候，往往会“意无穷”地触发读者的欣赏创造。比如，在讲到《终南山》的最后一句“欲投人处宿，隔水问樵夫”的妙处时，能探讨的就很多了。对于这句诗，不仅学生可以发散来说，诗论史上，也历来有不同的理解和评价。有些人认为它与前三联不统一、不相称，从而持否定态度。王夫之辩解说：“‘欲投人处宿，隔水问樵夫’，则山之辽阔荒远可知，与上六句初无异致，且得宾主分明，非独头意识悬相描摹也。”（《姜斋诗话》卷二）沈德潜也说：“或谓末二句与通体不配。今玩其语意，见山远而人寡也，非寻常写景可比。”（《唐诗别裁》卷九）

我们不难看到诗歌在流变中，往往发生着不同解读和不同的意思理解。很多学者在研究诗歌时，往往都有着不同的角度。所以，提供广泛的诗评，加深学生对不同观点的角度理解，对培养学生鉴赏力，有着很重要的影响。

四、诗可以“怨”

“怨”在孔子笔下，是讽刺的意义。然而，我认为在诗歌教学中“怨”也有现实的意义。在诗歌教学中，我们往往执著于肯定的理解，缺少理性批判的精神。在实际诗歌教学中，我会经常把学生的不同鉴赏加以分析、区别，同学们通过评判高低优劣，在批判与修改中找到鉴赏的能力与感觉。

当然，我认为提升学生的鉴赏力并不仅仅在这些方面。但是无论什么鉴赏，都是为了贴近作者的本意，然后才能有自己的阐发。孟子在《孟子万章上》中说：“故说诗者，不以文害辞，不以辞害志，以意逆志，是为得之。”文辞的解释不能妨碍作者的情志，更不能不顾诗人的本意，强加自己的意思和体会。所以，传统诗歌教学鉴赏中的“知人论世”是非常重要的。

（中光高级中学教师　吴雅琼）

吴雅琼老师对古典诗歌的挚爱与探究热情，跃然纸上。优秀教师将自身的兴趣爱好与教师事业完美地融合在一起，对知识的探究和思想的火花，宛如一盏明灯，指引学生去探寻自己的内在世界。

（二）反思与对话的魅力

“君子博学而日参省乎己，则知明而行无过矣。”古代先贤荀子在《劝学》中已经表明了反思对于学习的重要性。教师要做到“修身”，必然要善于反思自我。教师们可以常常反问自己：我的教学对学生的生命成长有怎样的作用？我能否通过教学促进他们成为他们自己？只有通过时时刻刻的反思，才能做到“苟日新，日日新，又日新”。

自我反思的内指性能让教师找寻到教与学内在张力的深刻原因，却无法避免自我认识的“盲区”，这时“对话”就成了一种必然的补充。展开教师之间关于优质教学的真诚对话，既能提高教师的专业实践，又能使教师们在思想的碰撞中提高自我认识。

我校开展的“2020”课堂展示活动中，张慧燕老师的一堂语文课《长亭送别》，成功地诠释了本次活动的内涵，让学生成了学习的本体。而这个课例正是张慧燕老师自身反思与备课组多次“对话”的结果，是集体智慧的结晶。对这次“磨课”历经的整个过程，语文组教研组长周光珍老师给予了客观的呈现与中肯的评价。

【案例5-2-4】

体现“2020课堂教学模式”的小组合作探究式学习

本周四，学校集中开设了多节体现“2020课堂模式”的嘉定区片级展示课，语文组张慧燕老师上的是《长亭送别》。经过反复磨课，三次试讲，广泛吸取组内教师及区教研员沈国全老师的修改意见，这节展示课呈现出较好的课堂面貌，达到了预期效果。

一、“2020”模式助推语文教学从有效教学走向优质教学

以前，我们强调课堂教学的有效性，是有一定的功利目的，因为有效教学可以检测，可以测量。而优质教学更关注学生的未来发展，关注学生的思想、情感、人格素养的提升，关注学生思维能力的发展，关注学生自信心、人际沟通交往能力、探究合作能力的发展，这些很难用量化的标准进行检测。尽管如此，优质教学不言而喻是每一位语文教师所应该追求的终极目标。“2020”课堂模式注重学生自身的课堂实践和体验，注重学生自身的经验与感悟，其实质与优质教学理念不谋而合。

张慧燕老师的这节戏剧教学课，采用小组合作探究模式，分为六个学习小组，通过对《长亭送别》唱词的品读，挖掘女主人公崔莺莺的送别赶考张生时的心理情感，探究崔莺莺的人物形象。各个小组讨论热烈，组员全员参与，主题发言之外，不断有组内、组外学生补充扩展，充分体现了师生互动、生生互动的学习特点，学生合作探究意识得以体现，学习气氛和学习效果良好。

二、"2020"模式找准了语文课堂学习的突破口，真正体现了由讲堂转向学堂

教师彻底转变观念，变过去耳提面命式的学习模式为结伴同行式的学习模式，真正体现了课堂的民主与平等。

"2020"课堂模式，采用分组式学习形式，改变了以往以教师为中心的教学形式，教师以学习同伴的身份融入学生之中，与各小组成员平等交流，与学生共同分享各个小组的学习心得，首肯、鼓励、评点，并适时补充学生的发言。这样的"2020"小组分组学习模式，激发了学生的内需，让课堂真正由讲堂变成学堂。

这种教学模式对教师的要求更高。

首先，教师必须设定学习目标和学习任务。就《长亭送别》而言，至少有三个层面的解读：

文言层面，疏通文面，弄清这折戏的故事情节。

文学层面，鉴赏戏剧语言，感受人物心理、情感，鉴赏崔莺莺的人物形象等。

文化层面，从科举、婚姻制度等文化层面理解张生和崔莺莺爱情婚姻所遇到的阻挠，理解戏剧"反封建礼教束缚，追求爱情婚姻自由，愿天下有情人终成眷属"的主题。

张慧燕老师的这节课，从中光学生实情出发，制定了切合学生实际的学习目标和任务。从品读戏剧语言入手，感受人物情感心理的复杂变化，把握崔莺莺形象特点。

在学习策略的设定上，采用分组方式，让学生抓住不同唱词中的共有要素"恨"字，深入剖析背后的心理层面：恨离别——恨功名——恨礼教——恨无奈，一个重爱情、轻功名、敢叛逆却处于两难境地的崔莺莺形象跃然纸上。

在学习活动的设计上，教师主要以提问式引导：你从唱词中读出了什么？你是怎么读出的？引导学生从语言进入，直抵人物的情感和心里，感受人物情感和

心理的脉动。

三、反思与改进

这种分组学习方式是建立在学生充分预习基础上的小组讨论交流式学习。如果学生没有充分预习，自身不具备对问题的真知灼见，就会造成学习效率的低下，造成一种低水平的教学，思维停留在浅表层面，难以让学生有真正的课堂学习收获。

另外，部分学生可能依然不适应这种学习方式，课堂上不融入、不作为、无所事事，等着教师给他现成的答案。针对这种情况，要求教师平时注重培养学生自觉预习和独立思考的习惯和学习能力，课前设定好学习目标和学习任务，对每一节课的内容都让学生自己及时加以总结反思，形成对一节课的完整学习印象：这节课我学到了什么？我有哪些发现？有哪些没弄懂？还有哪些困惑？从而让学生管理好自己的学习，真正做学习的主人。

（中光高级中学教师　周光珍）

在教师的自我反思与彼此之间的对话中，优秀教师可以从成功的案例中找到自身的长处与强项，并把这个对话交流的过程作为发现自己、寻找自己的源泉来真诚对待，从而获得真正意义上的专业成长。

三、开发课程资源的研究者

课程改革是教育改革的核心，新一轮的课程改革深化的不只是形式与内容，而是教育观念的革新和人才培养模式的变更。面对新时代的挑战，现代教师要投身其中，关注课程资源的开发，积极构建适合学生终身发展的课程体系，做一个开拓创新的研究者。

课堂是教师与学生共同成长之地。面对正在成长的生命个体，教育需要情感的交流、心灵的沟通，教师要担当起教书育人的重大使命，需要将完整的身心融入课程，研究学科，让课堂展现出生命的活力与智慧的火花。

（一）筑造我们的学科：微观探究

基于教学的个体性，教师常常会以为是我们筑造了学科，事实上，学科也筑造了我们，这是一个彼此互动的关系。“在我们与学科的命题概念和学科的生活框架相遇之前，自我意识只是处于潜伏状态，通过回想学科是怎样唤醒自我意识的，我们就可以找回教学心灵。”①找寻教师内心与学科之间的内在联系，对我们发现学生与学科之间的内在联系有深刻的启发意义。

“为什么学生喜欢一门课而不喜欢另一门课?”除去老师自身魅力的影响之外，最重要的原因是，某一门课能给这位学生找到自身认同的方式，获得自身完整；而另一门课却使他丢失了自身认同，当自身在一种外力迫使的前提下进行学习，主体很容易因为自身的缺失而选择“不在场”。这就是为什么学生在不感兴趣的课堂上，表现出“心不在焉”的深层原因。

因此，我们要筑造学生喜欢的学科和课程，创造机会让学生在该学科或课程中体验到自我的存在，获得自身认同与主体的完整，这正是学习成就感和喜悦感的来源。只有改变教与学过程中的主导地位，从“教”学习者转变为“导”学习者，才能将课堂的主体地位交还给学生，让其在主动参与的过程中获得自身认同。中光中学艾冬娥老师便在一堂精彩的政治课上，呈现了教师角色的成功转化。

【案例 5-2-5】

让课堂成为学生成长的平台

——以《消费者要善于维护自己的合法权益》为例的教学反思

二期课程的核心是“以学生发展为本”，让课堂教学适应每位学生的发展，使

① 【美】帕克·帕默尔：《教学勇气：漫步教师心灵》，华东师范大学出版社，2005 年版，第 26 页。

学生得到成长。在我的政治课堂中，又应该如何有效地实行？下面我以《消费者要善于维护自己的合法权益》为例，从教学环节的实施方面着手，就如何让学生的学科知识得到丰富，分析问题、解决问题的能力得到提升，价值观得到培育等内容进行简要反思。

1. 设计学生乐于参与的互动环节，让学生在参与中了解维权途径

在本课教学中，我设置了这样一个互动环节——让学生为我的某次消费侵权经历设计一套完整的维权方案。但是在给学生讲述消费侵权过程中，我隐含了两个不能运用的维权途径。这样做的目的是一方面学生必须要认真倾听讲述并真正理解维权途径才能设计相对合理的方案，另一方面也使方案可能出现一些问题，为教师的有的放矢设下伏笔。结果不出我所料，在学生分享其设计维权方案时，就有学生提出了和商家协商和解、找上海市仲裁委员仲裁，甚至上诉法院的方案。我结合学生设计的方案，通过不断追问的方式，帮助学生一一理清五种不同维权途径的优劣特点，让学生思考的过程显性化，并引导其初步学会依据侵权情况依法选择恰当的维权途径。

2. 引导学生进行整体思考，让学生主动构建知识结构

学科知识结构的教学和建构，一是能够“通”知识要素（客观事实——学科事实——学科概念——理论架构——学科方法）之间的联系，有利于实现学科教学的整体功能价值，包括实现“面向知识”转向“面向问题”的研究。二是能够“通”知识（事实与概念）之间的联系方法，形成有效学习的工具和方法。所以在教学过程中，我设置了这样一个问题：消费者维权有什么重要意义？鼓励学生从消费者、企业、社会生产总目标等不同角度加以思考。设置这一问题是立足在学生已经明白“达芬奇家具事件”对自身、行业发展、社会等的影响的前提下，有意识引导学生通过自己的推导和追问来建立和完善其知识结构。

在构建过程中，学生学会利用所学的知识，理清生产与消费、产业结构要素之间的内在联系，从社会现实中分析问题，归纳问题，寻找本质原因。

通过知识结构图示的建构，学生明白消费维权不是简单地维护消费者个人利益，而是通过市场的优胜劣汰，在引导监督的氛围中，使优质企业形成品牌，建成一种良性循环的产业结构，维护社会稳定，保障消费者生活水平，实现社会生产的良性发展。消费者的维权看似是在保障权利，更是在为社会尽责，为构建和谐生活环境努力。

3. 给学生一些生活小常识，激发学生学习"动力"

社会发展到今天，注重快速、高效、实用，学生的学习也变得功利，只追求该学科短期的实用性。面对这种现实情况，教师一方面要引导学生注重学习的奠基功能性，又要利用学生这一扭曲的"有用心态"，及时提供一些生活中的小常识，让学生从心底里感受到学习该学科十分有用，从而激发学生学习动力。所以在教学过程中，我专门寻找到了上海市消保委联系电话、地址，嘉定区消保委联系电话、地址，上海市仲裁委员会联系电话、地址及一些相关行政监督部门的联系方式，给学生的生活提供一些小常识，让学生切实感受到经济学就在自己身边。

（中光高级中学教师　艾冬娥）

作为学习的"中介者"，教师需要因材施教，将主要精力放于学习组织而不是知识传授；作为课程的重构者，教师应当以"教材无非是个例子"的眼界，设计"学生乐学、教师易教"的课程。艾冬娥老师在课程中"别出心裁"地引导，不仅让学生主动构建学科知识框架，而且培养了学生独立质疑的思维能力，将课堂的本体交还给学生，促进了学生的长足发展。

（二）多样化与个性化的共同体：宏观建构

课程，是学生学习经历的校园蓝本，对学生的成长起着基础性、奠基性和发展性的作用。教师作为课程改革的核心力量，需普遍重视基础学习能力的提高和创造性思维的培养，尊重学生的体验，发展学生的个性。现代教师不仅要关注课堂实践中生成课程的研究，而且要关注将课程与学生鲜活的内心相联系，引导学生与内在的自我相遇，才能使教学真正有效。

中光中学从学生可持续发展的方向出发，规划设计学校的课程体系，引导教师有计划地开展国家课程的校本实践，研发基于学校文化特色的校本课程，着力推进课程教学改革。学校课程成为学生学习和生活中最关键也是最核心的载体和资源。学校根据学生发展规律和成长过程中不同阶段的需求，为学生的个体成长提供多元的课程设置和选择，逐步构建起关注学生个体成长需要的多元课程设置和课程选择平台。

在上海《文汇报》中光高级中学办学特色的连载报道中，就“V－I－P”课程体系曾做过专题报道：

【案例5－2－6】

让课程迸发生命力

课程在学生成长中具有牵一发而动全身的功能。课程可以是一个大概念，学校一切有计划、有目标的教育活动，都是课程的重要组成部分。无论是学科课堂教学，还是学校的教育活动，乃至于社区共建的社会实践活动，都是学校有组织、有计划、有目标的课程内容。中光的课程强调学生成长领域的覆盖面和综合性。

用文化的理念与内涵建设课程，是中光的特点。学校在环境文化建设的同时，十分重视课程文化建设，用课程来支撑文化的传播。根据每一处环境文化开发出一门校本课程，对学生实施文化育人。

建立符合校情的课程体系，是学校教育价值取向的反映，它直接体现了学校对学生思想、人格、智能的塑造。因此它是学校文化建设的重要内容，也是学校文化建设的根本点。

课程的完美呈现，需要课堂教学的优质匹配。中光致力于构建民主课堂，采用的“2020”教学模式，从本质上说，就是将教与学置于最优化的状态，让教学成为师生生命迸发、活力四射的平台。

（原载《文汇报》2013－09－10）

我校多样化课程以基础课程为出发点，通过挂牌拓展的形式注重学生主体的选择；基于学生兴趣设计的个性化课程和开拓视野的通识课程，满足学生的内心需求与差异化的选择。此外，自主社团每周一小时的活动时间也给了学生充分的发展空间，并对拓展课可能存在的缺失进行了有效的补充。从学生对于拓展课的渴盼与喜爱程度，可以看出他们在此类课程中找寻到了真实的自我，并亲自实现了它。这是一种主动参与之后收获的自身完整，让学生的发展具有可持续性甚至永久性。

同时，我校开设了颇具个性化特点的“校园咖吧经营实践项目”课程，鼓励更多的同学体验与实践。

【案例 5-2-7】

“校园咖吧”课程的开展与实施

为了提升学校课程领导力，促进学生的成长与发展，作为“适合教育”校本课程体系构建与完善的重要实践项目，我校“校园咖吧经营实践基地”于 2006 年 9 月正式成立。“校园咖吧”的创设，旨在培养高中学生了解社会、适应社会的能力，通过自主经营的方式，提升人际交往能力，培养团队协作精神，树立社会公德意识，逐步形成经济意识和经济头脑。

历经九年的发展壮大，“校园咖吧”的经营管理日益成熟。通过产品研发、市场开拓、广告策划、制度完善、经营成本核算、部门分工与协作等各方面的规划，学生们的综合能力得到了充分的培养和展现。项目采用“学生自主管理，教师积极指导”的经营模式，使学生在实践中既能运用经济常识相关的理论知识指导生活，又能陶冶情操丰富校园生活经历。因此，“校园咖吧”的经营既是课堂教学的延伸和补充，又是校园社会实践基地和德育平台。

2014 年 3 月，我校政治教研组组织了“校园咖吧自主经营培训”课程，高一全体“经营者”积极参与、学习分享。总结大会上，高一(1)班的葛斯杰同学作为

“经营者”代表对第一轮校园咖吧经营活动进行了总结发言。随后，副校长艾冬娥老师总结了本届“咖吧经营实践活动”的得失，并对活动中表现优秀的个人和先进的集体进行了表彰。

通过“校园咖吧经营实践”项目的积极开展与深入实施，我校努力探索创新教育管理机制，创设适合学生个体发展的品质教育。

我校设置“校园咖吧经营实践基地”项目，是学校提高学生人文素养的实践基地，是体验“市场经济学”的运作基地，也是学生礼貌、礼仪、礼节“三礼涵养”的基地，更是学校开设的一门校本德育课程。在这门课程中，有文明消费、诚信经营、守法经营的法治道德教育，也有消费者维权、经营者食品安全的生命教育。在多样化与个性化的共同体中，教师将基础教育、通识教育与个性教育融会贯通，给予每一个生命个体最适合的教育。

第三节　教师即守望者

人们将教师比作“人类灵魂的工程师”、“辛勤的园丁”、“奉献的蜡烛”，这些传统教师角色的隐喻指向，忽视了教育的艺术性以及教师精神上的收获与快乐。现代教育过程中需要教师耐心守候、细心观察、真心期盼。如同塞林格笔下的“麦田里的守望者”，教师是守住自己灵魂、给予学生成长空间的精神守望者，引导学生远离生命中“危险的悬崖”去体验自由与幸福，让学生拥有一片“金色的麦田”。

在教师的守望期盼下，我们慢慢成长为一棵棵独特的树木。当我们找寻教师曾经留在我们内心深处的印记时，惊讶地发现，最深刻的记忆或许并不是老师给予的知识本身，而是他们对我们生命发展的影响，是潜移默化关乎人生价值的影响。这种影响来自教师对于社会良知的执著坚守，对于学生美好未来的无限期许，以及一代代教师们对于教育理想的努力践行。

一、社会良知的坚守者

现代高科技的发展势不可当，人性与精神的发展却远远滞后，使得理想与信仰逐渐丧失。当旧的价值体系陷入困境，而新的价值体系尚未产生时，这一断裂造成了“现代人的精神危机”。在危机的笼罩下，教师中有些人失去了生命的方向感与价值感，内心长久地处于矛盾与冲突的割裂状态。诚然，教育是关于价值传递及创造的“人文过程”，如果教师陷入“精神危机”，那么教育将失去本真的状态和最初的意义。

从这个维度上来讲，教师是人类根本价值的维护者，是社会的良知。教师对于社会良知的坚守，正是教师对自身存在方式和价值的内在思索，是一种真实的自我社会角色的认同过程，它有助于教师摆脱“精神危机”的困扰，成长为一个完整的人。作为精神守望者，教师只有让自身的精神体验与生活实际相融合，坚守社会良知的“本心”，才能成为立于生活之中的领路人。

（一）恪守诚信的执著

“言必信，行必果”。守信是人类社会的良知，也是教育的底线。古人云：“义士不欺心，廉士不妄取。”若干年前，受孔子敬重的延陵季子做出“挂剑于墓”的义举，只为遵守“心许之”的承诺，其“不欺心”可视为诚信的至高之境。而在一个诚信遭受严重挑战的时代，如何教育学生成长为一个正直守信的人，变得尤为紧迫和重要。

教师不仅需要以身示范，而且要信守对教育事业的诚心，无论何时何地都主动自觉地意识到肩负的社会责任，让完整的心灵沉浸于教育事业，不为外界的诱惑所动，恪守教育的原则和底线。同时，也要通过一些教育契机给予学生适时的“诚信教育”。

【案例 5－3－1】

体验诚信愉悦
——我校开展“诚信试场”主题活动

2012 年 11 月 7 日、8 日，中光高级中学在为期两天的期中考试中设立了“诚信试场”，并以本次考试为契机，开展了一次以“诚信考试——体验诚信愉悦”为主题的教育活动。

在活动实施之前，学校制定了详细的工作方案及诚信考试制度，召开了教师大会，积极转变教师观念，动员大家积极宣传。同时，各班组织召开了主题班会课，讨论诚信考试的意义，提高学生的认识。在宣传动员后，全校共有 79 名学生经过自愿报名、班主任和班委会推荐、学校审核通过等环节后，在无人监考的“诚信试场”内完成了本次考试。进入“诚信试场”考试前，每位学生都会与校方签订一份“承诺书”，并在全校师生面前郑重宣誓：在考试全程中，严格遵守学校考试纪律，认真作答，决不违规舞弊。

为确保“诚信试场”的可信度，学校一方面邀请家长督学在考试期间到校巡查考风考纪，另一方面，学生服务部、教学服务部还会在考试结束后开展诚信考试调查和总结表彰。

我校将“诚信教育”纳入行规教育、日常教学中，通过各种行之有效的载体，对学生进行潜移默化的教育，全面提高学生诚实守信的良好品质。本次主题教育活动是对学校诚信教育的一次检阅，有助于进一步建设“朴实、明理、进取、乐学”的学生形象，并对教师自身的诚信素质提出了更高的内在要求。

（二）勤勉无私的奉献

教师是太阳底下最光辉的职业，如阳光般无私地将温暖播撒在大地的每一个角落。陶行知说：“捧着一颗心来，不带半根草去。”献身教育是一种精神境界，在“个人主义”肆意横行的现代社会，无私奉献显得尤为可贵。

“淡泊以明志，宁静以致远”。如果对教师内在精神的坚守意义缺乏认识，就会导致教师无法身体力行，遮蔽了人性深处的光辉。因此，教师需要重常人之所轻、轻常人之所重，拥有心无旁骛、潜心钻研的奉献精神，引领一代学子感知奉献、懂得感恩，从而让奉献与感恩成为整个社会的主流价值观。

一直辛勤耕耘在我校教育一线的孙继珍老师，用勤勉奉献的精神感动了每一位学生，用大爱无私的情怀赢得了学生们的尊敬。

【案例 5－3－2】

饮水思源　感恩吾师

——献给孙继珍老师

孙老师，我不是您最出色的学生，而您却是我最尊敬的老师！在您的节日里，我要把一份崇高的敬意献给您。在得知您荣获德育金星奖时，我真的为您高兴。如今我已经毕业多时，但是您作为班主任和我们朝夕相处，一起奋斗在高考战线上的场景，至今还历历在目。

还记得那时在高考的压力下，我们没了方向，您总是一遍一遍不厌其烦地鼓励我们。要忙于课务和班级的很多琐事，您自己也很辛苦，可是您总是会在进入教室那一刻精神饱满地为我们加油，还会无私地奉献出自己在高中时期奋斗的宝贵经验。有时，有些同学由于种种原因学习状态不是很好，你会私下找他们谈心，给予鼓励和建议。每个午休，您总是放弃自己的休息时间，在教室里陪着我们，解答疑难问题。渐渐炎热的六月，您也会犯困，可是每次面对我们，您总是打起十二分的精神，微笑着给我们鼓励。

记得一次放学前的自修课，您陪着我们在教室里学习，突然有人敲门，原来是您的父亲。您出去和他小声交谈，我们听到了你们谈话的内容，您的孩子发烧了，他来找您回家，但是您为了晚上给我们上课没有回去，只是告诉家人给孩子看病的路线，又若无其事地回到了教室。那时，我们在为您着急之余不知道如何表达自己的感谢，只能告诉自己，一定要乖一点，再乖一点……

您的历史课也很生动有趣，让我这样一个曾经不喜欢这门课的学生逐渐对历史有了兴趣。是您的耐心辅导和一遍又一遍的鼓励，让我重树信心……

学习之外，您也同样关心着我们的生活细节。您总是很亲切地对我们说，“遇到什么困难都可以找我商量，来和我聊聊，也许我能帮你”，就像父母对我们那样的关照。在我们提出要求时，您也总是以最快的速度帮我们解决。

和您相处的日子，有太多难忘的瞬间。最是难忘，您与我们同坐在冰冷的教室中为我们补习落下的课程；最是难忘，您忍着胃痛为我们批改作业；最是难忘，您耐心回答我们一个个问题时认真的样子；最是难忘，高考前夕，您眼中的不舍和盈盈泪光……

您因材施教，善启心灵。因为有你的帮助和提点，我们才少走了许多弯路。因为有你的关切，当我们奔跑在高考的前线时，才感到多了一份温暖。我们如今捧着的优异成绩，离不开您的悉心教导！没有您的慷慨奉献，哪有我们收获的今天？

饮其流者怀其源，学其成时念吾师。

（中光高级中学学生　严开琦）

善之根本在于教育，教育之根本在于教师。教师树立垂范之风，不仅需要恪守诚信、勤勉奉献，而且需要拥有明辨是非的头脑，坚持清醒的文化判断力。相信不久的未来，我们不用如同寻觅星辰一样去寻找良知，也无需如同挖掘珍宝一样去发现优秀教师。只因彼时，良知就居住在我们内心，优秀教师就在我们身边。

二、美好未来的期许者

教育就是期许一个美好未来。教师不仅承载着众多家庭对美好未来的期许，也是肩负着社会发展进步的桥梁。给予学生一个值得期许的未来，正是无数教师默默奉献、甘心疏离于物质世界之外的精神支撑。

教师如何引领学生抵达未来呢？杜威的话给予我们启示："知识具有人文主义的性质，不是因为它是关于过去人类的产物，而是因为它在解放人类智力和人类同情心方面做出了贡献。"①

① 【美】杜威：《民主主义与教育》，人民教育出版社 1990 年版，第 44—45 页。

如果说杜威强调的是教育在连结过去和未来时体现出来的人文意义，那么怀特海则更注重内在文化生活的思想意义，“文化是思想活动，是对美和高尚情感的接受。支离破碎的信息或知识与文化毫不相干……教育所要传授的是对思想的力量、思想的美、思想的条理的一种深刻的认识，以及一种特殊的知识，这种知识与知识掌握者的生活有着特别的关系。”①可见，教育关注的是学习者的内心与生活之间的联系，教师只有引导学生感受和体验这种联系之中的真、善、美，才能促使生命面向未来，收获真正的成长。

（一）生命成长的期许

苏霍姆林斯基说过，孩子在离开学校的时候，带走的不仅仅是分数，更重要的是对未来社会的理想追求。如果教师们整天关心的是名次和分数，在如此功利心态的影响下，孩子们的心胸怎能开阔？学校的世界和外面的世界应该是息息相通的，而现实却是外面的世界很精彩，学校的生活很无奈。

我们需要真正融入生命的教育，展示生命意义，提升生命价值，才能呈现教育永久的生命力；教师需要充分了解学生的生命成长，这是认识生命成长的起点。教育对于生命成长的期许，不是为了让学生更好地生存，而是更好地生活。因此，要使今后的社会生活更加理想，首先要净化我们的校园，在教育的熏陶和感染之中，让学生领悟丰富多彩的学习生活中蕴含的幸福和快乐。

为了让学生懂得更好地生活，充满自信地展现青春的风采与独特的个性，我校举办了艺术节和狂欢节。

【案例 5－3－3】

中光高级中学第 26 届艺术节暨狂欢节圆满落幕

2013 年 11 月 29 日上午，中光高级中学全体师生和部分家长在嘉定影剧院

① 【英】怀特海：《教育的目的》，三联书店 2002 年版，第 21 页。

成功举行了艺术节文艺汇演，下午在校园内举行义卖活动和美食节，晚上则由各班级单独开展联欢活动。

本次艺术节历经主持人竞选、节目海选、书画比赛等系列活动，最终，同学们在文艺汇演的舞台上充满自信地展现艺术风采。本次艺术节的特色之处是结合学校的艺术办学特色，开展"走进达芬奇"活动，通过对《蒙娜丽莎》画作的解读，提升师生人文素养；同时开展"进入艺术殿堂"活动，通过观赏音乐剧《猫》视频片段，音乐老师向全校师生解读了如何欣赏高雅艺术，提升了全校师生的艺术修养。总之，本次艺术节在原来的基础上，更加注重艺术的内涵，提升文艺汇演的品质。

此次狂欢节的"爱心义卖"和"美食节"活动，形式上有了很大的改变，不仅有物品的义卖，还有美术班学生画作的义卖，所得钱款均作为学校的爱心基金。另一边的美食街上不但有学生叫卖声，还有扮演食品监督员、消防安全管理员、卫生检疫员等角色的学生和老师不停地巡视检查，让同学们真正体验到了做买卖的各种细节，提高学生的生存生活技能。晚上各班级同学、师生、家长间的联欢，充分展示了同学们的聪明才智与多才多艺，大家都感受到了发自内心的欢乐与愉悦。

总之，本次活动为广大师生展示美好形象、充分发挥智慧和才能搭建了平台，使学生在系列活动中开发潜能、树立自信、提高自主管理能力，培养了学生的领导才能，塑造学生"朴实、明理、进取、乐学"的人文气质，以此进一步推进中光校园文化建设，也充分展示了同学们对生活的热爱、对幸福的追求以及对艺术的认知。

一年一度的艺术节和狂欢节是学校专门为同学们设计的实践锻炼、体验学校文化、涵养人文素养的活动课程，也是同学们自主发展的实践舞台，是学校"文化立校"办学理念的体现。在社会迅猛发展的洪流中，教育也许永远是"滞后"和"缓慢"的，但从中我们看到的却是真善美的领悟和传承。从这个意义上说，教育又是一种坚守，为人类守护一块永恒的精神高地。

（二）人文情怀的唤醒

人文情怀是唤醒教师自我期许的前提。教师以超越的精神和整体的眼光，坚守文化精神守望者的自我期许，清醒地认识到人本身就是教育的目的，拥有开阔高远的知识视野，对教育理想有切身的真实体验，从而超越个人的得失，担负起“精神传递者”的社会责任。这是教师人文情怀的意识层面，它决定着教师最终所能达到的教育高度以及学生心灵的发展高度。

人文情怀既包括培植于学习的“理智之德性”，又包括生于习惯的“伦理之德性”。二者共同作用，使教师“在人生的一切职务里面，通过同他人的共同生活，能够完全地、圆满地成为一个有社会精神的人。”[①]人文情怀渗透在教书育人中，融入教师的心灵，帮助教师在对生命本身的关注中，给予自我发展的期许。

为了唤醒教师的人文情怀，我校青联会特别组织所有青年教师到嘉定区特殊教育学校——成佳学校学习观摩，教师们感触良多，纷纷写下了心得体会。

【案例 5－3－4】

智慧育人　人文关怀

2013 年 4 月 12 日，中光中学“青联会”赴成佳学校参加了“共享教学智慧　促进专业成长”主题活动，观摩了特级教师夏月珍、区骨干教师龚怡莉执教的公开课，并参与了课后研讨，写下了观后心得。

陈妍玮：我最大的感受便是所谓的特殊教育其实并不特殊。我听的两节课展现出最多的是最质朴的人文关爱与人格平等，是最普通的生活能力与审美需求。

① 杜威语，转引自《现代教育学基础》，上海教育出版社 2003 年版，第 372 页。

教育强调“以生活为核心”。生活能力除了指一个人进行正常生活必须具备的最基本能力，还包括对艰苦环境的适应能力和面临挫折时的应变能力。独立生活能力不是与生俱来的，而是在后天环境的熏陶下教育培育出来的。人出生后的环境不同，所受的教育和影响不同，生活能力也会有很大差异。成佳教育打破时间、空间，弱化学科特点，强化生活教育。听了龚怡莉老师上的数学课《认识人民币——角》，我明白了教学一定要和智障儿童的生活相联系。我们的教学是为智障儿童将来适应社会、更好地生活服务的，一切智障儿童生活必备的知识才是教学的重点，而不是单纯地传授抽象的学科知识。通过这次学习，我深刻体会到新课程的理念就是为智障儿童将来的生存而教学。培养智障学生的生活能力、让孩子参与成人的活动、放手让其做力所能及的事、为他们创造发展独立性的环境，都充分体现了把他们当做正常社会人来培养的教学理念，是人生而平等的观念。

吴雅琼：教育的本质不会改变。特殊儿童在现实中的表现远比我想象的好得多。我原以为特殊学生的教育，只要照顾好他们就行了。可是听了两节课后，我发现，教育的伟大之处，就是将不可能达到的高度给了可爱的学生们。在夏老师的课堂上，学生们都积极参与，努力做到各种舞步，让我大吃一惊。这样的表现一点也不逊于其他正常的孩子们，这让我知道，教育的本质是学生的发展，只要细心，只要贴近学生的实际，以学生为本，就一定能够使他们得到发展。

徐文娟：夏老师除了给予孩子们艺术的美，还很注重孩子们的感恩教育，培养他们融入社会的意识。在孩子们学会了《小雨沙沙》的舞步后，她要求孩子们主动邀请听课老师一起跳舞，并和老师进行沟通。夏老师说，这些要求刚开始是非常困难的，但是不尝试怎么知道不行。她成功了！这节课上，孩子们非常勇敢地走向了陌生的老师们，也非常努力地记住了自己邀请的老师的姓氏。夏老师非常真诚地对每位小朋友竖起大拇指，说：“你真棒！”她在课堂的小结后和孩子们一起感谢爸爸妈妈老师的付出，一起跳《爱我你就抱抱我》，从孩子们的熟练度可以看出，夏老师每节课都会对孩子们进行感恩教育。

王蓉：真正走进成佳学校，这是第一次，却深深被这些孩子所"震撼"了。他们是与众不同的孩子，是不小心落入人间的天使。面对这些娇嫩脆弱的花朵，夏月珍老师就是充满爱的"春姑娘"。她温暖如春，在每一位孩子回答完毕后，都会给予他们真诚而热烈的赞美。"你们是最棒的！"是课堂上最频繁出现的话语。她还教会学生给予彼此鼓励，当一位同学回答得非常精彩时，其他同学都会鼓掌欢呼："你真棒！"她是激情澎湃的，在表演"踏点步"时，她用"手"代替"脚"展示舞步，让学生一下子有了十分直观的印象，很快掌握了舞步的技巧。她是耐心的，在学生不愿意表演时，她一遍又一遍地鼓励他们，在细致的教学中，让学生展现自己的创造力。

在充满个人魅力的"春姑娘"面前，学生完全地放开了自己，在展现优美的舞姿时毫不怯场，在邀请听课老师们上台表演时毫不畏惧。就连其中一个处于"状况外"的自闭症孩子，也欢快地蹦着回到座位，而另外一个无法专注的孩子也开始集中注意力。这就是教师的人文关爱和自身魅力让学生获得的激情和改变。

对于每一位教师而言，只有唤醒内心深处沉睡的人文情怀，才能实现真正的自我期许，从而促进学生的成长发展，引导他们实现自己对于未来的期许。

教育是一项传递全人类智慧结晶的事业，需要使用智慧的方式。从根本上说，教育的内涵发展就是对人个体生命和尊严的尊重，让人的发展成为一种目的而不是手段，让教育回归到"为了人的未来"的幸福层面。

三、教育理想的力行者

"理想主义不是幻想，而是一种真理。"马克思在其博士论文的扉页写下了对于理想主义的认识。同样,教育理想也不是幻想,更不是空想。如果理想要与现实保持密切的联系,那么教育理想的"真理性",则表现为它始终与教育现实须臾不分,散发出一种理想主义的光芒。

所谓教育理想,指的是在具体时代背景下人们对教育发展内心所期望达到的理想状态与完善境界。教育理想承载着历史的记忆,是对教育现实的深刻反思,也是对教育未来的美好期盼。作为一种思想来源,教育理想引领教育实践,是推动教育改革的内在动力。教育实践则是对于一种教育理想的追寻,是对人之存在局限与教育现状的超越。教育实践的历史过程呈现出教育理想的根本价值,即关于"什么是好的教育"的认识在人们思想观念上的构建。

雅斯贝尔斯强调:"教育正是借助于个人的存在将个体带入全体之中。"①因而,教育理想需要表达对个人生存状态的关注,即对人之存在真实处境的期望,从而通过实现个人价值来成就教育的社会价值。"回归人的发展"的教育内涵,要求教师们在历史的传承与时代的发展中,反思教育的核心,回归教育的本质,实践教育的理想,引领个体生命发展,找寻幸福生活的道路。

(一)胸怀理想的开拓者

马卡连柯曾把他的著作称为"教育诗篇"。如果教育是一首诗,教师要用诗意的理想去书写属于自己的田园诗、叙事诗或抒情诗。一个优秀的教师,需要有远大的理想,一个亟待实践的"教育梦"。对于教育而言,每一天都是崭新的,教师可以赋予其不同的内涵与主题。只有具有丰富而开放的内心,才能拥有充满诗意的教育生活。教育的灵感和悟性,让教师永远憧憬明天。

教育理想引发教师内心深处对于教育事业的激情。美国学者威伍曾说过,"想要教好的教师可能在大多数情况下都是志向更高和激情奔放的。伟大至少一部分出自天赋,这是无法传播的。然而,伟大的教师一定是激情的教师。"②优秀教师要时刻拥有追寻理想的激

① [德]雅斯贝尔斯:《什么是教育》,三联书店 1991 年版,第 54 页。
② 转引自朱永新:《我的教育理想》,漓江出版社 2009 年版。

情，当生活没有理想的感召时，生命成长的脚步也就停止了，教育就因此而失去了意义。

英国教育理论家怀特海在其著作《教育的目的》中指出："学生是有血有肉的人，教育的目的是为了激发和引导他们的自我发展之路。"[①]由此可见，教育的目的是促进人的发展，进而促进社会的发展，二者缺一不可。关注教育的内涵发展，已经成为教育扬帆远行的一个重要航标，即关注人的全面发展、终身发展，为每个学生提供适合的教育。

中光中学面对普通高中的客观现实，确定了"为了每一个生命的成长"的教育理想，提出了"适合教育"的教育理念。

【案例 5 - 3 - 5】

立足人本　适合教育

中光中学始终坚持将"以生为本"的信念深深根植于人文的土壤里，致力于为每个学生提供最适合的教育。我们要创造适合学生的教育，而不是选择适合教育的学生。每个学生的成长都需要一方属于自己的水土，需要个性化的发展。一味追求速度，"批量化生产"的教育模式只会禁锢学生发展的自由和成长的无限可能。只有打破禁锢，予之适合的教育，才能让学生体验到校园生活的幸福与快乐。在"文化立校"理念的支撑下，我们努力创设"适合教育"的环境，打好人生的底色，为学生的未来奠定坚实的基础，让每一个迈入中光的学生都能自信阳光地走在人生大舞台上，尽情挥洒飞扬的青春。

那么，何为"适合教育"呢？这个伴随着时代发展逐步成长起来的教育理念并非无本之木，无水之源，除了教育先哲提供的充足养分和新时代的迫切期盼，最重要的还是顺应学生发展规律之要求。把目光贯注在学生身上，我们会发现：每个学生都是独一无二的生命个体，他们的天赋和秉性、兴趣和爱好，千差万别、

① 参阅【英】怀特海：《教育的目的》，三联书店 2002 年版。

姿态各异。即便是同一个学生，在不同的成长阶段，其认知能力、关注点与兴趣度也是不相同的。一旦教育过于注重统一性而忽略差异性，片面强调共性而忽视了个性，教育就成了“脚镣”，束缚了学生发展的自由和成长的无限可能。为了使学生得到个性化发展，就要给每个学生提供最适合的教育，使其个性特长得到充分的发展。为此，要改变旧有的千篇一律的人才培养方式，采用个性化教育的方式。

所谓“适合教育”，即关注个体差异，因材施教，促进学生个性发展和激发学生潜能的教育。适合教育把教育从应试的功利目光转向人的长远发展，注重个体内在生命力的激发，将“以生为本”渗透到三个方面：从尊重个体差异入手，唤醒每个孩子的个性；靠近学生“最近发展区”，激发个体生命潜能，提高创新能力；改变传统教育的评价体系，“用多把尺子衡量学生”。

六十六年的悠久历史，厚重的文化积淀，是中光中学历经的峥嵘岁月。回顾过往，立足现在，适合教育在中光发展历程中的出现是一种历史必然性。中光选择了适合教育，而适合教育也在中光发扬光大。肩负着沉甸甸的希望，中光人在新时代背景下始终坚持“自主发展，人文见长”的办学理念，努力开拓“适合教育”发展的新空间。“自主发展”是我校运转的轴心，以实际行动践行“以人为本，以学生的发展为本”的人文教育思想；“人文见长”是我校争创的办学特色，实践与体现“张扬个性，发展特长”这一具有浓厚人文关怀精神的文化教育思想，构建具有浓厚人文气息的校园文化氛围。二者交互统一于“适合教育”的时代诉求中，推动中光继往开来，努力向前。古香古色的传统文化与新时代自由开放的现代精神，在中光高中擦出火花，营造出“中西合璧”的精致优雅和独立创新相互融合的校园氛围。中光人精心播种的“人本”之幼苗，承载传统文化之底蕴，汲取现代文化之精华，为“适合教育”铺设了成长的土壤。

教育需要理想随行。“适合教育”理念的坚守和一代又一代教师的执著追寻，已经在中光校园里点亮了理想的希望之光。教育是永恒的事业，只有点燃理想的火炬，才能使民族智慧的结晶薪火相传，实现中华民族伟大的复兴梦。

（二）以生为本的实践者

以西方“人本主义”为源头，伴随着教育理想与实践不断发展，“以生为本”的教育思想得以诞生。其内涵体现在教师必须以学生为主体，将人的发展视为教育活动的根本，把培养身心完整、和谐发展的学生视为教育活动的根本。

未来社会对人才素养的要求也在发生拓展和改变，教育必须在实践中不断满足社会的需求。高中阶段是学生世界观、人生观和价值观形成的关键期，抓住了高中阶段的教育，也就对人生的未来发展夯实了根基。教师需要“以生为本”，对每位学生进行理性化、系统化、个性化的指导，让学生学会规划和选择，并能为自己的选择承担责任，让每一个学生都能获得成功，为其生命的成长和未来的幸福人生奠定基础。

在“适合教育”理念的指引下，我校建立了“普通高中学生发展指导制度”，旨在帮助学生充分利用当下学校、家庭、社会的教育资源发展自己的兴趣和特长，在今后的人生道路上更有可能从事自己感兴趣且擅长的工作，过上自己期望的生活，取得更多的成就，为社会做出更多的贡献，成为一个有价值的人。这关乎学生的人生发展方向、生活幸福指数，也关乎社会福祉，它是“以生为本”的本质体现。

我校研究报告中指出了学生发展“以指导活动为载体”的具体路径。

【案例 5－3－6】

每一个孩子都能成功

——普通高中构建学生发展指导制度的实践与研究

一、在主题教育系列活动中开展“学生发展指导”工作

注重学生发展校内指导工作与常规学科教育、德育活动的结合，以节庆日、

重要纪念日和民族传统节日为切入口，开设国旗下讲话、党团校、专题讲座、毕业典礼、主题班会等主题教育系列活动，制订主题教育学年工作计划表；积极开展校园文化主题活动，以校园体育节、艺术节、科技节、读书节、感恩节、社会实践节、狂欢节等系列文化节为抓手，落实学生发展指导工作于活动中，在健康、快乐的校园生活中搭建学生成长、发展和展示的舞台。

二、在社团活动中开展“学生发展指导”工作

学生社团是校园文化活动的核心力量，尤其是当学生社团从自发的课余兴趣小组成长为学校课程中不可或缺的重要组成部分时，日益显示出其独特的活力和魅力。社团活动培养学生健康积极的兴趣爱好，催生新的认知活动，产生新的内在动机，促使学生不断努力去实现自己的目标。

学校自2006年以来，社团从无到有、从教师动员到学生主动筹建、从无人问津到全面参与，经历了一个起步、发展到完善过程。2012年4月，学校团委在原有的基础上制定了《中光高级中学学生社团推进方案》，通过“学生申请——校级审核——自主活动——校级考核”的方式运行学生社团的自主管理模式。在原有11个学校限定社团的基础上，新增了20个学生自主社团，并确保每周一个小时的社团活动时间。学生社长以每周“制订社团活动计划——组织周社团活动——周活动总结”的形式开展社团活动；学生会社团管理中心每周审核各社团活动计划，检查《学生自主社团活动记录册》；校团委与区域大学团委共建，邀请大学生社团社长定期来校指导，培养社团干部领导决策、组织管理、人际交往等方面的能力；校学生服务部组织教学管理人员随堂检查社团活动，并将活动检查情况当周反馈给社团管理中心。作为学校教育中的隐性课程，社团活动能够充分发挥同伴教育与同伴指导的作用，帮助学生寻找归属感、改变自我、展示自我、体验成功、增强自信，培养其开放思维、自我表达、团队合作、组织管理等能力，是学生进一步挖掘自身潜能的重要平台，也是弥补教师专业指导力不足的有效途径。

三、在个别辅导细致跟进中开展“学生发展指导”工作

学校成立德育工作室，制定《班主任工作手册》，明确要求班主任在个别指导时详细记录辅导过程，以便辅导工作的有效开展以及对辅导过程的全程督导；学校的生命关爱中心（心理咨询中心）全天开放，寒暑假定期开放，开设心理热线、QQ咨询、邮件咨询等咨询平台，制定《个案跟踪辅导手册》，详细记录个案咨询情况；学校配备专业的心理管理软件和生涯管理软件，为每一位学生建立心理档案和生涯档案，帮助学生解决个体发展过程中的问题。

区重点课题结题材料

毋庸置疑，高中阶段不仅是学生人生观、价值观得到初步建立的时期，亦是一个人成才发展的最佳时机。“适合教育”从学生个体出发，不仅关注发展学生的智慧优势，而且关注学生德智体美全方位发展，让每个学生在适合的教育中得到适时的成长。

“以生为本”的教育实践，既在于“适合教育”的理想引领，也在于教育精神的坚守和期望：让学生真正成为教育的主体，成长为拥有理想的完整的生命个体。作为精神导师的教师，应立足于教育发展永恒性和时代性的交汇处，在追逐“真、善、美”的崇高境界中上下求索，指引学生走向更好的自己，走向美好的未来。

第六章 用心用情做好一件事

任何教师的专业发展行动都必须由外在走向个体内在精神的追求过程。教师专业发展愿景是教师为了自主实现专业发展,在自己的专业实践过程中有意识、有目的地构建出的对自我未来发展的愿望和景象。它是教师专业化过程中个体内在需要的一种反映,也是教师个体内在精神追求的外部表现形式。构建教师专业愿景的过程就是促进教师专业内化发展的过程。

教师专业发展行动从外在走向内在激发过程中一个重要的路径就是教师文化的重建。说白了,教师专业发展也就是教师文化的重建或重塑,即关注教师文化内容和形式的整体重建。重建了教师文化,便促进了教师专业发展也就促进了学校软实力的发展。故而我们在构建学校教师文化的过程中,在关注教师成长、发展的道路上,想到了教师发展愿景,通过建立教师发展愿景,实施机制实践活动、研究行动,让教师实现自我的生命专业发展。

第一节 成为有思想的行动者

思想是行动的先导,思想又是行动的动力。人类任何一项行动只有被内化成习惯,提炼成思想主张,才能让行动具有更加强大的内驱力、执行力。教师的教育思想包括教师的教育理念和信念、教师的价值取向和教师的做事方式等。具备教育思想是任何一个优秀教师所具备的第一要素。

一、拥有自己的教学主张

我们的专业愿景就是让教师拥有自己的教学主张。一个教师要想让自己的专业之路走得更长、更远,就必须有自己的教学思想和教学追求。那么我们的教师应该具备怎样的教学思想或教学追求呢?

教育思想,简而言之就是教师或教育者自己对教育与众不同的认识、见解,与判断。让教师或教育者的教学思想用一种更加直观、外显的方式呈现出来,就形成了教学主张。什么是教学主张?教学主张是教师对教学实践深刻思考后所形成的个人的见解或思想,表达了理智上的自觉。它是一个教育工作者的灵魂。对于一线的教学实践者,教学主张更能体现其内心所需,也更加容易为其接受。一个教育工作者只有拥有教学主张,才能对教育的问题有更敏锐、更深刻、更透彻的认识。

（一）教师为什么要拥有自己的教学主张？

1. 教学主张的提炼，有利于传递教师的教育追求。教师在思考、提炼自己的教学主张时，往往反映其一定的价值取向。提炼教学主张的过程，将促使教师进行主体的价值追求，也促进教师表达自我对教学实践的一种判断。教师在提炼自己的教学主张时，一方面通过对教学经验对象的自我评价，另一方面通过对自我教学积累本身所有的特征进行认同，以达到一种更加深入细致的思考和传递。

2. 教学主张的提出，有利于教师教育经验的传承和发展，发挥记忆的价值。我校自2012年9月实施"教学主张"计划以来，学校教师共提出57个不同学科、类型的教学主张，教师与教师之间通过交流、研讨自己的教学主张，增进了解和认识，真正发挥了传递教师自我教学主张和价值的作用。同时，在提炼各自教学主张的过程中记载了教师的成长历程。

3. 教学主张的提出有利于增强认同感，推动教学改革的进行。伽达默尔指出："我们在于此种思想，而思想就是我们思想某物。"①学校组织教师对自我教学主张进行反思和提炼的过程就是一种不断提升自我思维层次的过程。一方面，帮助教师本人提升思维层次。教师本人在对自我教学进行教学主张的提炼的过程，就是自我对自己教学经验的一种认知性的理解，这种理解指导着我们将经验的认识形成经验的判断，进而引领我们的教学行为，推动教学改革。另一方面，也能帮助他人提升思维层次。思想的结果不仅是对自己而言，也是对他人而言的。教师在提炼自己的教学主张后用相应的"主张"呈现，不仅能指导自己的教学实践，也能指导他人的教学实践，进而发展成他人经验的认知性行动。

（二）教学主张，让教师在专业成长之路上走得更远

教师的教学主张是教师对自我教学深刻的反思和梳理后最终提炼出来的一种显性化标志。在教学过程中，有助于激发教师自觉朝着这个显性化标志发展，让教师的专业走得更远，更有成效。

在当今教育界，有的名师缺少自己的见解，没有真正形成自己的教学主张和教学风格。严格说来，他们是操作型的，甚至是技术型的，只会按规定要求忠诚执行、认真实施。说得

---

① ［德国］伽达默尔：《伽达默尔集》，上海远东出版社2003年版，第176页。

严重些，他们还没有从根本上摆脱“教书匠”的桎梏。

真正的名师应当有自己的教学主张，不仅能以自己的教学经验、教学特色影响着教师，更应以他的教学主张使自己获得持续的影响力。

在我们中光校园里有这样一批教师，他们从原来的懵懂教学到埋头教学、潜心研究、扎根教学，不断朝着自己的奋斗目标前进，如语文教师周光珍，音乐教师丁志红。周光珍老师自2010年开始思考、提炼自己的教学主张，最终把自己的教学主张表达为“读品语文”，今天的周老师已经是嘉定区语文学科带头人。

【案例6－1－1】

语文学科带头人周光珍对自己成长之路的评价

高楼望尽天涯路——除2002年中学高级教师职称之外，你再无任何值得炫耀的资本。化用张爱玲的一句话：来到这个人才济济的所在，她变得很低很低，低到尘埃里，但她心里是欢喜的，想着怎样从尘埃里开出花来。脑海中挥之不去的念想：我的起点在哪里？我要走向哪里？我的特色是什么？作为一名语文教师，我喜欢诵读，擅长诵读，可是我将如何运用它武装我的课堂，点亮我的课堂？

衣带渐宽终不悔——尝试思考自己的教学主张和构建教学模式。以展示课《生命的节日》为例，将诵读与品味紧密结合，引导学生体会感悟这篇极具震撼力的散文所散发出的浓烈的亲情和与命运不屈抗争的主题，受到听课专家、教师及工作室学员的一致好评。

《以诵读特色构筑魅力课堂》、《雷雨》（节选）教学实录，《文本细读：提升语文教师专业素养的最佳途径》等读书心得、教学论文反思思考自我教学主张和教学模式。

回首灯火阑珊处——正是在一次又一次的课堂磨砺中，在专家的指导下，我提炼出自己的语文教学主张——读品语文。

海德格尔曾说:“人类是具有语言能力的生灵,他与植物和动物迥然不同。”语文学习本质上是语言的学习。朱自清先生在《国文教学》中说:“非高声朗读则不能得其雄伟之概,非密咏恬吟则不能探其深远之韵。”加强诵读,在诵读中亲近语言,形成良好的语感,感受作品的意境和形象,获得丰富的情感体验、心灵的共鸣和精神的陶冶,领略语文的声韵、情韵之美。在诵读的基础上,引导学生从语言和声韵的层面潜下去,从情感和思想的层面浮上来,将读与品有机结合起来,通过先读后品、边读边品、品后再读等多种形式,由声入情悟理,达到声、情、理的完美交融,从而彰显语文的诗意之美。所以我的教学主张是“读品语文”。

我深深懂得,从提炼出教学主张到有效回归课堂教学实践并不断修改完善教学主张,前方的路依然漫长。

十年一觉语文梦,留得芳名在杏坛。雄关漫道真如铁,而今迈步从头越。在诵读与品味的情理交汇中,且行且思,悟出语言真谛,得到文字真功,提升语文素养,寻找语文教学的真正归宿。

(中光高级中学教师　周光珍)

二、让教学主张引领实践

学校的发展依赖于教师的发展,只有教师发展了,学校才能发展,学校软实力才能提升。教学主张在教师成长的过程中有助于促进教师进行自我教学思考,让教师把行动提升成信念——把信念转化成行动——把行动内化成习惯。

于是我们找到了促进教师专业发展中一条十分重要的路径:提炼自己的教学主张——反思自己的教学主张——构建自己的教学模式——实践有主张的教学模式。

那么如何让我们的教师做一个有思想的教育者,形成自己的教育思想和教学主张?我校提出以“琢玉计划——实践教师自我的教学主张”为载体带动教师专业发展,让教师成为有思想的行动者。这里所界定的"实践自我的教学主张"为一种广义的实践活动,包括思考、反思、实践、改进研究等。

(一) 倡议,让教师有思想准备

具有专业自觉的教师才会有追求,也才会有行动。一个缺乏专业自觉的教师很难成长为优秀的教师。自2012年下半年开始,学校提出了"琢玉计划——实践自我的教学主张",从此,中光教师在自我专业发展之路上迈开了新的征程。

经过综合考虑和慎重思考后,我们在全校范围内发出了"过有主张的教育生活是一种幸福"的倡议书。

【案例6-1-2】

过有主张的教育生活是一种幸福
——中光高级中学琢玉计划倡议书

各位老师:

教学主张是对教学实践深刻思考后所形成的一种见解、一种思想,表达了理智上的自觉。教学主张是教师成熟的核心因素,其实质就是通过教师对自我教学深刻的反思和梳理而最终提炼出来的一种显性化标志,并且在教学过程中自觉朝着这个显性化标志发展的行为。

学校的发展依赖于教师的发展,只有教师发展了,学校的软实力才能得到提升。促进教师专业发展的一条十分重要的路径就是:提炼自己的教学主张,构建自己的教学模式,实践有主张的教学模式。为了让我校每一个教师都能拥有自己的教学主张,过上一种有主张的教育生活,我们特在全校范围内提出以下倡议:

一、读书体悟教学主张,每位教师初步思考自己的教学主张,并就教学主张寻找30篇相关文章,进行深度专业阅读。

二、尝试提炼教学主张，按照学校下发的表格要求，初步提炼出自己的教学主张。

三、摸索实践教学主张，在专家的指导和帮助下，深度修改自我教学主张，并思考课堂教学模式。

四、逐步丰富教学主张，为自己的教学主张建模，并针对性开发相关课程，完善自己的教学主张。

五、公开介绍教学主张，开展自我教学主张宣讲活动。

老师们，行动起来，一种有主张、高质量的教育生活正在不远处向我们招手。让我们共同努力，共同期待吧！

中光高级中学

2012年9月1日

附表格

姓名		学科		工作年限	
我的教学主张（一段话）					
我的教学主张（一句话）					
我的教学主张（一个词）					

琢玉计划——我的教学主张表格

（二）培训，让教师找到原点

适当的培训既是对被培训者的一种促进，也为被培训者在未来工作中找到相关前进的路径提供了一种可能的帮助。学校在组织教师思考和提炼自己教学主张的过程中，邀请了市内外专家开展了“高效课堂”、“教学主张”、“案例撰写”等多方面的培训和指导，主要就

"什么是教学主张"、"为什么要提炼自己的教学主张"、"如何提炼自己的教学主张"、"如何把自己的教学故事有效表达"等话题进行讨论，而后又对教学主张的提炼一一进行指导和修改。在这一次次的指导和培训中，教师们有了较好的收获和良好的发展。

【案例 6－1－3】

培训指导，让我们有了新的认识

本学期学校开展了让教师提炼自己教学主张的活动。在没有进行培训之前，我对教学主张的概念是比较模糊的，认识也是比较粗浅的，所以提出的教学主张也不够规范，只能算是教学经验。在杨四耕教授的指点下，我对自我教学主张的概念有了进一步的认识。

教学主张是教师在个人的实践基础上产生的，蕴涵着教师的理想、信念、情感、意志等，包括对于什么是教学、教学的目的以及如何开展教学等方面的见解和认识，是教师个人对教学实践经验的理性升华和概括化的认识。教学主张一要具有个性，二要具有行动性，三要具有价值性，四要具有生成性。在明晰了概念与特征以后，我知道了该如何定义教学主张。杨四耕教授还亲自对我的教学主张一一分析，指出问题所在，并提供了很多相关资料让我参考，开拓了眼界与思路。在他的指导下，我的教学主张更加明晰，也明白了今后的工作与研究的方向。此次杨四耕教授的教学主张培训，让我受益匪浅。在此，我非常感谢杨教授的指点与帮助。

（中光高级中学教师　黄筱燕）

（三）教师开始思考和提炼自己的教学主张

教学主张的生成和提炼是一个循环往复的过程，由感性到理性，从潜隐到外显，至少需要经过三个阶段：积淀、提炼、表达。

积淀,让我们涵养我们的教学主张。

积淀包括理论和实践两个层面。理论积淀是指对社会科学的先进理论有了大致的了解,对当期先进的教育教学理论有了相当深入的认识和理解,以前人的理论成果来丰富自己充实自己。实践积淀主要是指教师在日常实践中不断积累、积蓄和储存教学事实,同时消化和内化得到的信息以及操作得到的经验。①

开展专业阅读,提升理论积淀。学校组织教师广泛进行专业阅读,要求每位教师就自己的教学主张收集整理30篇相关的专业文章,进行阅读,并撰写出相关的心得体会。

进行课堂练兵,增强实践积淀。组织教师针对自己的教学主张进行大胆实践,用实践来检测和完善自己的教学主张。如在教学主张专业阅读还是真枪实干的过程中,我们的教师有了十分显著的成长,每个教师都有自己的感受和体会。

提炼,让我们追问我们的教学主张。

提炼思维的过程,是从具体到抽象,从感性事实中不断过滤出思想并使之"成型"的过程。② 而要让教师对自我教学主张进行提炼,就得先对自我教学主张进行追问。这就要求教师不断"在自我教学元素中"找到一个个散落点、思想火花,并对这些"思维智慧"进行综合,形成完整的认识,也就是让教师经历"从现象到本质"的思维提升的过程。

学校组织了全体教师对自我教学主张进行提炼。在经过近一个月的阅读学习、思考提炼后,全校57位教师都提出了自己的初步教学主张。在所有教师上交的教学主张的初稿中,存在以下几个方面的问题:一是观点不聚焦,二是命名不够响亮,三是学科特色不够凸显,四是教师对自我教学主张不自信。针对以上问题,我们邀请了上海市教科院课程专家对我校所有教师的教学主张进行全面的、一对一的指导,无论是在指导过程中还是教学主张的修改中,我们都感受到了教师们的认真和执著。

---

① 杨四耕:《创造自己的高效教学经验》,华东师范大学出版社2013年版,18页。
② 杨四耕:《创造自己的高效教学经验》,华东师范大学出版社2013年版,182页。

【案例 6－1－4】

教师教学主张

修改前：

姓名	姜芳芳	学科	历史	工作年限	四年
我的教学主张（一段话）	批判性思维既是一种能力，更是一种生活方式，它能使学生用一切可能的方法去面对问题。历史教学对学生的批判性思维能力培养，能使他们学会不过分相信自己的观点，也不盲从别人的观点，特别是不盲从权威，这是历史教育与现实生活之间又一座重要桥梁。				
我的教学主张（一句话）	学习批判性历史，提升学生思维品质。				
我的教学主张（一个词）	批判性历史				

修改后：

姓名	姜芳芳	学科	历史	工作年限	四年
我的教学主张（一段话）	思辨既是一种能力，更是一种生活方式，它能使学生用一切可能的方法去面对问题。历史教学对学生思辨能力的培养，使他们学会不过分相信自己的观点，也不盲从别人的观点，特别是不去盲从权威，这是历史教育与现实生活之间的又一座重要桥梁。				
我的教学主张（一句话）	学习思辨历史，提升思维品质。				
我的教学主张（一个词）	思辨课堂				

（中光高级中学教师　姜芳芳）

表达，让我们显化我们的教学主张。

让教学主张真正成型还要依赖表达，即借助合理的载体。只有当我们用一种已成熟的话语方式呈现出来，教学主张才能显性化。这样看来，表达是积淀、提炼的结果，是对思想本身核心观点的呈现，表达是否恰当直接影响思想提炼的效果，表达的过程中要善于进行主题概括。所以，在组织教师对自我教学主张进行显性化的过程中，我们应不断引导和帮助教师使用规范有效的方式：概括主题要以充分的经验事实为依据，用科学的方法为指导进行思维加工。本来在教学过程中，教师对自身行为本质的认识还处于一种蒙眬的状态，概括的过程则可以使其从模糊达到清晰。

教学主张表达了教师专业成熟的程度和专业发展的深度，教学主张的形成是教师长期历练和专业发展深化的过程。

教学主张既是教师专业发展的一个重要标志，在形成过程中，同时促进和帮助了教师的专业发展。基于这样一个重要作用，我们帮助教师在成长的过程中用“过一种有主张的教育生活”的方式逐步做一个有深度的专业老师，走好自己的专业化职业道路。

在实施“过一种有主张的教育生活”的计划中，我们经历了以下几个阶段：倡议，让教师有思想准备和意识；培训，帮助教师明白意义和要求；阅读：让教师有积淀；修改：让教师反思自我教学本质；提炼：让教师表达自我教学主张。

有不少老师在谈到自己的教学主张时，充满感动，富有感情。下面，我将呈现四个不同方面的案例，从多角度展现教师对于教学主张的理解和感悟。

【案例6－1－5】

教学主张带给我惊喜

经过杨教授的指导，我的教学主张定为“灵性课堂”。作为一名历史教师，决定了我所教授的内容是过去发生的陈旧内容。以前，我的课堂往往就是讲述过去的人发生的过去的事，与学生联系不太大，有距离感。学生经常发出感慨，这些事跟我有什么关系，我干嘛要知道过去发生的事情。

这也是一直以来困惑我的问题。而当我确立了要创建“灵性课堂”的核心主张后，我开始有意留意当今社会的时事，将我的历史课堂与当今社会联系起来，并让学生认识到今天的许多社会现象实际上与过去的历史有很深的渊源，也起到帮助学生理解历史的关联性。

于是，我的课堂开始变得越来越活跃，学生学习到的历史不再是冷冰冰的，陈旧的故事变得鲜活起来。“灵性课堂”的教学主张，给我的历史课堂注入了新鲜血液，赋予了我的历史课堂生命与灵魂，让学生真正体会到学习历史学科的意义所在就是要用历史资鉴人生与未来。

（中光高级中学教师　王莹）

【案例 6－1－6】

专家指导，明确我的教学主张

对于“我的教学主张”，我最初的想法是：

我的教学主张——诗意语文

海德格尔曾说：“人类是具有语言能力的生灵，他与植物和动物迥然不同。”语文学习本质上是语言的学习。朱自清先生在《国文教学》中说：“非高声朗读则不能得其雄伟之概，非密咏恬吟则不能探其深远之韵。”加强诵读涵咏，在诵读涵泳中形成良好的语感，感受作品的意境和形象，获得丰富的情感体验、心灵的共鸣和精神的陶冶，由声入情悟理，以诵读特色构筑魅力课堂，彰显语文的诗意之美。

杨四耕老师认为，教师自身有着鲜明的诵读特色，但是对于如何运用这一诵读特色彰显语文教学的诗意之美，认识还不够清晰，表述也略显空泛。

表述的空泛说到底是思想认识的贫乏与肤浅。我欣然接受杨老师中肯的建议，经过反复思考，做了如下修改：

我的教学主张——读品语文

海德格尔曾说:“人类是具有语言能力的生灵,他与植物和动物迥然不同。”语文学习本质上是语言的学习。朱自清先生在《国文教学》中说:“非高声朗读则不能得其雄伟之概,非密咏恬吟则不能探其深远之韵。”加强诵读涵咏,在诵读涵泳中亲近语言,形成良好的语感,感受作品的意境和形象,获得丰富的情感体验、心灵的共鸣和精神的陶冶,领略语文的声韵、情韵之美。在诵读的基础上,引导学生从语言的层面、从声韵的层面潜下去,从情感和思想的层面浮上来,将读与品有机结合起来,通过先读后品、边读边品、品后再读等多种形式,由声入情悟理,达到声、情、理的完美交融,从而彰显语文的诗意之美。所以,我的教学主张是“读品语文”。

语言的调整实际上是思想情感的调整。修改之后,我感觉自己的教学主张更为清晰明朗,符合高中语文的学习规律,注重感性与理性的有机结合,通过对语言的学习培养学生良好的语文素养,提升学生的思维品质。“读品语文”在教学建模上也更具操作性。

(中光高级中学教师　周光珍)

【案例 6-1-7】

原来我也可以这样提炼自己的教学主张

教学主张的提炼让教师认识到,教师不能没有理想,教学不能没有思想。

教学主张是教师个体体验和感悟的关于教学的认识,为教师的专业发展打开了一扇心智之门。把教师从一般的技术成长和教学世俗中解放出来,唤醒教师的内在精神，促进课堂教学形态的改观，形成自己的教学个性和风格特征，从而真正获得专业发展的自主权。

就历史学科而言，现阶段中学历史教学基本上还是围绕着学科知识和能力而进行。一方面，史学知识浩如烟海，无法穷尽；另一方面，我们的教育对象是中学生，绝大多数将来的职业并非从事历史教学或历史研究。历史属于人文学科，我们应该教给学生今后成为一名合格有责任担当的现代公民所具备的素质。笔者认为，历史学科能带给学生的最核心价值就是提升个人的思辨能力和思维品质，使他们学会不过分自信自己的观点，也不盲从别人的观点，特别是不去盲从权威，这是历史教育与现实生活之间的一座重要桥梁。因此，我将打造"思辨课堂"作为历史学科追求的内在主张，使历史教学有了引领的灵魂旗帜和思想追求，让课堂和学生呈现生命活力。

（中光高级中学教师　姜芳芳）

【案例 6－1－8】

思考、提升、发展

高中政治，包括《高中哲学常识》、《高中经济常识》、《高中政治常识》等三大部分，涵盖了价值观、世界观、人生观等基本的哲学概念和哲学思维培养等内容；以生产、交换、分配、消费等四个环节为中心的国家经济制度和国际经济动态等内容；民主、国家意识、国家制度、法制意识等相关内容。基于内容的庞大复杂且大部分内容相对比较理论化的特性，我提出了"生活化教学主张"。在提炼和反思自己的教学主张的过程中，我不断追问自己，生活化教学真的能代表我的教学主张吗？生活化教学主张真的能承载高中政治的教学要求吗？杨四耕老师的指导，让我醍醐灌顶。在他看来，生活化的教学，只是一个教学方式或方法，并不能从本质上提炼我的教学主张，更无法作为引领我未来发展的专业追求。教育的本原在于引导学生、点燃学生的智慧火花、激发其发掘潜能，在自我教育、自我成长的过程中产生奇迹，是一个不断点燃梦想、促成梦想的过程，也是教师用自己的生命去引导和激发学生生命的过程。同时，我也想到大学时代一位老师给我们的忠告：高中哲学教学要体现生活，但不能生活化、世俗化，一定要在源于生活的过程中高于生活，指导生活。这更加坚定了我的信念，在经过多次反复推敲和追问后，我最终把自己的教学主张提炼为：引悟教学。

（中光高级中学教师　艾冬娥）

第二节　细节决定品质

细节是一种创造，细节是一种功力，细节是一种表现，细节是一种修养，细节是一种艺术，细节是一种征兆。细节隐藏机会，细节凝结效率，细节产生效益。相信大家都知道，要想比别人更优秀，必须在每一件小事上花功夫，比别人做得更加精细，更加完美。对于教育工作者来说，用心用情做好一件事——教书育人，让自己的课堂在细节中体现功力、体现创造、体现修养，尤为重要。

课堂教学是教学工作的基本形式，一方面要能够充分发挥教师的主导作用，赢得教学的高效率和创收知识的高密度，另一方面要能让学生在较短时间内获得较多系统化的文化知识。更重要的是，在组织和组建课堂教学的过程中，教师的教学主张要得以呈现和实践，就必须改革传统的课程教学结构，重视对教学结构的设计、教学模式的构建、教学方法的运用。要让教师的课堂教学高效，让知识更加有效地在学生心中产生影响，就必须更加注重细节，关注细节。

一、细化:我的主张,我做主

教学主张是每一个教师对自我的教育、教学深刻反思后提炼出来的一种相对显性的“理性”经验，是一种个性化的教学价值指向。教学主张不仅具备一定的理性思考，更传递着教师个人的一种思想和价值观。如果用大一统的方式实施检测、评价、完善，势必缺乏针对性，进而导致教师的改进行动缺乏“主张”特色。基于这样一种思考，我们在全校范围内开展“制定自我教学主张检测表”活动，细化和收集教学主张的实施要求和检测标准。

【案例 6－2－1】

关于开展制定自我教学主张检测表的活动通知

各位老师：

大家好，为了让你的“教学主张”能得到个性化的主张评价，让听课、评课老师更加深刻地理解你的教学主张，让自己更有意识、目的地实施教学，现将在学校范围内举行“制定自我教学主张检测表”的活动。检测表的具体要求：

通过教师教学和学生学习行为来呈现你的教学主张。

中光高级中学

2013 年 12 月

二、实践：我的课堂，我设计

教学模式是在一定的教学主张指导下，为完成特定的教学目标和内容而围绕某一主题形成的比较稳定且简明的教学结构(框架)，及其具体可操作的教学活动方式，从宏观上把握教学活动整体及其各要素之间的关系和功能。教学模式的提炼要在相应的教学思想理念的指导下进行，[①]需要每位教师结合自我的教学主张进行教学实践并建模。在近半年的实践建模过程中，我们的教师初步建立了基于自己教学主张的课堂教学模式。

在组织和帮助教师进行课堂教学建模的过程中，我们严格遵守教学原则的要求和教育规律，努力引导教师处理教学过程中的各种关系，遵循确保教学活动顺利有效进行的一般

① 杨四耕：《创造自己的高效教学经验》，华东师范大学出版社，2013 年版，第 185 页。

原理和基本要求，且有效应对教学系统内外部产生的问题。在整个实施过程中，我们尽可能让教师实现自己的课堂教学与已有的教学原则科学性和思想性相统一，做到理论和实际相结合，传授知识和发展能力相结合，教师主导作用和学生自觉性相结合，直观性和抽象性相结合，系统性和循序渐进性相结合等等。

在理念指导下构建的教学模式，是对教育最核心部分的简化，提供了一种稳定的教学行为框架，可以使我们的经验摆脱浅层次的感受范畴，在理论与实践之间起着中介的作用。它具有整体思考教学实践活动与理论之间关系的特质。

【案例 6-2-2】

基于问题—解决式的教学（质疑—发现—分析—解决）

在教学过程中通过一系列学生生活调查，可以了解每一位学生作为消费者所存在的疏忽与问题，让学生感觉到所学的内容就是日常生活中的基本常识，从而有效地激发他们的学习热情和兴趣。

如高三哲学第三课《事物是变化发展的》教学中，学生对“发展”的理解在教学之前教师是不得而知的，但是在教学过程中我们可以让学生结合现实生活实际，在纸上通过图示的方式直观展现对“发展”的认识，从而帮助教师充分了解学生对相关知识的认知起点。学生的图示中既包括曲线上升和直线向前的抽象理解，也有从书信、电报、固定电话、手机到古代木车、马车、自行车、汽车、飞机等具体形象的认识。通过此活动，教师可以得出学生对“发展”概念的关键词的把握，如“前进上升”、“低级到高级”。有些同学是以曲线呈现的，也有些同学是以直线的形式呈现，这就可以看出有些同学理解了事物发展并非一帆风顺，而是充满曲折的，但也有同学没有全面理解其中的内涵。本节课上在分析理解“量、质、度”三者关系的时候，我结合了高三学生十八岁成人仪式进行探讨，通过分析“十八岁对你来说意味着什么”等问题，引导学生分别从政治权利、法律责任、思想认识、身体心理、经济生活等方面加以分析，从而得出十八岁是人生发展的一个分水岭和关节点。从社会属性来看，十八岁前后就是由量变到质变的飞跃，而十八岁就是“度”的临界点。教学中，我通过有效运用这些贴近学生生活的材料分析，既符合学生的认知起点和生活实际，又能激发学生的学习兴趣，从而点燃学生思维的火花。

通过以上对几个教学环节设计的分析，主要体现了我的教学主张，即生活化的政治教学。其基本形式就是以知识原理为圆心，以学生的认知水平及能力为半径，以生活化的事例及材料为圆周，通过查找现象—提出质疑—分析探究—解决问题的基本模式践行生活化的政治课教学主张。

（中光高级中学教师　王立杰）

【案例 6－2－3】

基于主题—对话式教学（话题—准备—对话—总结）

记得有一个思想家说过，思想和理念，只有成为指导人类实践的行动后，才能发挥真正的指导作用。我的教学主张也是如此，只有构建一种相对比较适合的实践模式，才能让自我的教学主张在教学过程中得以实践，才能引领自我的专业成长，才能真正做到激发学生、涵养学生，促进学生自探、自悟、自得。基于“引悟教学”，我构建的课堂模式为：基于主题—对话式教学（话题—准备—对话—总结）。

下面，我就以《高中哲学常识》中的第一课第二节、第一框题《意识的本质》为例简单呈现我的课堂教学模式。

聚焦主题：意识的本质

对话式教学：（截取部分课堂教学实录）

话题：中光的师生形象和中光精神

准备：回忆校园生活中中光师生的哪些行为、举动能反映和体现这些精神和形象？

讨论：学生分组讨论，每四人一组，限时三分钟

对话：师生对话

教师指导学生提炼：同学的客观行为、举动——在人的大脑中的反映（我们的精神、形象）——形成意识

总结呈现：意识的本质是客观世界在人脑中的能动反映

（中光高级中学教师　艾冬娥）

三、改进：没有最好，只有更好

相关研究表明：一个人如果想要在一个领域成为大师级甚至最出色的人物，必须投入至少10000小时。无论是爱因斯坦，还是比尔·盖茨；无论是小提琴家，还是运动员，如果要达到这10000小时的目标，即使每天投入3个小时，也必须至少坚持10年。同样，作为一名教师，要想在自己的专业领域获得成功，必须长时间付出，坚持不懈地改进和实践。

（一）用浇花的心态对待自己的课堂教学

任何一种课堂教学都是生命与生命的对话过程。教师在课堂教学的过程中实现自己的生命成长，学生在课堂学习的过程中实现自我的生命陶冶。每位教师都必须对自我的课堂教学进行全身心的关注，教师的每一个细小的动作、每一句话都会对学生成长产生深刻

的影响和作用。教师要用呵护花朵的心态精心、细致地对待每一个孩子，精心备课、不断完善、改进自我的课堂教学。自 2013 年以来，在“用浇花的心态上好每一堂课”的理念指导下，我校开展了系列改进课堂教学的活动，从导学稿到知能解读，从教案评审到教学论坛，从组内磨课到校内磨课，都取得了十分喜人的效果。

（二）找准反思主体，实施改进计划

在实施“琢玉计划”过程中，我们要求教师对教学实践中的问题，包括以实践者为中心的教学方式、教学过程中如何优化、教师教学中的主人翁态度、学生的学习习惯、学习方法等进行反思，结合科研工作，实施草根课题研究。要求每位教师就自我的课堂教学制定改进方案，并注重在日常的教学实践中进行反思、记录和改进。57 位教师根据自我教学主张，制订了完整的“思考—提炼—修改—实践—改进—建模—研究”的“琢玉计划”实施方案，其中针对“改进”环节，专门开展了“改进课堂”教学研讨会和促进会，用教研组、教师个人研修的方式改进自我课堂教学，有效解决了课堂教学中存在的现实问题，促进了教师专业的发展和成长。

（三）抓住实践载体，持续改进课堂

持续改进是一个组织自身生存和发展的需要，是一个组织永恒的目标。质量管理体系最重要的核心原则之一就是持续改进。在质量管理体系内部，持续改进也就是 PDCA 过程方法本身，就内在地要求对过程的识别、相互作用和沟通等各项活动进行有效控制，实现过程增值和持续改进。这种发展和变化必然会促使整个工作的改进和创新。质量管理体系核心理念的持续改进体现在教师课堂教学中，就是教师自我教学中教学机智、教学方式、课堂驾驭等方面的调整和改进，体现在外部就是教师教学材料的收集整编、教学器材的运用、课程安排的调整等。基于这样的一些认识，我们从外部开展“导学稿评选—教学资源汇编—教师课程安排统筹”等方面的调整或改变，为教师的课堂教学改进提供外部帮助和支持；从内部开展“教师课堂实录—观看录像课—组内评课—找出问题—再度实践”等环节，帮助教师从内部突破和发展。

四、反思:直面自己,直面问题

一位有思想的教师也一定是一位敢反思、常反思的教师。让教师在反思中改进教学,让课堂在不断实践中获得持续改进,真正构建一种"没有最好,只有更好"的教学改进模式。教学模式的构建和改进是我们实施的"让教师过有主张的"教育生活的重要部分。

(一) 以课堂教学各环节为载体进行反思

反思是促进自我内省、自我发展的有效途径,但是如何反思、反思什么也很关键。在引导教师进行反思的过程中,我们采用了这样一些方式推进反思进程。一是反思日记。根据需要,反思日记可以有课后教案、教学日志、随笔札记等形式。"课堂教学反思"是以"琢玉计划中的课堂教学反思环节"的形式来体现。二是课堂观察。将教师的日常课堂教学评价记载到"我的课堂实践记录"中,供教师相互听课、评课。三是微格教学。"微格教学"能详尽反馈整个教学过程,拓展教师反思的时间和空间,有利于教师总结自己教学行为的成功与不足,培养反思能力,改善教育教学的基本技能。我们在青年教师教育研究会成员当中推行"微格教学",对上课教师的课堂教学全程录像,然后组织青年教师进行全程、分段、分时研讨,从教案设计、教学设计、课堂驾驭、学生反映、教师主导等多方面反思与改进。四是行动研究。教学行动研究是教师在研究人员的指导下,运用教学理论研究学生的实际情况,解决日常教学中出现的问题,不断改进教学的一种研究方法。

(二) 以实践者为中心的教学方式为载体进行反思

教师的教学不是单独以教师为中心,也不是单独以学生为中心,而应该将师生双方都视为具有主体性的实践者,相互尊重,共同参与,教学相长,相互促进。"教学主张建模改进行动"也具备了这种"双主体"的特征。一方面,在制订与实施"琢玉计划"时要从加强教学有效性的角度更深切地关注师生关系的改善,关心学生的思想情操,调适学生的学习心理;另一方面,在实施基于实践的"反思"环节,也需要高度关注学生学习状态和效果、教师教学行为以及背后的思想观念。

（三）以实现教学过程优化，提高教学实效为目的进行反思

在制订和实施"课堂教学改进计划"时，要求教师着力研究如何改进教学行为、教学过程和教学方法以提高课堂效能，教学理念的改进应体现在教学过程改进之中。

（四）引导教师对自我的教学主人翁态度进行反思

我们在推进"琢玉计划"的整个过程中，十分重视教师的反思。制度化、规范化让教师对自己的教学主张的教学问题、教学思考、教学模式、教学方法等方面进行反思和修改，而这样的一种反思性教学十分有助于培养教师对教学的主人翁态度。"课堂教学改进计划"的制订与实施过程中同样需要教师具备这种态度。

总之，一个教师知道"教什么"比"怎样教"重要，知道"自己为什么教"比"自己教什么"重要。也就是说，一个教师的教育教学价值追求比教师的教育教学技巧更重要，对教师的影响更加深刻，也更加真实。在我们全面推进"琢玉计划"的过程中，我们在建模改进阶段重点推进"课堂建模改进行动"，更重视教师的教育教学价值追求。

作为一线的教师，应该具备怎样的价值追求？这种理性、科学的教育价值追求对于教师个人的专业化成长和职业生涯又有怎样的作用？一一回答这些问题的过程也是我们学校不断组织教师进行价值追问和反思的过程。学校开展了一系列价值追问活动，如我与我的教学主张故事征集活动、我与我的教学主张研讨活动、我看我的教学主张论坛等。在整个行动计划中，我们的教师再一次反思自己的教学主张，追问自己的价值追求，深深地震撼了自我，也更大强度地挖掘了教师自我对职业的理解和追求。

如我们的政治老师周光珍就是这样看待自己教学主张的提炼、修改和实践过程的。

【案例 6－2－4】

教学主张让我更加理解自己的学科专业要求

我的教学主张——读品语文。记得海德格尔曾说："人类是具有语言能力的生灵，他与植物和动物迥然不同。"语文学习本质上是语言的学习。朱自清先生

在《国文教学》中说："非高声朗读则不能得其雄伟之概，非密咏恬吟则不能探其深远之韵。"加强诵读涵泳，在诵读涵泳中亲近语言，形成良好语感，感受作品的意境和形象，获得丰富的情感体验、心灵的共鸣和精神的陶冶，领略语文的声韵、情韵之美。在诵读的基础上，引导学生从语言和声韵的层面潜下去，从情感和思想的层面浮上来，将读与品有机结合起来，通过先读后品、边读边品、品后再读等多种形式，由声入情悟理，达到声、情、理的完美交融，从而彰显语文的诗意之美。所以，我的教学主张是"读品语文"。

语言的调整实际上是思想情感的调整。修改之后，我感觉自己的教学主张更为清晰明朗，符合高中语文的学习规律，注重感性与理性的有机结合，通过对语言的学习培养学生良好的语文素养，提升学生的思维品质。"读品语文"在教学建模上也更具操作性。

（中光高级中学教师　周光珍）

五、互助：琢玉计划与品质提升

（一）以"琢玉计划"为载体的改进行动，为教师的专业持续发展提供空间

第一，改进行动为教师专业能力的持续发展提供可能。在推进"琢玉计划"中的建模改进行动时，我们以个人"课堂建模改进行动"为抓手和载体，而这种行动实施主要是教师的内省行为，需要个人的自觉、自为。当这种自觉、自为成为一种行为习惯后，教师不再需要从外部施加影响，就能使这种理想的行为得以持续。只要能够长期坚持对自己所获得的经验进行自觉反思，教师的成长和发展就一定不是短期的或阶段性的，而是可终身持续的。

第二，改进行动使教师专业发展更接地气。教师的教学行动改进计划一般都十分贴近其专业生活背景，注重解决教学实践中的实际问题，具有较强的实效性。教学实效的提升必须依赖于教学实际问题的解决，而解决教师专业生活中的实际问题，势必会带来教师专

业的提升，这样的一种良性循环，让教师无论从内心还是行动上都十分乐于接受。此外，问题的解决实际上又是一种创新能力的培养，特别是在教师能解决他以前没遇到过的问题时，更是获得了一种创新的体验。实际问题的不断解决，能对教师的专业发展产生实际的效果。

第三，改进行动能让教师成为真正的“思想者”、研究者。“琢玉计划”的制订与实施赋予了教师新的角色意识，改变了教师被动地接受教育理论和适应专家教授指导的角色地位。教师自身在活动中发现问题、研究问题、解决问题，从知识传授者的角色提高到具有一定专业学术意识、研究意识的高度上来，进而改善自己的社会形象与地位。

（二）“琢玉计划”为教师专业成长提供保障

“琢玉计划”的制订与实施，能在学校范围内为教师专业成长提供保障机制和活动机会。“琢玉计划”的实施过程中不是一蹴而就的，它是一项系统而复杂的工程，是在内因和外因的互动中实现的。在推进“琢玉计划”的过程中，我们广泛开展调研，了解计划实施的具体情况，从而发现了教师个体在课堂教学实践中缺乏智慧、缺乏课堂模式的建构意识。基于这个原因，我们又开展了“课堂建模改进行动”。首先对全体教师进行培训指导，组织他们认真学习“琢玉计划”的相关材料和文本，让其充分认识到“课堂建模改进行动”是提高教师专业水平的有效载体，只有认识上达成共识，才能更有效地贯彻落实“课堂教学改进计划”，把行政推动转化为教师的内在需要。

（三）重视教师间整体互动，制订实施“琢玉计划”

学校在“琢玉计划”的制订与实施中应重视教师之间的整体互动，特别要发挥教研组的作用。虽然“琢玉计划”的制订与实施，个人反思是基础，但是集体协作反思可以使教师相互间取长补短，形成丰富多彩的教研新局面。

（四）“课堂建模改进行动”的实施应充分考虑教师差异性

不同的教师处于不同的发展水平，有不同的改进需求，即使是年龄相同、经历相当的老师也可能由于认知结构的差异而表现出不同的特征。这就要求学校在实施“琢玉计划”的过程中，尊重个体间的差异，有针对性地分类推进。

（五）学校在“琢玉计划”的制订与实施中要加强检查与指导

检查是手段，关键在指导，目的是通过检查与指导有效推进学校“课堂建模改进行动”的落实，增强教师的自我反思意识和课改意识，改进教师的教学方法和教学行为，提高课堂效能，促进教师专业发展。

（六）将学校实施“琢玉计划”的经验与教师的优秀案例在校内、区域层面内广泛交流与研讨

在调研过程中发现，部分教师对于如何进行课堂教学反思有自己的思考与行动策略，如何将这些好的经验总结、提炼、推广，以便在不同的学校、教师之间进行交流与借鉴，需要有关部门在整个区域层面上提供良好的交流、互动平台，让新区所有学校的教师都能够站在更高的起点上，进一步思考课堂教学改革的核心问题与举措。

【案例 6-2-5】

我的课堂教学改进计划

第一节课堂教学情况

第一次教《建设三个政府》

一、确立目标，知其所为

按照二期课改的要求，高中政治常识的教学要贴近学生的生活，丰富学生的体验，让学生不仅能对政治常识中的理论知识有初步理解更要有认同感，并能对政治现象进行一定的评价。

根据自己多年的教学经验，我发现学生在学习本内容的过程中一般都存在这样一些问题:学生对于当前建立“法治、责任、服务政府”的具体做法和行为认同度不高,且对于“法治、责任、服务政府”具体实践行为的评价存在偏差,对“权与责”的理解和思考也存在误区。

此外,在本课的学习之前,学生已经初步理解了国家的性质和国家职能,具备思考政府职能、政府建设相关问题的理论基础。

基于这些认知,我开始了备课。

根据教学要求以及学生学习的实际情况,我把本节课的学习目标确定为:1. 通过学习、体验,学生能够初步了解新形势下政府运作的具体要求;2. 明确如何建设法治政府、责任政府和服务政府的要求及原因;3. 认识政府权力与责任的关系;4. 对政府行为进行合理评价。

在经过自认为十分充分的备课后,我开始了第一次上课。

二、常规实施,效果欠佳

在第一节课中,我主要是以“材料引出问题,问题围绕教学内容”的方式展开教学的。记得当时正是 11·15 特大火灾发生不久,我想这件事情对上海市民乃至全国公民都是一个十分关注的新闻,所以,我选择这一时政热点展开自己的教学,并认为一定会取得不错的效果。

现实却令我失望。学生在理解建立三个政府背后的原因以及评价政府行为时出现了困难,完全没有达到我的预期目标。我设置了这样一些问题:11·15 特大火灾发生后,各级政府的行为给了你哪些感受,并请对此作出评价。请思考我国各级政府为什要这么做?(这一问题实际是想帮助学生理解建立三个政府背后的原因,促进学生深入思考)

学生在进行了三分钟的讨论后,开始回答问题。(基于是高中学生,我在设置问题时,有意识地分梯度设置)

同学小李:政府为了面子工程,害怕追究责任,所以大家都去了事故现场。

政府真的负责，为什么不在事故发生之前避免这些事情的发生？

同学小张：政府自身有很多不足，根本没有达到像书上所说的"责任、法治、服务政府"。太假了，太空了！

在讨论过程中，我有意识地进行了引导。

教师：刚才同学的感受和评价表面看起似乎有道理，其实并不全面。两位同学的确发现了我国政府建设过程中存在的一些问题，但我们也应看到政府正在做不断的调整和改进。本次特大火灾的处理过程也就很好地体现了国务院、上海市政府在处理问题过程中的责任意识和服务意识。

突然，平时不怎么吭声的小王同学"蹭"的一下站起来，脸也胀得红红的，大声说："政府之所以这么做，是害怕媒体曝光，官员害怕自己丢了乌纱帽，害怕被当事人的家属集体上访……"

当学生小王回答完毕后，教室里一片哗然。我不仅没有看到同学们指责或难过的神态，反而感觉小王似乎说出了大家的心声。我只能接着给出了自己的观点。

教师：本次事故确实暴露了政府建设过程中还存在很多深层次的问题，尤其在基层政府中的某些官员身上很明显，但是，我们也应该看到政府在改进过程中所做出的努力。这也是符合事物发展规律的，在不断解决自身矛盾的过程中推进发展。

有着十年教龄的我突然觉得自己的语言是那么苍白无力。

我震惊了，我不得不反思，学生的问题究竟出在哪？为什么会用大众的表面评价来替代自己学科的思考？经过调查后我发现：学生缺乏正确的思考价值观，在思考问题的过程中没有抓住核心关键点，在参与过程中没有像我想象的那样掌握了足够的相关信息。总之一句话，预设问题来自我自己，而非学生。那我的问题出在哪？细想后我明白了，一是用自己的观点去预设问题；二是没有真正了解学生，想当然地认为学生会知道这一时政热点；三是对引导学生进行思考的内容理解不透彻。

第二节课堂教学情况

第二次教《建设三个政府》

一、调整思路，有的放矢

于是，我开始寻找资料，查阅相关文献，如曹政钧的《文化诊断学——思考力》中对思考力的定义和解释，认为思考力包括思考力的大小、思考力的方向、思考力的作用点。文章指出：思考力的大小取决于思考者掌握的关于思考对象的信息量，如果没有相关的知识和信息量，就不可能产生相应的思考活动；思考力的方向取决于思考的价值目标以及围绕目标形成的思路。思考还必须找准作用点，把握其中的关键环节，并只有在正确价值判断的指引下，才能深刻认识和把握事物的本质。

在查阅这些资料后，我将"思考力"理解为学生掌握一定的知识和信息资源，找准特定的事和物，并进行正确而合理的价值判断，从而深刻认识和把握事物本质的能力。

基于自身对"思考力"的这一理解，我又重新开始备课，从原来提问学生转变成让学生质疑、发问，以此策划我的教学过程。

在原有的基础上，我再次分析教材内容，让自己真正做到有的放矢。我主要做了以下几个方面的功课：一是进一步梳理和明晰建设三个政府的原因并加强相关信息储备；二是调整教学方法，给学生下发学习任务单。学习任务单包括：1."11·15特大火灾"时政材料；2. 上海11·15特大火灾发生后，各级政府的哪些行为给你印象最深刻？为什么？3. 简单阅读教材后，你有什么感想？有哪些问题想在本堂课中得到解决？为了解决这些问题，你会寻找哪些信息资料？如果其他同学质疑，你用什么来说服对方？

在给了学生这个简单的学习任务单后，我并没有时间再进行一次试讲，所以直接进课堂上了第二次课，也是公开课。说句实话，我自己心里也没有底，只是感觉自我对教学内容和教学重难点已经足够了解，但还是不知道最后的结果会是怎样。尽管这样，我还是抱着这样一种坚定的想法，如果学生能够按照学习单的要求，自己寻找资料和设置问题，最起码也能寻找到一些能说服自己的时政材料。先让自己信服，再反思本课内容和自己想解决的问题，这个过程其实就在帮助学生追问建立"三个政府"的原因。

二、忐忑不安，心中有底

就这样，我走进了课堂。这样一种改变和尝试，似乎给了学生不少新鲜感。

首先发言的是小王同学，他简单地谈论了自己在拿到学习任务单后的一些举动。他总共看了两遍课文，第一次觉得没有什么收获，也没有什么感受；第二次开始有了一些疑问：教材中讲到建立一种"法治、责任、服务政府"，是不是说明我们目前的政府做的还不够，还需要建立"三个政府"？我们所说的要建立"法治、责任、服务政府"与西方国家所倡导的"民主法治政府"有什么区别吗？为什么要建立"三个政府"？

小李同学却有了不同的经历和感受。现实生活中，他发现了与教材中所说完全相反的现象，如山西煤窑瓦斯爆炸事件，地方政府是如何推责的。他提出了"为什么我们国家如此倡导法治、责任、服务政府，却屡屡出现这种事件，我们还欠缺了什么"的质疑。

小谢同学的问题是：我们的政府要怎么做才能真正成为服务政府，还需要哪些方面的改进和努力？

听到同学们的问题，我会心一笑。我感觉自己成功了一步，也是很关键的一步，学生动起来了，学生有想法了，学生思考了！

课堂上，我还抽查了学生所收集的"上海 11 · 15 特大火灾"相关材料，既有网络媒体、报纸报道，也有视频材料；有现场报道，也有处理过程中的细节资料；有媒体评价，也有自我评价，比我想象的要丰富得多。看到这些后，我心里有了一点底，这节课不会太差，学生掌握了足够的信息，已经有思考基础了！

在综合学生所有的问题后，我们开始了下一步的学习和研讨——解决问题。在此过程中，我实施了自主和选择相结合的方式，把问题分成三组，第一组是以信息资料为载体，思考政府是如何建设法治、责任、服务政府，并对其进行评价：第二组是正确理解和分析构建三个政府的努力和现状：第三组是区分中西方民主政府的本质，接着招聘主持人，组织本组学习任务。

三、学生释疑，超常发挥

在经过两分钟的准备后，第一组同学播放了“上海 11・15 特大火灾”视频材料，并设置了这样两个问题：1. 火灾发生后，上海市政府、国务院分别做了哪些工作？2. 你对上海市政府、国务院这次火灾救助行动和对本次火灾事故的态度有何评价？

学生回答：认真贯彻落实中央的决策部署和指示精神，全力组织灭火、抢救、救治和善后等各项工作。整个抢险救援工作是及时、有力、有序、有效的。

学生回答：公安民警和社区服务部门在受灾居民安置点现场办理身份证、社保卡、银行卡等一系列举措也反映政府注重加强社会管理和公共服务，并且努力做到简化办事手续，提高服务效率。

学生回答：我觉得上海市政府、静安区政府在事件处置过程中还存在问题，出现特大火灾本身就是缺乏监督机制。

学生：总体来说，我觉得政府的态度还是不错的，出现问题后，利用媒体公开处理情况，是对公众负责的表现。

听到这里，我会心一笑。问题来自学生，学生解疑释惑，来自学生的话语系统远远比教师的说理更有效。

此时，我进行了适度引导：如何才能打造三个政府？目的是引导学生明确政府的权责的一致性，辨证地看待权力。在学生回答后，我又呈现了自己事先准备的教学材料。

水到渠成，我再次引导学生认识：权力源于人民，责任重于泰山，建设责任政府要求政府机关明确权力与责任的关系，对人民负责，这即是责任政府的内涵。

学习至此，学生已经对服务、责任、法治政府有了一定的理解和认同。接下来，我将帮助学生辨析和明白建立三个政府的根本原因，以及三个政府与西方国家的民主、法治有何根本区别？

在经过学生激烈的讨论后，第三组学生归纳总结了本质和区别。

我国政府一切为了人民，坚持把为人民服务、对人民负责作为政府工作的根本出发点和归宿，始终把人民利益放在第一位。而西方民主法治政府是为资产阶级服务的，与我国“三个政府”有着本质的不同。

最后，我根据学生在课堂中的反应，进行了最后的提升和归纳，帮助学生深入思考和明晰认识：建设服务政府、法治政府、责任政府是我们政府建设的目标，是由我国人民民主专政的社会主义国家性质决定的；建设法治政府、责任政府、服务政府并不是孤立的，而是有机的整体；三个方面的出发点都是一致的，都体现了“以人为本”的原则和为人民服务的宗旨。

很幸运，课堂教学进行得很顺利，在学生对建立法治、责任、服务政府的一些基础内容有所认同后，我引导学生进一步发问，提升学生价值判断力。课堂教学推行至此，已经基本解决了学生所提问题，达到预期效果。

两次教授《建设三个政府》的经历，让我悟出了可以提高政治课教学有效性的一些方法：先让学生质疑发问，让学生掌握足够的思考信息源，再给学生自主回答问题的时间和机会，引导学生在疑中问，问中释疑，促进思维的深入思考，提升思考能力。教学在改进，教师在成长，课堂模式也应逐步清晰化。

（中光高级中学教师　艾冬娥）

第三节　成为真正的“课程人”

课程对于一个教师而言是尤为重要的。一方面，教师教学主张的实践和教学思想的践行，需要课程来支持完成；另一方面，它能帮助教师完善自己的教学主张，丰富自己的教学主张，提升自我的教学主张。

教师成为真正的“课程人”，即教师确立了课程意识，拥有了课程知识，形成了掌控课程能力，真正走进课程。第一，教师要用自己的观念、态度和意识去解读课程。用心去理解和领悟课程的基本框架、基本理念、培养目标，以及课程标准的目标、基础知识、技能和能力。理解并解释课程是教师专业生命的存在方式，而教师参与对课程文本的解读是课程意义生成的基础，教师在对学科的理解和感悟中即生成了学科课程。第二，教师要创生和发展课程。通过教师的“课程运作”，使课程和教学实现意义上的整合，把教与学变成课程共同创生的过程。真正有效的课程是教师与学生联合创造的教育经验，是教师在与学生的互动情景的过程，即一种创生的课程。在这个“课程过程”中，通过师生、生生之间不断的对话与会话达成在学科上的共识与互识，生成意义，最终实现课程的创生。这是一种理解与领悟的课程，一种反思与实践的课程，一种创生与发展的课程。总之，无论是理解与领悟课程，还是实践创生课程，教师都必须拥有课程意识、课程能力。

一、规划：确立学校课程哲学

学校课程是学校发展的纲举目张，是实现学校办学哲学、办学特色的主要载体和渠道，是学校教师个人成长的基石，所以学校十分重视学校课程的建设和完善。自 2008 年以来，中光就在学校课程计划、课程哲学、课程结构等方面进行全面思考和架构，到 2014 年，完成了基本结构。

（一）课程哲学

中光课程理念：自能发展

自能发展是一个十分有意义的教育目的。这个目的认可了人的反身性这一基本前提，认可了人是自己的目的并成为自己的基本原理。教育因为有“人”、有“自我反身”、有“生命”、有“自我教育”而显得尤为有魅力。教育的最终目的也正是由这一目的中的“自能”两字体现出来的。同时，让学生成为自己发展路途中辅佐自我，照亮自我、滋润自我、勉励自我、助推自我、点燃自我的主人。这种目的蕴涵着教师让学生成为自己主人的深情厚谊和无限期待。

不仅是认知领域，情感领域、态度信念领域、意志领域中，自能发展同样是合理的适用的，且其重要性不亚于认知领域。当教师将自己视为学生灵魂的工程师，便能更恰当地关注学生的心灵，并且在这基础上，更加关注如何引发学生意识到自己关注自己心灵的意义。

学校在自能的前提下，针对学生发展过程中的特殊性和生命个体的差异，开展适合学生成长的课程和活动教育。促进学生生命主动成长，尊重个体差异，凸显个性，因材施教，唤醒个性是适合教育的首要要义。激发生命潜能和创造力，关注个体潜能，强调独立创新，乃“适合教育”的中心环节。改变“标准化”的评价体系，用多把尺子衡量学生。“多把尺子”，意味着学生有自主选择适合自己的教育的机会，意味着培育多种方式的可能性。

（二）课程目标

在课程的实施过程中，期望让学生达到如下方面的变化和成长：

一是掌握高效学习的方法：让学生掌握高效学习的九个关键，养成良好的学习习惯，掌握一种适合自我的学习方法；学会制定学习目标、学习计划，有效管理时间；获得学习和考试技巧；发展兴趣和特长并据此选科和选课。

二是具备人生奠基素养：让学生具备宽容、尊重、关爱、责任、诚信等方面的品质，同时学会在生活、学习、人际交往中懂得宽容、尊重、关爱、责任。

三是具备一定的人文情怀：培养学生具有“儒雅之气、刚柔兼备”的人文气质；培养学生科学的世界观、正确的人生观和合理的价值观。

四是具备一定的艺术修养：让学生初步了解美术、音乐、文学、建筑等方面的经典名作，学会欣赏。

五是掌握基本现代生活技能：让学生学会一些生活常识，基本的生活、生存技能；让学生学会思考和解决学习生活中所面临的问题。

六是熟知人际交往中基本规则：让学生学会换位思考，善于交流沟通，提高人际交往能力。

七是参与科技创新：培养学生树立创新理念，指导学生了解并运用科学方法论；培养学生多样思维与独立人格，奠定创新思维的基础；指导学生开展研究性学习，拓展学生学习实践平台；培养学生学会紧密联系学科知识与社会生活，实现学以致用。

八是了解生涯规划的方法：培养学生运用科学的方法促进自我的了解，全面而客观地分析自我，理性地进行个性完善、选科选课、高考志愿、人生发展等方面的决策，增强学生生涯规划的意识，努力掌握未来生活与发展所需要的基本技能。

（三）构建“V－I－P”课程结构

“V－I－P”课程既是一种对学生提供“贵宾式”服务理念的体现，也是我们为学生发展提供的“拓展课程、个性化需求课程、基础性公共课程”三位一体的课程统称。在确保学生共性学习需求的同时，力求满足学生个性发展，提供适合的成长途径，搭建合适的成长平台。

“V”即 variety。“V－课程”指学校、师生为学生开发的校本课程（研究课、拓展课），可供学生自主选修，包括教师开发的限定拓展课和学校层面的社团课程，教师指导学生实践的可选择的研究型课程，以及学生自行组织的自主社团课程。目前已形成 100 多门拓展课程和社团课程，50 多个研究型课程课题，20 多门自主社团课程。

“I”即主格的“我”。“I－课程”是为满足学生个性发展和个性需求而专门开设的个性化课程。课程开设的原则是满足学生的个性需求，服务学生个性发展，包括影视编导、数码摄影、美术课程班、国际课程、语感阅读课程，以及学生自主选择教师教学的挂牌教学课程。2011—2013 年，学校就有 5 位教师为 1 位学生而开设的“影视编导”课程，并整合各类教育资源，为学生在本课程的发展中进行全程指导和服务。

“P”即 primary。“P-课程”即全体学生必须学习的基础课程，是为满足所有学生发展必须的基本课程，以国家规定的课程为主。为学生的成长和发展提供基于我校学生学习实际的基础知识和基本能力的一种共同性课程。

“V-I-P”课程体系中涵盖“高效学习课程、品格修炼课程、人文情怀课程、生活技能课程、个性特长课程、人际交往课程、生涯指导课程、科技创新课程、艺术修养课程”九大课程模块，而九大课程模块又分别分布于学校的基础课、研究课、拓展课三大类课程中。也就是说，在不同学科中都可以对学生进行相关指导课程，从而保证指导内容学科化，学科教学指导化。

（四）课程路径

基于以上的课程哲学和课程结构，构建学校课程路径为：调研—讨论—开发—初步架构—研讨内涵—深入思考—调整开发—重新架构。通过调研，了解学校课程现状、师生对课程的期待和所需；通过研讨，了解师生对课程理解和设想；通过开发，初步知道教师对课程的开发能力；通过培训，基于教师课程开发提供相关技术性指导和支撑；通过架构，为教师开发课程提供纲目，使教师开发课程有依据有方向。

（五）以评促建，多维度开展评价活动

在课程“资源包”的开发与利用过程中，我校科研室会同骨干教师，每学期选择四个进行全程跟进。例如，本学期美术组开发的“资源包”——《手绘 pop》，在实施过程中就经历了“设计—课堂教学（观察）—反思—改进设计—第二次课堂教学（观察）—再反思—再改进设计—第三次课堂教学”的过程。在整个活动过程中，美术组全体教师共同参与设计，集体反思。为了便于观察，他们用摄像机把课堂教学过程录下来，在研讨时重放，使得点评讨论能够切实细致。最后，将课堂实录做成视频案例，挂到学校网站上，通过 VOD 视频点播系统，供全校教师交流研讨。

我校对课程“资源包”的开发与实施正逐步形成制度化。

(二)保障制度

有效的管理可以使课程资源的开发和利用制度化、规范化、合理化和高效率。为此,我们在制度管理和保障上需做好相应的准备和铺垫。

首先,建立有效的课程资源管理制度。为了使有限的课程资源发挥出最大的效用,需要对课程资源进行有效的管理。

一是建立一系列学校课程开发制度,如《中光高级中学课程开发要求》、《中光高级中学课程开发奖励制度》等等。

二是对已有的课程资源进行合理妥善的配置,建立课程资源管理数据库。根据一定的分类标准,对多样的课程资源进行必要的梳理和归类,建设成课程资源库。教师们在开发课程资源时需要什么,就到这个库里进行检索和点击,这样不但可以节约大量时间,而且同一资源可为不同教师反复使用,提高了使用效率。

三是发掘各种资源,帮助教师进行课程开发。学校还通过多种途径和方式,与家长、社区以及其他相关部门建立密切的联系,发掘其中的优质资源,帮助或辅助教师创生课程,丰富课程,建立从基层学校到各级地方教育行政、教学科研部门、课程研究中心,由教育内部至教育外部的交错相连的课程资源开发网络,形成课程资源开发的整体效应和优势。

其次,建立课程资源开发与利用的学校评价制度。课程资源的开发与利用对教师与学校而言,需要投入大量的人力、物力、财力、精力,传统的教育评价与教学评价并没有涉及这方面的指标。如果评价制度跟不上,势必会影响学校与教师课程资源开发与利用的积极性。为此,我们建立了《中光校本课程开发评审制度》、《中光校本课程评价制度》、《中光校本课程评估制度》等相关评价制度。

课程资源的开发与利用是一个长期积累与渐进的过程,需要学校、教师、家庭和社会的通力合作。在这些影响课程资源开发与利用的主要因素中,教师是最为重要的,也是能使其他要素联系起来的决定者。我校已逐步形成了对课程“资源包”的开发与实施的制度化体系。

最后,让教师成为课程的开发者和受益者。课程既包括学校所教各门学科,也包括有目的、有组织的社会实践活动和课外活动，除了这些教育活动内容本身，课程还包括对活动内容的安排、实施进程、期限等。在组织教师进行课程开发的过程中，我们十分关注教师对课程的理解和培训。学校曾经多次组织“课程开发”等相关类型的专家培训、教师论坛，从理念、理论上帮助教师储备知识，让教师在课程开发和实施的过程中，不仅关注课程是什么，更关注课程为什么要这样。

二、创生：寻找自己的课程空间

教师的教学主张是一个教师对自我教学反复追问，不断锤炼，最终沉淀下来的价值追求和思想结晶，仅凭借单一的课堂教学很难完整呈现自己的教学主张。为了更好地体现和实践自己的教学主张，让教师教学主张得到切实的呈现和实现，就必须进行基于自我教学主张的课程开发。怎样的课程才是受学生欢迎的，怎样的课堂才是真正发展学生的同时也发展教师个人的？基于自我教学主张，课程开发又需要做哪些方面的努力和发展？学校需要何种课程哲学？学校如何拥有自己的课程哲学？教师如何丰富自己的教学主张？教师如何围绕学校课程哲学，开发实现自我教学主张的个性化课程？带着这些困惑和问题，我们以教学主张的课程开发为载体开始了新的探索和实践。

（一）课程，为教师教学主张丰富提供空间

课程智慧是教师专业智慧的重要组成部分之一。课程智慧是教师在教育过程中对课程的整体理念，包括对课程的筛选，对理论与实践的巧妙而恰切的处理，而呈现为教师课程开发智慧、课程领导智慧、课程组织智慧等。课程智慧也同其他智慧一样，主要是源于对自我问题的解决。课程的开发和实践行动要基于学校中的课程问题、教师教学主张行动存在的实际问题，解决教师与课程问题，教学主张、教学建模等系列问题，而这一系列问题的解决又有助于教师课程智慧的丰富。

1. 基于教师教学主张的课程开发是教师独立传承文化的过程。教师在课程开发中依据教育方针政策，在进行资源调查和需求调查的基础上，自主选择教学内容，编辑相关材料、教学资料。对教学内容的选择也就是对文化的选择，教师编写文本、撰写课程纲要就是

选择一定文化和传承文化的过程和方法，所以，自我课程开发能增强教师对文化的选择，达到传承文化的目的。通过课程开发，教师转变角色，成为课程的创造者、实施者和评价者。

2. 基于教学主张的课程开发是丰富教师自身的过程。基于教学主张的校本课程开发是建立在教师深厚的教育专业知识和娴熟的教育专业技能之上的，是对课程进行重组或创造。这个过程能有效促进教师专业发展，特别是促进教师对课程的认识和对学科知识的深化，从而有助于教师形成自身的特长。在课程开发中，教师要对文化进行评价、选择，对教学进行全面考量和设计，对教师与学生的关系进行反思，对教学技能进行深化和发掘。教师自己开发，自己上课，并接受评价，能促使教师努力学习，提高教育专业知识，提升对课程理论、课程结构的理解，进而在反思课程、反思教学过程中，增强实践能力。总之，基于教学主张的课程开发是丰富教师课程知识、学科知识、实践性知识的过程。

3. 校本课程开发为教师专业发展提供了路径和方法。教师的专业发展须在教育教学实践中成长、成熟，其途径有教师培训、教师群体活动、教师个人发展等。校本课程开发需要教师专业发展来支撑，同时又为教师专业发展提供路径和方法。一是能帮助教师确立个人专业发展目标。新课改要求学校实施校本课程，初始阶段教师的热情非常高，但也明显感到自身专业素养的不足，正是这种不足让教师确立了个人学习的目标和发展目标，为教师重建知识结构提供了可能。二是在协作实施课程、开发课程过程中，提高课程实施能力和反思能力。调查资源、确定内容、开发文本、实施课程、评价课程等一系列活动，有助于教师的技能发展，提高教师的实施课程能力、研究能力和教学能力，使教师具有一个更开放的思维系统和更强的反思能力、协作能力。

（二）实践，教师在课程开发中成为真正的“课程人”

基于学校的课程哲学和课程结构，我校教师根据自己的教学主张和教学实践，规划了自己学科课程结构。近年来，学校在基础性课程教学中开展了一系列促进教师课堂转型，增强学生自主探究和实践体验学习的“2020”课堂教学改革活动。不仅要求教师在教学过程中注重课堂转型，更要重视对“指导”的落实，每个教师还就学科落实“指导”撰写了相关指导案例。这种做法不仅让教师在观念上有了转变，也在自己的学科教学上用指导的理念来完善，既能有效服务学生发展，也能更好地促进自身专业发展。

1. 组建课程领导小组，推进课程管理工作

(1) 建立相应的课程建设研究小组

学校“课程建设研究小组”统筹学生指导课程的开发、实施以及相关评价等工作。课程建设研究小组由教学副校长、教学服务部主任、教育研发部主任、教研组长组成。学校在课程建设过程中，鼓励教师在遵循学校课程纲要的前提下研究学科拓展；鼓励教师依据自身兴趣爱好，结合学校办学特色开发新课程；在以教师为主的前提下，充分挖掘家长以及共建单位的资源，并邀请专家团队参与。每学期初通过选课平台在学生自主选课的过程中实现校本课程的优胜劣汰，激发教师在研究学生学习的基础上，不断完善校本课程以及探索改进教学方式；通过专家咨询与诊断、课程评比、教学督导、调研访谈等环节动态把握课程实施情况。

如学校成立拓展型课教研组，固定每周的教研活动时间和地点，教学服务部组织专人每周检查教师的教案并随堂听课、定期开展拓展型课程的专项督导活动，确保每周一小时拓展型课程的有效实施；对学生采取学分制管理的形式，提高学生参与的主动性和积极性。

(2) 成立学校课程领导小组

学校成立了由校长、分管校长和科研室、核心团队为组成人员的领导小组，全程对学校课程进行规划和设计，对学校教师个人课程进行指导、评审和评价。

课程资源能否在课堂层面发挥作用，是课程资源开发和利用的关键。因为课程资源只有进入课堂，与学习者发生互动，才能彰显其应有的教育价值和课程意义，才能最终体现课程资源的价值。

2. 建立课程管理程序，规范课程管理

(1) 遵循课程管理要求，加强课程实施管理

一是注重课程研究和开发，设计和制订学校课程计划。鼓励教师在遵循学校课程纲要的前提下，研究自己所承担的课程，同时针对学生实际情况，对本学科进行拓展和延伸；鼓励教师依据自身兴趣爱好，结合学校办学特色，开发相应的拓展课程。

二是在课程的实施过程中，学校通过专家咨询、质量监控、课程听证、课程评价、调研访谈等环节，动态把握学校课程实施情况。

三是探索和改革教学过程，促进学生学习方式的改善。要求教师在课程实施过程中，

在研究学生学习的基础上，不断探索改进，努力为学生提供一种适合有效的教学方式。

四是实施反思和改进，促进教师专业成长。要求教师在实施课程过程中，坚持长期反思，凝练成课程研究的载体，上升为研究的课题，在研究过程中促进教师自身的专业成长。

五是重视反馈和检测，提高课程实施实效。要求教师在课程实施过程中，对学生进行适时检测和辅导，提高课程实施的有效性。一方面，校本课程开发需要教师具有一定的素养，教师的教育智慧是其顺利开发校本课程的基本保证；另一方面，校本课程开发是教师教育智慧增长的重要途径，教师只有在课程开发实践中积极参与、深入钻研、合作互助，大胆创新，才能不断提高自己的课程开发能力，积累经验，增长智慧。

课程行动研究需要教师以教材的处理为载体，提高教师对课程的理解力，不断丰富课程知识，增长课程智慧。

3. 开发课程，实施课程

(1) 开发“V”课程

一是开设了专门的“指导”课程。学校开设了生涯导航、心理健康、心理游戏主题实践、文化教育夏令营，通过专门的指导课程对学生进行指导。二是开设面向全体学生的课程。目前学校开设了近100门拓展型课程，50个研究型课题，学生广泛参与体验，并拥有自主选择学习科目的空间。

“V”课程的开设，一方面拓宽了学生的发展空间和视野，让学校课程变得更加丰富，更满足了大部分学生拓宽学习兴趣，丰富知识建构的要求；另一方面，教师在课程开发和实施的过程中，也极大地丰富了自我职业生涯之路。“V”课程的开设为学校的特色形成、办学理念的实践，为学生优质教育服务提供基础保障。

(2) 开设“I”课程

开设“I”个性化课程，服务学生个性需求。

学校努力实践为学生的发展规划和设计，提供个性化发展需要的贵宾式服务，应学生需求，开设了影视编导、数码摄影、美术课程、综合艺术等，其中英语、数学的公共基础课学习，完全由学生自主选择喜爱的、适合自己学习特点的教师挂牌课。这一贵宾式的教育服务方式，受到相关媒体的争相报道。

【案例 6-3-1】

媒体报道一

本报讯(记者　李爱铭)一门选修课如果只有一名学生选,该怎么办?恐怕多数学校会选择“叫停”。嘉定区中光中学本学期的“广播电视编导”课就遇到了这样的情况——只有高三(3)班学生付渊一个人选修。然而,学校不仅没停开这门课,还足足配备了5位老师为他上课。

付渊介绍,随着网络视频的普及,“90后”学生中出现了一些摄像编导的“发烧友”。学校为此在高二年级开设出“广播电视编导”课,去年共有17名学生选修。但本学期升高三后,大家要应对高考,最终只剩下付渊一人。付渊有自己的想法:“我对这门课既有兴趣,又有点小天赋。而且,按我的文化课成绩估算,可能只能进一所二本大学。如果能通过广播电视编导方面的艺术专业考试,我的文化课成绩足以考一本院校。因此,我想继续学习广播电视编导课,尝试另外一条高考路。”

付渊并不知道,在他之前,中光中学已有“特设课程”的先例。校长路光远说,前几年学校曾为一名拥有摄影专长的学生开过“个人影展”,并通过专业辅导托举他考进了上师大艺术专业。近来,学校又专门为一名学生外聘了区摄影家协会的专业老师,教数码摄影课。

本学期,这门“一个人的选修课”得以继续。但由于该课程涉及多门类知识,学校现有师资中无人能“统包”,为此学校分别安排了3位语文老师、1位美术老师和1位音乐老师合作授课。“当然,上课方式也突破了传统的课堂讲解模式。我的部分语文、音乐、美术课时被置换成了‘广播电视编导’,灵活自主与5位老师展开研讨学习。”付渊说。

(李爱铭　解放日报　2012年12月19日　综合·国内新闻·科教卫新闻)

媒体报道二

每周一、周四下午，上海市嘉定区中光高级中学高二(1)班的黄一宸都会到王双一老师的课堂去上数学课。这并不是“选修课”，而是英语、数学的“必修课”。必修课怎么还能选老师？原来，这是中光高级中学实行的“教师挂牌，学生选课”制度，高一、高二年级的每个学生都可以选择自己喜欢或适合其教学风格的老师。

黄一宸告诉记者，从去年9月份新学期开始，学校就推出了这项制度，在学生中引起了不小的轰动。学生们通过学校局域网，选择自己喜欢的英语和数学科目的教师上课。“每次期中、期末考试之后，我们也可以重新选择教师，”黄一宸说，“以往只认识教自己的老师，现在年级里的每个老师都跟我们很熟悉。”记者获悉，选课时，学校对某一教师的学生可选数也作了限制规定，既保障了学生的选择权，也维持了正常的教学秩序。

“我的课堂我做主。”学生对选择的热情很快化做学习动力。黄一宸和他的同学们都觉得通过选课，不仅接触了更多教师，在学业上也有了更多进步。“选课让我接触到不同教师的教学风格，由此拓宽了自己的学习思路，”黄一宸很有感触地说，“希望有更多课程实行自主选课。”

让学生有更多选择权，让教师充分发扬其教学风格，这是实行“教师挂牌”的初衷。每周2节的“选修课”由教研组决定教学内容。教导主任陈坚说：“每个教研组都会根据学生学习的薄弱环节，制订下周选修课的教学内容。这样一来，学生无须担心教学进度的差异，只需根据自身特点选择适合其教学风格的教师。”在“捆绑式”教学机制下，教师之间原来“你们班学生”“我们班学生”这样的班与班“竞争性”的话语变少了，相反，他们为了教好“我们的学生”都拿出“十八般武艺”。

既然是挂牌选课，那自然会有人气旺的“明星教师”，也有选课人数并不多的教师。这种不用说的“竞争”，推动着教师们自我提升，在各自的课堂里展现特色。高二(1)班的数学老师张惠君素有“课堂效率高、解题速度快、特别有耐心”的好口碑，她的数学“选修课”总是很火爆，而张惠君却鼓励自己班的学生选其他老师的课。“其实，我们上课的内容是相同的，但每个老师教授的方式方法各有各的特色。我希望我的学生也能从其他老师的课堂上获得更多体悟。”相比较原来传统的教学方法，张惠君老师表示，虽然工作压力更大了，但只要能让学生有所进步，整个数学教研组都会感到非常满足。

中光高级中学校长路光远表示，该制度目前在高一、高二年级的数学和英语课实行，一年多来，不仅学生可以选择他们所喜欢的教师，更从客观上促进教师专业发展。

这种“I”课程的开设，为学生的发展服务，也符合2010—2020中长期教育发展纲要内指出的“多样化办学”要求，为学校特色的办学探索了发展之路。

（荀澄敏　上海教育新闻网—东方教育时报）

我们的教师也基于自己的教学主张开发了不同的课程，如艾冬娥老师基于自己的教学主张“引悟教学”开发了《修炼自己的品格》，用生活中的案例事例来启发、引导学生进行思考和感悟；谢晓敏老师针对自己的教学主张开发了《拨动心弦的金钥匙》等，教师们在开发课程的过程中获得自身的成长。

【案例6-3-2】

《修炼自己的品格》后记

面对成长中的同学，我们一直在思考，如何帮助大家规避与解决在人生十字路口，因迷茫、困惑，以及对社会的陌生而带来的问题，并遵循学生的成长和发展规律，进行系统化、理性化、个性化的指导，让同学们找到自己在学习、生活、社会中的位置，学会规划和选择，并能为自己的选择承担责任，让每一个孩子都能成功，为其未来的幸福人生奠定基础。

为了让同学们健康成长，我们在路校长的全面策划和指导下编写了《学生发展指导》丛书。整个丛书的撰写，经历了调研访谈、研究思考、主题探究、创意架构……其间，我们老师也在转变观念，更新理念，对教育本质的认识与追求更加清晰，提升了育德的能力。其实，我们也在和同学们一起成长发展。

基于我的教学主张“引悟教学”，我希望通过编辑《修炼自己的品格》一书来引导学生从故事中感悟、提升。从主题的确立、材料的选择、栏目的设置，经历无数次的调整和修改，这些工作是艰辛又有意义的，看到这本书即将出炉，更觉得是那样的幸福与快乐。

本册书主要包括尊重、关爱、宽容、责任、诚信五个系列，寓教于“读”，让同学们在自主阅读、自我体验、轻声反问中，体会生命和生活，慢慢品味，从书中的小故事里得到启迪，受到教化。虽然所设置的这些内容不可能涉及同学们应有品格的全部，但是我们相信，无论哪位同学都能从中得到感化与认同，具备了这样一些人生基本元素，未来的发展一定会更坚定，也会更好。我真诚地希望这本小册子能对同学们有所帮助与指导，同学们能够喜欢上它。但由于时间仓促，水平有限，书中定有不尽之处，请同学们提出宝贵的意见和建议，以便修改完善。

（中光高级中学教师　艾冬娥）

【案例 6-3-3】

破茧而出迎新生

——校本教材开发中的成长

教师生涯步入第六个年头，度过了初为人师时的茫然与无助，多了些讲台上的镇定自若。有一天，看着讲台下的学生，一个个问题浮出脑海：当学生想起中光的心理健康课时，他们能够想起什么？当有老师也想加入心理工作队伍时，我能够提供什么让他们少一些适应期的茫然？当我走下讲台回忆自己的职业生涯时，我能够给自己留下什么？……这些问题时不时地会浮现出来，而我却一次次茫然不得其解，直到有一天，校长郑重其事地对我说：你要出书！

如果我自诩是一名有上进心的优秀青年教师的话，很庆幸，我遇到了一位愿意为教师的专业发展搭建成长平台的仁爱而又严厉的校长。"出书"这两个字如同一个紧箍咒，一直紧紧地箍在脑袋上，终于有一天，我在电脑里建起了"拨动心弦的金钥匙"文件夹。

《拨动心弦的金钥匙》一书的编写让我明白，心理课堂应该成为温暖学生现在和未来的课堂，不仅温暖自己，也能够温暖身边的人。在未来遇到困惑的某一天，他们能够想起我在课堂上曾经讲过的一句话或者体验过的一个游戏，寻着这一点回忆，找到解决困惑的途径，或给他人提供帮助。《拨动心弦的金钥匙》一书编写过程中，我观看了20多部心理影视作品，浏览了上百个心理专业网站，这是一个开放思维和意识的过程，是一个开阔视野的过程，我在书中留下了痕迹，这是给那些对心理学感兴趣的老师和学生们留下的学习线索。《拨动心弦的金钥匙》的编写过程中，我还翻阅了50多本专业书籍，这对于我而言亦是一个不断学习、优化专业知识结构、提升专业认识水平的过程，潜移默化地改变了我的教学行为，成了我突破专业发展瓶颈的助推器。

《拨动心弦的金钥匙》的编写过程是痛苦的，却也让我领略到了“破茧而出迎新生”的别样精彩。

（中光高级中学教师　谢晓敏）

三、研究：理性驾驭自己的教学

（一）思考，让教师在深度参与课程研究中成长

作为课程行动研究参与者和实践者，课程研究是教师诊断自己课程情景中的问题，改善特定的教学环境的一种手段。校本化的课程行动研究由设计、检验和判断三个阶段构成。我校开展的校本化的课程行动研究是教师改进教学问题，提升教学思想而进行的行动研究，带有自我进修的含义。在历经两年的校本化课程研究中，我们主要针对学校课程中存在的问题，基于教师的自我的教学主张，选择课题进行课程行动研究，与专家合作，共同改进教学，促进教师专业发展。

（二）课题，让教师的教学主张转化成研究的行动

行动研究是实践者为了行动、在行动中和通过行动而解决工作问题的一种研究方法，不需要运用专门的方法技术。教师开展课程行动研究常用的方法有课堂观察、访谈、课程叙事。利用课程观察，教师可以阐述课程实施中所经历事件的复杂性和丰富性，全面呈现课堂纷繁复杂的情况。教师可以通过观察到的教学案例研究自己的实践，解释教学问题，提出解决方案，进而提高自己的教学水平。课程叙事是教师将自己的课程开发、领悟、执行记录下来，如某一个教学片断或者教学事件，并进行反思。这是一种记录事件、总结经验、思考提升的行动研究方法，为了保障教学质量，还要开展以学校课程、自我教学主张为基础的课程评价，使教师课程开发，课程实施走向规范化、有序化。课程开发源于对教师自我的教学主张的丰富，教学主张源于教师对自己的教学思考和提炼，课题研究源于教师在实践

自己教学主张过程中的现实问题的解决。整个教学主张提炼、教学主张实践、教学主张课程开发、课堂和课程的问题解决的研究过程就形成教师专业成长的路径。

我们在实施"校本化课程行动研究"的过程中,课题研究既是对教学主张的提升和进一步锤炼,也是对课程开发的理论支持和实践支持。为此,我们的教师基于自己的教学主张和课程开发进行课题研究,用研究来提升自己的课堂教学效果,实践自己的教学主张,解决课程开发中的问题和疑惑,解决建模中的难题和困难。

【案例 6-3-4】

基于英语教学的"我的教学主张"的实践与研究

从教学主张的作用看,李建军认为教学主张直接引导着教师的教学行为,是教师专业发展的能动因素和内在需求,对于教师专业发展具有重要意义。成尚荣认为教学主张是名师"教育自觉"的关键性标志。名师应当是思想者,是"反思性实践家",有也必须有自己的教学主张。教学主张是名师产生和保持影响力的重要原因,是具有影响力的名师与一般教师的显著区别。教学主张是名师教学风格的内核,是其成长道路上的通行证。教学主张是对教学、对教学改革的一种坚定的见解。

实践阶段:2013 年 11 月—2015 年 1 月

1. 建立一种全新的教学生活方式,触及教学生活的内在结构,思索自己对英语教学的理解,为教学主张的建构与实践确立坚实的认识路线。

2. 教师根据自己提出的教学主张,在课堂教学活动中进行实践、论证、反思和改进,最终形成真正的教学主张。

反思阶段:2015 年 1 月—2015 年 10 月

针对课题组实施情况,邀请学科专家对课题进行诊断,组内反思、调整,完善实施的过程和环节。

总结阶段:2015 年 11 月—2016 年 9 月

全面总结课题组课题内容，梳理出基于英语学科教学的“我的教学主张”，并针对“我的教学主张”构建出自己的教学个性和风格，收集整理相关案例，总结撰写论文。

可能存在的价值:尽管国内外对“教学主张”进行了一定的研究和实践，尤其是在语文、英语、数学等学科方面，不少教师在提炼和形成自己的教学主张的过程中成长为名师名家，但是英语学科中的研究还是稍显不足。这为本课题的研究提供了一定的空间，为教师的专业成长提供了路径，能够有力促进教师的发展和成长。

(中光高级中学教师　陆艳艳)

【案例 6-3-5】

生活化政治教学主张的实践与研究

一、研究目标

1. 基于高中思想政治课特点，探索增强学生课堂学习兴趣的途径；

2. 结合教材内容，有效挖掘思想政治课中生活化的相关知识和素材；

3. 积极发挥政治学科的学科功能，通过对相关知识的深入研究，理论联系实际，在教学实践中更好地培养学生解决生活中实际问题的意识和能力。

二、研究内容

1. 挖掘和整合高中思想政治课教材中关于生活化的相关资源；

2. 在备课过程中积极搜集与教学密切相关的生活化素材；

3. 培养学生理论联系实际、分析解决实际问题的能力。

三、活动开展

1. 文献查阅阶段:搜集和阅读关于“高中思想政治课生活化教学”的相关文章。

2. 实践研究阶段:以探索生活化教学模式,开展政治课教学研讨课。

3. 反思总结阶段:基于上述实践与研究,积极反思总结并形成“高中思想政治课生活化教学”的相关论文。

四、成果呈现

1. 以上述教学实践与思考为基础,形成“高中思想政治课生活化教学主张”的论文。

2. 以探索高中思想政治课生活化教学模式,开设主题实践课。

(中光高级中学教师　王立杰)

总之,有思想的教师一定是有主张的教师,有主张的教师往往是重反思的教师,重反思的教师又必须是善行动的教师。我校正在提倡“过一种有主张的教学生活”,让教师们在教学主张和教学思想的指引下不断发展和进步,走得更远更好。

后 记

近年来，“文化”一词的使用频率很高，几乎成为一种挂在嘴边的时尚，说明人们十分重视文化建设，意识到建立一种文化对一个民族，一个企业，乃至一个单位的意义与价值，但怎样有效地建立一种文化，仁者见仁，智者见智。怎样让文化这个似乎看不见、摸不到的形态，变成一种可操作的抓手来建设，几乎没有现成可复制的方法。因此各自的建模不同，优劣参差不齐，成效不大，尤其是学校的文化建设，喊了很多年，不少学校也经历了多年建设，但至今依旧如故，难以形成与时俱进的精神风尚，更不用说“精气神”的形成。

学校是优秀文化的传承地、先进文化的聚集地。怎样建立积极向上的学校文化，形成可操作的文化建设模式，是我和同仁们一直不断研究探索的课题。我们坚信，一个组织的文化建设，必须结合本单位的实际，在传承中发展，在发展中创新，通过缜密的思考，自下而上与自上而下地全面探究，寻找文化的抓手与突破口，只有抓住了这个基点，学校文化建设才能在我们的实践中逐步建立起来。多年来，我一直有个想法，把教师文化建设的模式、方法以及实践中的一系列做法写成一本书，使空泛的文化概念，变得实在、直接、有形，易于操作，进而给其他学校的教师文化建设提供借鉴和参考。我想，无论是经验还是教训，只要能让大家觉得是一种可行的方法，具有一定的参考价值，我就知足了。

本书是我校“提升学校软实力的教师文化研究”课题的研究成果，课题组成员在研究实践中，不断反思习以为常的传统和做法，寻求自身的突破和完善，直至建立我们自己的学校教育哲学。今天，当我再度理清自己对教育本质的认知、理解时，颇为感慨，甚为欣慰，溢于言表。

回想我在策划、主持该课题研究的情形，那一次次理性的深度研讨，一次次头脑风暴的智慧碰撞，一个个方案的设计与修订，一次次活动的实践与总结，至今历历在目。为斟字酌句，课题组老师们冷静沉着，反复推敲；为选择最佳实践方案，大家几经策划，反复论证；为求得有效的途径和方法，大家不知疲倦地查找资料、设计架构，正是由于这些扎实的研究与实践，促进了大家的专业提升。这本书的理论与实践是每一位中光人的智慧结晶，是每一位实践者的辛勤汗水，所形成的教师文化之内核是全体中光人精神价值的集中体现。一句话，思想是大家的，文化是集体的，成果是共享的。

本书所呈现的思想和经验，也是多年来学校管理理论与实践的结合，很多是平时工作实践的实录，是随时记录下来的点滴体会，可以说是原生态的，它既是课题研究的成果，也是我们对学校文化变革的再审视。

我校开展学校文化建设已历经十年，无论是整体规划还是细节设计，作为校长，我都倾注了大量心血，尤其是在主持教师文化建设这一课题研究中，更是精心构建，积极策划，深度实施。特别是在研究过程中，我对每一个文字细节的表述和修改都一一把关，与艾冬娥、李振环、陈坚、杨晨洁、金海燕、朱应洁等课题组老师一同扎进研究与实践之中，没有大家的共同努力，就没有中光教师文化研究成果的凝聚。

对于代表课题研究成果的这本书，我还要感谢艾冬娥、陈妍玮、刘鹏程、朱应洁、王蓉老师的参与和付出，更要感谢学校教职工的广泛参与和深入实践，是他们将教师文化建设的每一个方案和细节付诸自己的实践，让我对教育的认知变为一种思想、成为一种行为，更形成为中光校园的一种文化。在此，我还要特别感谢上海市教育科学研究院杨四耕老师对本课题的悉心指导，他对这个课题的研究和本书的成稿倾注了心力。但毕竟由于自身思想、理论水平的有限，加之时间的仓促，书中肯定存在许多缺憾与不足，敬请读者批评指正。

路光远

2014 年 7 月于上海市嘉定区中光高级中学

图书在版编目(CIP)数据

遇见更强大的自己:从"硬实力"到"软实力"/路光远著.
—上海:华东师范大学出版社,2014.9
(学校文化变革丛书)
ISBN 978-7-5675-2563-4

Ⅰ.①遇… Ⅱ.①路… Ⅲ.①学校管理-研究
Ⅳ.①G47

中国版本图书馆 CIP 数据核字(2014)第 219924 号

学校文化变革丛书
遇见更强大的自己
从"硬实力"到"软实力"

丛书主编 杨四耕
著　　者 路光远
责任编辑 刘　佳
审读编辑 钱　婷
责任校对 赖芳斌
装帧设计 卢晓红

出版发行 华东师范大学出版社
社　　址 上海市中山北路 3663 号 邮编 200062
网　　址 www.ecnupress.com.cn
电　　话 021-60821666 行政传真 021-62572105
客服电话 021-62865537 门市(邮购)电话 021-62869887
地　　址 上海市中山北路 3663 号华东师范大学校内先锋路口
网　　店 http://hdsdcbs.tmall.com

印 刷 者 常熟高专印刷有限公司
开　　本 787×1092 16 开
印　　张 18
字　　数 287 千字
版　　次 2014 年 10 月第 1 版
印　　次 2014 年 10 月第 1 次
书　　号 ISBN 978-7-5675-2563-4/G·7629
定　　价 35.00 元

出 版 人 王 焰